ベアトリス・パラシオス

ウカマウ集団プロデューサー／監督（1958年オルロ〜2003年ハバナ）

ベアトリスは、仕事上の必要性から、また亡命者としてキューバに長期滞在している時には、米国の軍事侵略に備える軍事訓練に参加していた。場所不明。1970年代後半。

30年後 ―ふたりのボリビア兵―

Los Viejos Soldados

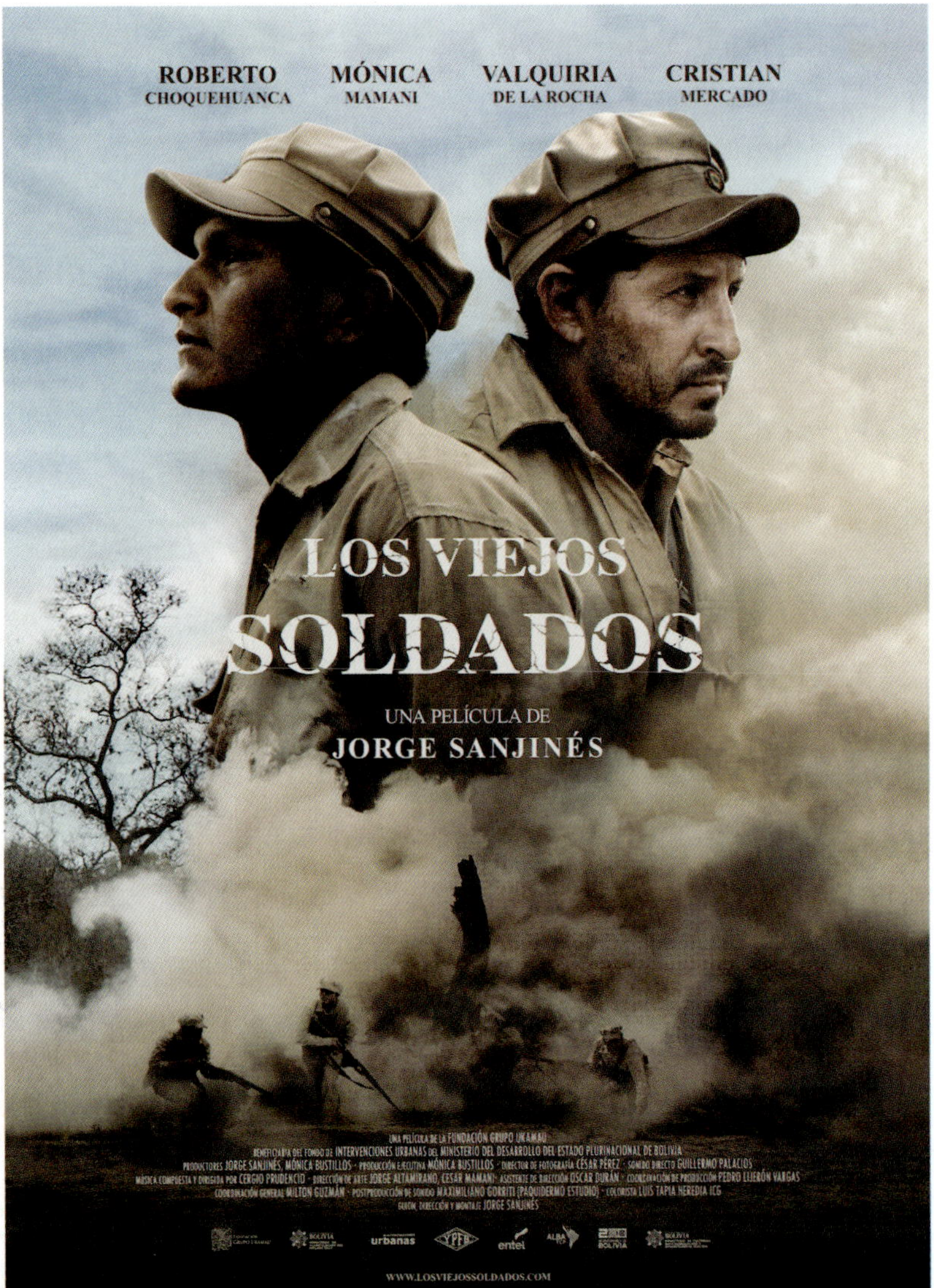

女性ゲリラ、フアナの闘い―ボリビア独立秘史―
Guerrillera de la Patria Grande, Juana Azurduy

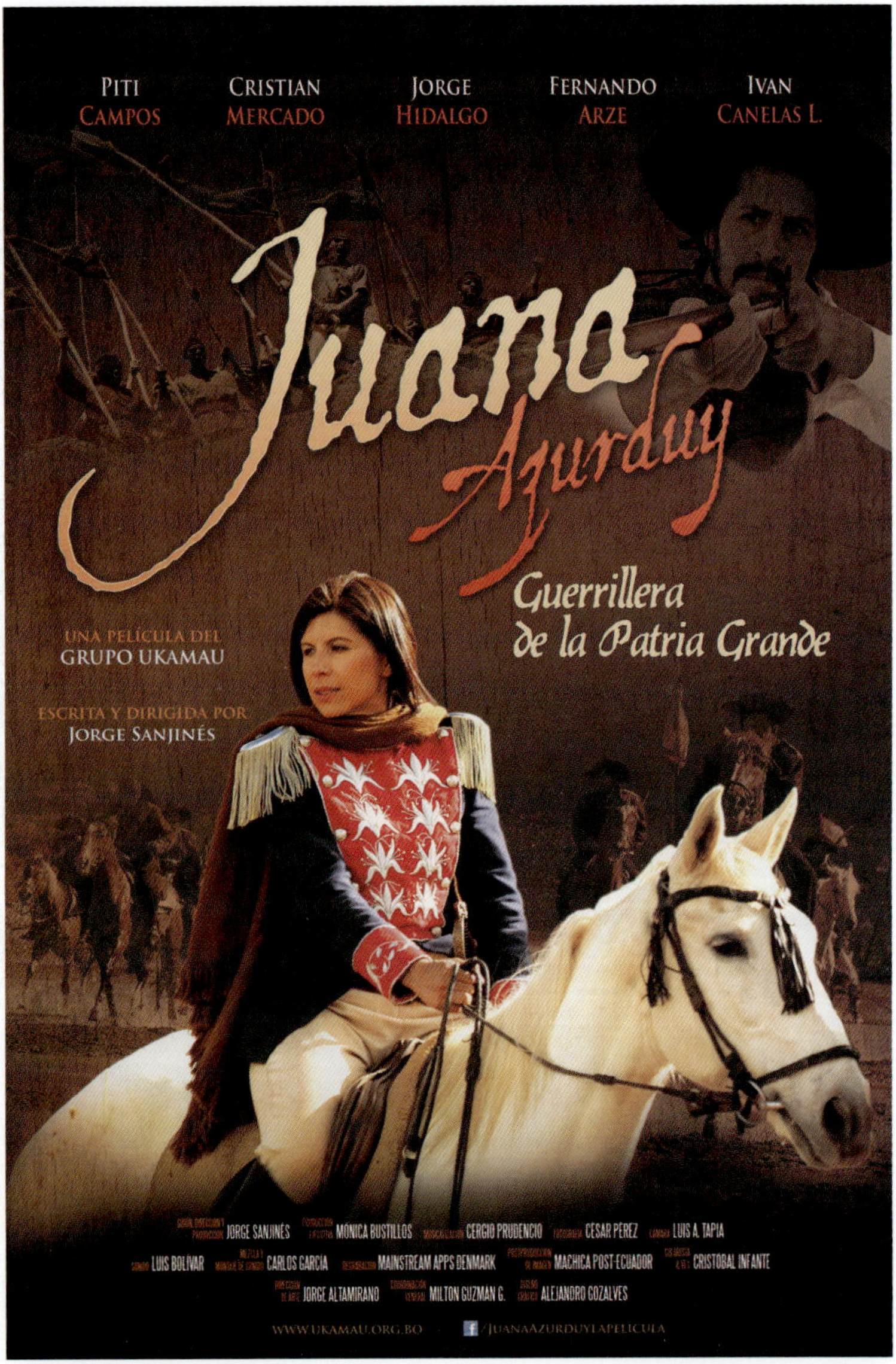

叛乱者たち
Insurgentes

最後の庭の息子たち
Los Hijos del Ultimo Jardín

鳥の歌

Para Recibir el Canto de los Pájaros

地下の民
La Nación Clandestina

ただひとつの拳のごとく Las Banderas del Amanecer

ここから出ていけ！ Fuera de Aquí!

第一の敵 El Enemigo Principal

人民の勇気 El Coraje del Pueblo

コンドルの血 Sangre de Cóndor

ウカマウ Así es

日本版パンフレット

ボリビア・ウカマウ集団制作　ホルヘ・サンヒネス監督全作品レトロスペクティブ
革命の映画／映画の革命
の半世紀（1962～2014）
2014年5月3日（土）～16日（金）新宿K's cinema
最後の庭の息子たち
Los Hijos del Último Jardín
鳥の歌
Para Recibir el Canto de los Pájaros
地下の民
La Nación Clandestina
LA NACION CLANDESTINA
ただひとつの拳のごとく
「先祖伝来の石投げ縄で戦車に立ち向ったよ」
四谷公会堂
人民の勇気
激しく胎動する中南米から
いま熱く鮮烈なフィルム・メッセージ
勝利への決意
全電通ホール
ヤワル・フィエスタ
第一の敵
Jatun Auká
ボリビア映画制作グループ
"ukamau"作品

ホルヘ・サンヒネス監督と
故ベアトリス・パラシオス プロデューサー

『鳥の歌』撮影中のベアトリス・パラシオスと
ホルヘ・サンヒネス。

カメラを構えるベアトリス・パラシオス。
場所・時期ともに不明。

国際映画祭に参加のため
にソ連を訪問した際に。
モスクワ。時期不明。

ウカマウ集団60年の全軌跡パンフレット

ボリビア・ウカマウ映画伴走50年

太田昌国

ボリビア・ウカマウ映画伴走50年　目次

第一部　ラテンアメリカ編（1973年～1976年）

第二部　日本編（1980年～2025年）

巻末資料

ウカマウ集団フィルモグラフィー

現代企画室刊行【ラテンアメリカ／イベリア半島関連書籍】分布地図

第一部　ラテンアメリカ編（1973年〜1976年）

（1）エクアドルでの、奇跡のような出会い

一九七三年の出発

私が唐澤秀子とふたりで、ラテンアメリカへの旅に出たのは、一九七三年六月のことだった。ふたりとも二九歳の時である。それから半世紀以上もの時間が経ち、いざ、当時の旅へ出た初源の思いを語ろうとしても、どこか青臭くて、今や老齢となった自分では容易には書けない。結果的に三年半にも及んだ彼の地での滞在・生活の仔細を述べようにも、手元に残る日記は途切れ途切れにしか記述されていない。支出帳はほぼ完璧に記入されているが、それは生活管理上の必要不可欠な作業であったから、当然だ。ましてや頭の中の記憶はまだら状でしかない。したがって、旅の行程のすべてを、経験を、思いを克明に記しておくには条件が揃わず、また、さしてそれが必要だとも思われない。客観的にも意味があるとすれば、私たちが旅の途上で出会い、その後半世紀以上の付き合いになりつつある、ボリビアの映画集団・ウカマウの監督、ホルヘ・サンヒネスと、プロデューサー、故ベアトリス・パラシオスとの出会い以降の物語を書き遺しておくことだと思

われる。そうすれば、折に触れては、旅の別な行程での出来事にも触れる機会が生まれるかもしれず、三年半の旅を終えて日本に戻ってからの長い歳月の中で、その旅がいかに大きな影響を私たちに及ぼすことになったかにも、自ずと触れることになるだろう。まずは、そこを出発点にして、記録を書いておくことにしよう。

それでも、出だしを書かないことには始めようもない。手短に触れておこう。個人史を顧みるところから、この文章を書き始めたい。一九五〇年代末から六〇年代初頭にかけて、一〇代後半の年齢だった私に、キューバ革命、ブラック・アフリカ諸国の独立、アルジェリア独立など、眼前で展開する「第三の世界」の社会革命の鼓動を感じ取ることの楽しさを教えてくれたのは、生まれ育った北海道釧路市で、当然にも読んでいた「北海道新聞」の一面コラム「卓上四季」の筆者・須田禎一だった。ロマンティシズム溢れる彼の文章は、当時の世界を二分割して支配する米ソのような超大国とは一線を画した新興国の、独立や民族解放に向けた動きを活写していて、大いなる刺激を受けた。

二〇代に入って、その初発の関心を深めてくれたのは、作家・堀田善衞の二つの論文だった。「アジア、アフリカにおける文化の問題」(鈴木道彦と共同執筆、岩波講座「現代」10『現代の芸術』所収、岩波書店、一九六四年)と「第三世界の栄光と悲惨について」(「現代人の思想」17『民族の独立』解説、平凡社、一九六八年)である。前者は、まだ翻訳されていなかったフランツ・ファノン(一九二五〜一九六一)の『地に呪われたる者』の祖述的な紹介であり、後者はこれまた未紹介のラス・カサス(一四八四〜一五六六)

の『インディアス破壊に関する簡潔な報告』の内容を詳述するものだった。すぐにも読みたいと思い、前者の、とりわけ関心を持った第一章「暴力」の部分は自分で英語訳から重訳して、当時関わっていた雑誌『世界革命運動情報』(一九六八年刊の第一〇号〜一二号、レボルト社)で紹介した。後者は友人の国会図書館司書に懇願して書庫からスペイン語原書を取り出してもらい、コピーを取って読んだ。民族解放、独立、植民地主義の終焉など——明るい未来を予感させる響きをもつ語句を通して、新しい時代に向き合っているつもりであった私は、植民地主義の初原にあった暴力・大量虐殺・性的暴行・迫害・差別・搾取・資源略奪・強制連行・奴隷化・土地取り上げ……などの事態に、過去に遡って相対することになった。それまでの学校教育・社会教育の中で植えつけられたヨーロッパ中心主義の歴史観と世界像に疑問を感じたからこそ、私の裡には「第三の世界」に対する関心が沸き起こっていたのだが、それにしても、ヨーロッパ近代の裏面に隠されていたこの歴史的現実には、打ちのめされる思いだけが残った。

『世界革命運動情報』の刊行は一九六七年から一九七二年までの間に、本巻二八号、特別号四号を数えた。最後の数年間は、私を含めて関係者の誰もが行き詰まりを感じていた。六〇年代後半に高揚した社会運動は、全共闘運動の敗北、特定新左翼党派間での凄惨な殺し合い(内ゲバと呼ばれた)の頻発、連合赤軍内部の粛清事件の発覚などが続いた結果、急速に社会の前面から後退し始めた。雑誌の刊行停止と事務所の閉鎖を決めてからの私は、同じく同誌に翻訳者として関わっていた唐澤秀子と相談の上、しばらくの間、閉塞状況が極まった日本を出て海外へ行くことにして、それからの一年有余をその準備に充てた。行き先、旅程、それに応じた学習、語学習得、費用捻出――当然にもたくさんの課題があったが、行き先だけはすんなりと決まった。一五世紀末以降、ヨーロッパ世界による征服と植民地化の荒業に世界に先駆けて晒されてしまった地域であるラテンアメリカ、カリブ海域を行く先に定める、これである。一五世紀から一六世紀にかけてのスペインが、世界史上初めてというべき植民地支配の事業を展開しているただ中にあって、内部からその暴虐ぶりを告発したラス・カサスと、カリブ海はフランス領植民地のマルチニック島に生まれ、フランス留学中に開始され激化したアルジェリア独立闘争に投企したフランツ・ファノンの著作、そして一九五九年に始まるキューバ革命がその折々に発するメッセージには、私たちを駆り立てるだけの力があった。長野県木曽の高校時代に、AFS(アメリカン・フィールド・サービス)の留学制度を使って一年のあいだ北米合州国のアイオワ州に暮らした唐澤秀子にとっては、上のような問題意識に加えて、この国の身勝手なふるまいに翻弄されること多いラテンアメリカ諸国の人びとの、「翻弄される」だけに終わることのない主体的な歩みと在り方を学びたいという動機もあった。

メキシコへ

まず、ロサンゼルスまで飛んだ。ロス郊外には『世界革命運動情報』の熱心な読者がいた。日本人である。戦後移民で、そこでの二〇数年の生活史を有するそのひとは、米国の日系人のことや、私たちがこれから行く隣国メキシコに関する重要な情報をもたらしてくれた。それを活かすことで、メキシコでの長期滞在の基盤の一つが生まれたとさえ言えそうだ。事実、メキシコではいくつもの幸運に恵まれた。最初は数カ月間滞在の予定で、家具付き住居を探していた。そのうち、ある偶然からメキシコにある日本語学校教師の仕事の口が舞い込み、しかもふたりとも働かないかという話だった。メキシコは奥深い、ひともよい、書店も出版社も大学も多く、文化施設も多様にある。大学でラテンアメリカやメキシコ、カリブ海域の基本を学んだわけでもない私たちが、いくらか腰を据えて勉強するには好都合な場所だ。日本語学校は、日系人の移住者で、当時で言えば祖父母の世代が自分たちで費用を賄って設置したもの、その頃はすでに二世の親が現役世代で、三世の子どもたちが通ってくる時代だった。子どもたちは昼過ぎまではメキシコ現地の小中学校に通い、午後三時過ぎに日本語学校へ来る。それから夕方までの三時間が日本語の勉強時間だ。平日の五日間、ふたりでそのような勤務形態で働くと、宿賃、食費、書籍代、生活雑費、交通費などの必要経費はほぼカバーできた。それは物価の安さに助けられた点が大きい。私たちのメキシコ入国資格は観光ビザだが、労働の中身はメキシコ人が働く場所を奪うわけでもないし、寛容な時代だった。六ヵ月期限のビザの切り替えのために、一度はグアテマラへ、二度目は米国のロサンゼルスへ出て、それぞれのメキシコ領事館でビザを更新した。学校だから、夏と冬の休み期間があり、二度ともその休み期間にちょうど当てはまる時期だった。すべてバス旅行だが、それぞれ一〇日間から二週間ほどかけて、それまでは行っていないメキシコ国内をたどる旅ができた。グアテマラへ行ったときには、メキシコに関する事前学習で最も興味を惹かれた地域のひとつ、ユカタン半島南部のチアパス州を通った。私たちがここを通ってから二〇年後の一九九四年一月、この地域に住む先住民族組織・サパティスタ民族解放軍（ＥＺＬＮ）が、グローバリゼーションの趨勢に抗議し抵抗する武装蜂起を行なうことになるが、そのとき、二〇年前自らの耳目に刻み込んだチアパスの情景がさまざまな形で思い起こされることになる。また米国へ向かったときには、首都からほぼまっすぐに北上し、リオ・グランデの東西の中間点の国境（シウダー・フアレスとエルパソ）を越えた。この北上ルートは、必然的に、一九一〇年代のメキシコ革命時に、パンチョ・ビリャの北部軍団が活動を展開した足跡をたどることになる。米国の左派ジャーナリスト、ジョン・リードは、ビリャ軍団に随行して『反乱するメキシコ』を書いた（原著一九一四年）が、その日本語訳は私たちが出国する直前に刊行された（小川出版、一九七〇年）。のちにロシア革命のルポルタージュ『世界を揺るがした一〇日間』を書くことになる（原著一九一九年）この高名なジャーナリストが、それ以前にメキシコ革命に関するルポルタージュも書いていたとは！　興味津々に読んだパンチョ・ビリャ軍団の足跡をたどる旅は心躍った。

書き始めるときりがないが、合せて一年半ちょうどのメキシコ滞在はこうして可能になった。

ラテンアメリカ各地での長逗留が可能になったもうひとつの出逢いにも触れておこう。メキシコに滞在している時、或る人の紹介で、コロンビアに住む日本人移住者に会った。戦後移住の世代で農業に従事していたその人は、同国の特産品、エメラルドに注目し、正式な貿易ルートに乗せて取り引きする基盤をつくることで、その功績が認められた人物だった。私たちが大学や研究機関に属することなく、いわば独力でラテンアメリカについて勉強していると聞いて、奨学金援助を申し出て下さった。具体的には、次のような条件だった。私たちは一年半に及んだメキシコ滞在を終えると、グアテマラ、エルサルバドル、ホンジュラス、ニカラグア、コスタリカにそれぞれ一週間ないしは数週間滞在し、その後パナマへ行く予定にしていたが、そのパナマからコロンビアの首都ボゴタまでの航空運賃ならびにコロンビアでの生活費と書籍代を援助する——こういう申し出であった。すべてを陸路で（つまりバスと鉄道で）動く計画を立てていた私たちにとっての難題は、パナマからコロンビアへの通過路だった。ダリエン海峡と呼ばれるその地域を走る国際バスはなく、ヒッチハイクも「危険極まりなく」、パナマからコロンビアへは飛行機を使うしかないかとは覚悟していた。首都ボゴタまで飛ぶ必要はない。飛行代を節約して、コロンビアはカリブ海に面したカルタヘナまで飛び、そこからバランキージャへ出て首都ボゴタまでは列車に乗ればよい。そうすれば、日本出発の前年一九七二年に翻訳・出版されたばかりのコロンビアの作家、ガブリエル・ガルシア＝マルケスの『百年の孤独』の舞台である架空の邑・マコンドの、つまりはカリブ海側の雰囲気に浸ることもできよう——そんな思惑も吹き飛んで、パナマ—ボゴタ間を飛行機で飛ぶことが可能になったのだ。

飛行機代の問題が解決されただけではない。この方からは、ボゴタ市郊外（とはいっても、市内中心部からのバスを降りて小一時間ほど歩けばたどり着く所にあるのだから、まだ健脚時代であった私たちにはさほどの難儀もない場所だった)にあってふだんは使っていない一軒家を住まいとして提供する――との申し出もあった。これは往路に関してだが、復路もコロンビアに滞在する場合は同じようにする――願ってもない条件であった。往路のコロンビア滞在が半年間ほどの長期にわたり、復路でもまた数ヶ月の滞在が可能になったのは、この方の寛大な申し出があったからである。

コロンビアに関しては事前に、カトリック神父、カミロ・トレスの存在を知っていた。彼は社会に充満する不正義と格差をなくすために、宗教者の道を捨て、反体制ゲリラ・民族解放軍に入り、政府軍との戦闘で斃れた(一九六六年)。また、出国前の事前学習では、ペンギン・ブックスから刊行されていたラテンアメリカ関係書をほぼすべて読んでいた。確か「英語圏の読者の無知を撃つ」とでもいうような惹句を付したこのシリーズは、チェ・ゲバラの『ゲリラ戦争』、カルロス・マリゲーラの『都市ゲリラ教程』、アンドレ・ガンダー・フランクの従属理論書、カミロ・トレス論集などの刺激的なラインナップが並んでいた。なかに、コロンビアの社会学者、ビクトル・ダニエル・ボニーヤの著作『神の下僕にして人間の主人――アマゾニアのカプチン宣教会』(英語訳版の表題)も入っていて、すでに読んでいた。ラス・カサスが告発した一六世紀の植民者たちのふるまいは、二〇世紀に入っても変わることがないことをこの書は証していた。しかも、搾取と暴虐をなす主体はカトリック宣教会の僧侶たちである。物語の叙述は、つい直近の一九六〇年代後半にまで及んでいて、著者は存命していると推測できたから、ぜひ会いたいとも思っていた。彼に会い、スペイン語の原著を入手し、叙述で理解できなかった箇所を尋ね、また先住民族解放運動を側面から支える人物でもあった彼に同行して運動現場を訪れたり、運動体や活動家を紹介されたりもした。一年半滞在したメキシコで、先住民族という存在がこの地域で占める歴史的・現在的な、そして思想的な重要性についての認識はずいぶんと深まったと実感していたが、このような出会いがあったコロンビアでの経験もきわめて大きなものがあった。

さて、焦点が先住民族という存在に絞られてきたところで、メキシコに始まる旅に関する記述をいったん止めて、先へ進もう。

エクアドルのキトで

旅を始めてちょうど二年が過ぎた一九七五年六月、私たちはエクアドルの首都キトにいた。メキシコを皮切りにラテンアメリカの歴史と文化、現況を知るための現地での生活はちょうど三年目に入ろうとしていた。人びととの交流こそがいちばん大事とはいえ、新聞や本を読み、ラジオを聞き、映画・芝居・音楽・講演などの催し物に足を運ぶことも、重要なことだ。キトに着き、ホテルを見つけて旅装を解いて間もなく、その魅力的な街を散歩していた。とある街角で壁に貼られた一枚のポスターが目に入った。映画上映の告知のようだ。銃を握りしめた先住民＝インディオの一青年の切羽詰った表情がポスター全体を覆っている。Yawar Mallku という、私たちにとっては未知の言語でタイトルが書かれている。近寄ってみると、Sangre de Condor というスペイン語でのタイトルも付されている。『コンドルの血』という意味だ。ボリビア映画であること、エクアドルではすでに何十万もの人びとが観たことなども書かれてある。見るからに先住民の顔立ちの人びとが映画の前面に出ているようだ。そんなことなど、あり得ない時代だった。加えて、アンデス先住民にとってコンドルという鳥が象徴する世界は深くて、広い。これこそ、メキシコで名のみ聞いていた、あのグループの映画ではないのか。ボリビアに、先住民族が主人公になった映画を制作している映画人がおり、しかも先住民族自身が演じているというニュースを、メキシコ滞在中の新聞で読んでおり、深い関心を抱いていた。どうしても観なければ、と思った。たまたま、その日が上映日だ。

会場はキト中央大学講堂だった。八二分間、私たちはスクリーンに釘づけになった。話されている言語はスペイン語、ケチュア語、英語である。ケチュア語は理解できないが、演技者の表情を伴って話されるし、物語の展開を追うのにそれほど障害にはならなかった。物語はこうだ――とあるアンデスの先住民村。若いカップルの結婚が続いたのに、なぜか、子どもが生まれない。そのことに不審を抱いた村長《むらおさ》は、数年前から「低開発国援助」の名目で村に来て、診療所を開設している米国人グループがいることを思い出す。ある日、診療所の壁の隙間から内部を覗くと、村の若い女性に対する手術が行なわれているのだが……。それは、本人の同意を得ないで行なわれている強制的な不妊手術であることを知った先住民たちは、米国の青年たちの住まいに押しかけて告発する――。他にもいくつもの伏線が張られている物語は、内容的に豊かに展開するが、説明は

いずれも『コンドルの血』から

これくらいに留めておこう。

それにしても、「強制的な不妊手術」とは穏やかではないが、この主題には既視感があった。一九七〇年前後の日本において、ボリビアやペルーなどのアンデス諸国から、米国が派遣している「平和部隊」が追放されたというニュースが報道されていたからである。「産児制限をしないことによる人口爆発→来るべき食糧危機」という図式を唱える学者が「先進国」にはいて、その考えを信じた平和部隊員が『コンドルの血』に描かれたような行為に及んだのである。また、この「平和部隊」は、一九五九年キューバ革命が勝利し、その影響力が次第にラテンアメリカ全域に及びつつあった一九六一年に米国大統領に就任したジョン・F・ケネディが、それまでは等閑視してきた「後進国」の貧困問題などを解決するための援助政策の一環として、開発・教育・医療などの分野で現地に派遣するスタッフの呼称であった。ラテンアメリカでは、それは「進歩のための同盟政策」と呼ばれた。それが、一面ではこんな実態をもつのが現実だったのだ。

映画は、この事実を基に作られたようだ。描かれている事実もさることながら、欧米と日本の映画文法に慣れ親しんできた者としては、カメラワークをはじめとする映画技法が新鮮だった。スクリーン上にケチュア語がとびかうことも刺激的だった。厳然と存在する差別ゆえに、インディオは公の場では自らの母語を話すことさえ憚られるという証言を、この時代のそれとしていくつも読んできたからである。

上映会場には、チラシ一枚すらなかった。単に上映が行なわれ、観客はそのまま帰って行った。

何らかの催し物があると、必ず紙の関連資料が用意されている日本の事情に慣れ親しんでいた私たちは、せめても制作者や監督のことを知りたいと思った。大学の事務室に寄って、この映画のチラシを一枚でも欲しいと言った。資料はないが、監督なら、いま、ここキトにいるよ。明日にはキトを離れる予定と聞いているが、あなたたちのことを伝えておくから、どこに泊まっているのか、ホテルの住所を書いておいてよ。

監督たちが訪ねてきた

翌日、監督のホルヘ・サンヒネスとプロデューサーのベアトリス・パラシオスが私たちの宿泊しているホテルへ訪ねてきた。キトを発つ予定が延期になったのだという。映画集団「ウカマウ」の主軸的な人物というべきふたりは、ボリビアに軍事政権が成立した一九七一年以来国外へ亡命し、チリ、ペルーなどを経て、エクアドルに来ているということだった。ロビーで長いこと話し合った。この映画に詰め込まれているたくさんのことどもから派生して、いつしか世界観や歴史観をめぐる話となった。物の見方や考え方において共通なものを随分と感じた。ホルヘたちもそうだったであろう。「先進国」から先住民を見る視線にも、ほかならぬボリビア内部で多数派住民である先住民を見る視線にも、拭いがたい構造的な差別がある。左翼ですら、この弊を免れている者は少ないんだということを、いくつかの実例を挙げながらホルヘは説明してくれた。

彼らの作品は初期から、カンヌ映画祭などで夙に注目されていたようだが（ジャン・リュック・

ゴダールが『コンドルの血』を評して「人びとを行動に動員する要因になり得るもの」と言ったことは、ずっと後になって知った)、とある映画祭で出会った日本の映画関係者からは、この種の映画は日本では商業公開は無理ですと断られたとも言っていた。それは、話の脈絡からすると、フランス映画社の柴田駿のことではないかという見当は、だいたいついた(数年後に帰国してのち、私たちは、ウカマウ集団の作品の上映をめぐって、柴田に相談することになる。これについては後述する)。映画の内容から配給事情まで、初対面での話題は広範に広がった。

亡命の身であるが、エクアドルでは新作制作の企画もあり、彼らのエクアドル滞在はしばらく続く、という。私たちは、このあとさらに南へ向かい、アルゼンチンとチリまで行き着いてから再度陸路で北へ戻る。連絡を取り合っていれば、ふたたび落ち合うことはできよう。その時には、いままで作ってきたウカマウの作品をすべて観る機会をつくろう、とホルへたちは言った。一九七五年のその段階では、初期短篇の『革命』(一九六二年)、『落盤』(一九六五年)の二作品、さらに長篇の『ウカマウ』(一九六六年)、『コンドルの血』(一九六九年)、『人民の勇気』(一九七一年)、『第一の敵』(一九七四年)の四作品があった。

ホルへが軍事政権下のボリビアから逃れ、アジェンデ社会主義政権が成立していたチリに逃れる一九七一年前後のことや、そのチリで軍事クーデタが起こり、アジェンデ政権が倒れたためにアンデスを越えてペルーへ逃れる一九七三年九月のことは、後にチリの章で触れよう。ここでは、前年の一九七四年に完成したばかりだという『第一の敵』にまつわることで、ホルへから聞いたことを書いておきたい。ボリビアとペルーは、スペイン人による征服前のインカの時代にはインカの版図の中にあり、両国ともに先住民族の母語であるケチュア語話者が多い。だから、ケチュア語話者である先住民族農民を主人公に据えると、エクアドル、ペルー、ボリビア、そしてアルゼンチンとチリの北部一帯など、かつてインカの版図であった広大なアンデス地域に関わる映画が成り立つ。チリでの軍事クーデタから逃れた先のペルーも軍事政権ではあったが、当時のベラスコ・アルバラード政権は一九六八年の軍事クーデタで成立して以降、ラテンアメリカの他の国々の軍事政権とは異なり、社会・経済改革を推し進めていた。米系資本の下にあった国際石油会社を接収し、農地改革を実施して寡頭支配層の経済基盤を一掃し、雇用安定法で労働者の恣意的な解雇に歯止めを掛け、労働者も経営に参加する労働共同体を創設したりした。ホルヘが亡命して間もない一九七四年七月には政府が「インカ計画」を発表し、改めて、ナショナリズム・農業改革・企業改革・信用改革・行政改革などを柱とする改革路線を鮮明にした。

「われわれの従属、低開発、貧困、後進性は、ひとつの経済的・政治的・社会的体制の産物」とするのがベラスコの立場で、「資本主義社会の克服」をめざす「左翼的」革命だと自ら定義していた。同時に、既存社会主義政権の官僚支配を厳しく批判していた。ペルーはそんな政権下にあったので、地主に苦しめられる先住民貧農と、都会からやって来た武装ゲリラが共闘するような内容の映画『第一の敵』を撮影することは、とても辺鄙なアンデス高地の農村がロケ地だったこともあって、なんとかうまくいった。ところが、一九七三年ベラスコが急病に倒れて右足を切断したことを契機に軍内部の亀裂・対立が激化していた一方、経済状況が悪化し、中産階級の不満も高まっていて、ここ一、二年はきわめて不安定な社会状況になってもいた。事実、ホルヘたちが『第一の敵』の撮影を終え、村から引き揚げる時、ペルーでクーデタが起こった。身元がわかれば危険な状況だし、撮影のために用意した銃も――本物ではなく、木製のまがい物だけど――何丁も持っていた。これが見つかったら、どうにでも疑いは掛けられる。実に危機一髪というところだった。無事に脱出できて、ほんとうによかったよ。

ホルヘはそんな話をした。旅券をどうしていたのだろう？　この時に限らず、国境を越えて転々としている彼らの話を聞いていると、そんな疑問が湧くのだが、もちろん、そんなことを尋ねたことはない。再会の約束を交わして、私たちはキトでいったん別れた。最小限の記録は残っているが、それにしてももはや半世紀近くも前のこと――おぼろげになった記憶も少なくないなかで、いまも消え去ることなく鮮明な「出会い」の一つが、これである。

帰国してウカマウ集団の映画の自主上映を開始して二〇年後、周辺の友人・知人たちと共に、その活動を振り返る機会をもった。レボルト社の『世界革命運動情報』の編集・刊行のために作業を共にした仲間で、映画評論家の松田政男は、この偶然とも言えるポスターとの出会いに触れて、「もし太田君たちが別な通りを歩いていたなら、『コンドルの血』のポスターには出会わなかったかも知れない」と言った。まったくその通りだ。そうであれば、ウカマウ集団の映画が日本で上映されることはなかったかもしれない。たまたま『コンドルの血』が上映されており、到着したばかりの未知の街をキョロキョロと見回しながら散歩している私たちの目にそれを告知するポスターが入り、上映当日だったが辛うじて時間に間に合って会場へ駆けつけ、映画の印象は強烈であったが何も資料はなく、しかし監督が亡命者としてキトにおり、連絡を仲介してあげると言った大学の事務職員がそれを実行し、翌日ホルへたちが訪ねてきた。しかも彼らはその日キトを離れる予定だったのだが、それが延期になったので、私たちに会いに来ることができたのだった――この一連の繋がりは、あまりに「出来過ぎ」のような展開だ。小説やドラマにそんな設定があったならば、誰だって、あまりにも「ご都合主義」だと批判しかねない。幾重にも折り重なったこの「出会い」の僥倖には、よくぞ、との思いが消えない。

(2) ペルーでウカマウの周辺を彷徨う

ゲリラ指導者の証言

エクアドルの次にはペルーへ行った。ウカマウとの関係でのみいうなら、ホルヘ・サンヒネスは、先に触れたように前年の一九七四年にはペルーに滞在していて、クスコ地方のティンクイ村を舞台に『第一の敵』(一九七四年)を撮っていた。ベアトリスは、この段階ではまだウカマウ集団に関わっていなかった。結果的には、私たちはこの映画の16ミリフイルムをホルヘたちに託されて、日本での公開の可能性を探るべくその後帰国することになるのだが、七五年に二人にキトで会ったときには観る機会を持つことはできなかった。だから、ペルーに滞在している間は、この映画が基となる史実を借用したという、ペルーのゲリラ・民族解放軍(ELN)指導者、エクトル・ベハールが獄中で書いた証言記録『一九六五年のゲリラ――その結果と展望』の原書が入手できたので、これを読むに努めた。この本の英語訳は、当時ラテンアメリカ解放闘争の関連図書を積極的に出版していた米国のマンスリー・レヴュー社から刊行されていたので、日本を出る前に読んではいた。だから、まだ映画それ自体は観ないまでも、ホルヘたちが、一九六〇年代のラテンアメリカにおけるゲリラ闘争をふりかえる物語構成を考えた時に、この本の記述に一定依拠したことを本人たちから聞いて、浅からぬ縁は感じた。一年後メキシコでホルヘたちに再会し、『第一の敵』も見せてもらい、さらに話を続けたとき、この映画が参照して描いたのは、ベハールの書の「アヤクチョ戦線」の章からであることがわかった。この問題については、メキシコでのホルヘたちとの再会の章で触れる。また、地名としての「アヤクチョ」そのものについては、しばらく後に触れる。

ところで、著者エクトル・ベハールのその後を知るためにインターネットで検索してみた。リマのサンマルコス大学で社会学を研究する学者になっていた。ペルー国内はもとより国際問題の論評も精力的に書き続けているようだ。二〇二一年七月、ペドロ・カスティージョ政権の下で外相に任命されたが、就任前に行なった「一九八〇年代にペルーにおいてテロ活動が猖獗を極めたことの責任は、ペルー軍ならびに米国中央情報局（ＣＩＡ）にある」との発言が問題視され、批判が強まったために、数週間で辞任せざるを得なかった。また、二〇二四年に日本でも公開されたペルー映画、ゴンサロ・ベナベンテ・セコ監督の『革命する大地』（ペルー、二〇一九年）にも出演しており、一九六八年のクーデタで成立したベラスコ・アルバラード政権が行なった諸改革の意義について語っていた。いずれにせよ、半世紀前の武装ゲリラ闘争指導者の人生が、こんな風に続いているのを知ることはわるいことではない、と思った。

ウルグアイの大統領を務めたホセ・ムヒカも、元は都市ゲリラ・トゥパマロスの活動家で脱獄経験もあるし、ブラジルの大統領であったジルマ・ルセフも軍事政権下では非合法の左翼組織に属して武装闘争にも関わっていた、という。このような経歴の人物が、初志の延長上で（おそらくは、緩やかな変化を遂げながら）政治や研究の世界の前線にいるのだから、ラテンアメリカの社会は、変わることなく、おおらかで、懐が深い。もちろん、元ゲリラたちの資質と生き方にも、社会が受け入れる何かが備わっていたのだろう。

リマで読もうとしたもう一冊の本は、詩人、ハビエル・エローの詩集だった。一九四二年生まれの彼は、早熟な才能を示した詩人だった。キューバに留学していたが、密かに帰国した時にはベハールと同じ民族解放軍に属していて、すぐにゲリラ根拠地に入り六三年政府軍との戦闘に斃れた。二一歳だった。日本にいる時から彼の名は聞いていて、作品を読みたいと思っていたのだ。詩の真髄を理解するには、私のスペイン語読解力は不足していて、十分に読みこなせたとは言えない。後智慧だが、作家、バルガス・リョサはハビエルの親友で、その死に際して心に染み入る追悼文を書いた。当時のリョサは、キューバ革命を熱烈に支持し、一般論としても社会主義的な未来に希望を託している段階だったのだ。その後の彼の思想的変貌の過程には、上に触れた人びととは異なる次元だが、私は興味をそそられていろいろと参考文献を読み、「憂愁のバルガス・リョサ」という文章を『ユリイカ』一九九〇年四月号に書いた（太田著『鏡のなかの帝国』所収、現代企画室、一九九一年）。こうして書いていると、〈過去〉と〈現在〉が自由気ままに往還していくが、そこに何かしらの「繋がり」が見えてこないこともない点がおもしろい。

アンデス最深部へ

五〇年前に話を戻す。首都リマにしばらく滞在した私たちは、世界最高の高度を通る列車に乗ってアンデスを越え、以後ワンカーヨという町からクスコへ着くまで、地元の住民が利用する乗り合いトラックに乗って、途中のいくつかの町に泊まっては旅した。初めて目にするアンデス高原を幌もなくひた走るトラックの上は、風は冷たく、寒かった。途中で、町の市《いち》に物売りに行ったのだろう先住民の農民がひとり降りて歩き始めたりするのだが、見渡すところ人家も人影もまったく目にすることができず、いったいあの人はどれほどの距離を歩いて目的の家にたどり着くのだろうと、訝しく思ったりもした。トラックの上に残って旅を続ける者（都会から来た人間だったろう）からは、「おーい、こんなところで降りて、家はあるのかい？」などという声が投げかけられたりした。のちに『第一の敵』を観ると、先住民はまさにあの高原を、途方もない長い時間をかけて、勁い脚力で歩いているのだった。

途中にアヤクチョという町があった。大陸全体の規模でスペイン植民地からの独立をめざすシモン・ボリーバルと共にたたかっていたアントニオ・ホセ・デ・スクレ指揮下の軍隊がペルー副王軍と戦って勝利した会戦の場所だから、歴史書にも出てくる地名で、記憶にはある。夜更けに着いた町でホテルを探したが、なにかの国際会議開催中とかで旅人が多く、空きはなかった。宿にあぶれたペルー人と外国人旅行客の数は数十人のかたまりになった。夜中に空いている公共機関は警察しかないな、と誰かが言い、みんなで警察署を訪れた。当直の警官と押し問答を繰り返した挙句、それなら仕方がない、ここに泊まっていいといって、彼は、空いている留置場を解放してくれた。だいたいはバックパッカーたちだから、みんなリュックから寝袋を取り出して、固い床の上で眠った。

翌日、アヤクチョの町を歩いた。さまざまな意味合いで、「アンデス最深部」という言葉が浮かんでくるような町だった。行きずりの旅人でさえ、街に漲る「先住民性」を色濃く感じたせいだろう。ちっぽけな書店に入ると、『アメリカニスモ』辞典があった。"*Diccionario de Americanismos*" (Alfred N. Neves, Editorial Sopena Argentina, 1973) だった。「正統派」のスペイン語だけではない、ラテンアメリカ各地で使われる先住民の母語に派生する語句、いくつかの言語の混淆語などの特有の単語が収められている。さして分厚くもない。何の役に立つかも知らぬまま、辞書好きの私は買い求めた。それには、アンデス先住民の母語であるケチュア語やマイマラ語の単語もけっこう収められていて、結果的には、帰国後ウカマウ集団の映画を次々と輸入して、字幕の翻訳作業を行なう時に少なからぬ働きをしてくれることになるのである。すでに述べたように、ウカマウの映画には、ケチュアとアイマラの民が常に登場し、その言語がスクリーン上に炸裂するからである。

こうして、アヤクチョの町も、ウカマウとの関係で何かにつけて思い出される町となった。この訪問から五年後の一九八〇年、アヤクチョ地域を根拠地とした反体制武装運動「センデロ・ルミノソ（輝ける道）」の活動は開始される。これは、エクトル・ベハールの時代のそれとはまったく異なる性格を持つゲリラ運動で、その性格に深い衝撃を受けた私は、カルロス・I・デグレゴリ他著『センデロ・ルミノソ――ペルーの〈輝ける道〉』と題する翻訳書を出版して、長文の解説を付した（三浦清隆との共訳、現代企画室、一九九三年）。それは、地主の横暴と貧困の極地に置かれた先住民族貧農が、現世的、緊迫的、絶対的、奇跡的な共同体の夢を追い求める「千年王国」運動というべきものだが、大いなる錯誤と、それゆえの悲劇を孕むこの運動に触れると、まったく別な物語となるので、ここで止めておきたい。

『第一の敵』が撮影された現場は、その後知ったところによれば、インカの首都であったクスコに近い農村地域だったようだ。それは、一九六〇年代後半、先住民族農民による土地占拠闘争がたたかわれていたラ・コンベンシオンに近いところだ。

日本を出国する前の六、七年間、私は『世界革命運動情報』（レボルト社）という雑誌の編集・翻訳・執筆・販売に携わっていたことについてはすでに触れた。同誌のもとには、世界各地からさまざまな理論誌・機関紙誌の類が届いていた。世界的な繋がりを持って活動しているという意味では、「第四インターナショナル」に優る組織はない。ラ・コンベンシオンの農民闘争の指導者は、ウーゴ・ブランコという、第四インターナショナルの活動家だった。だから、一九六〇年代末の日本にも、「ウーゴが逮捕された」、「ウーゴが死刑判決を受けた」、「世界的な釈放要求を行なおう」などのアピールも、その闘争を伝える冊子も届いていた。それらを出国前に読んでいたから、『第一の敵』のロケ地を知って、自分たちの行程が、過去からの「蓄積」にか細くも連なってくることを実感した。

そのウーゴと、私は二〇年後に出会うことになった。一九九六年七月、メキシコでのことである。そのことについては、後で触れることにしよう。

(3) 八年前、チェ・ゲバラが死んだボリビアで

ファウスト・レイナガとの出会い

キトでホルヘたちと別れるとき、私たちがやがてボリビアへ行くことを知っていながら、彼らは誰かへの伝言を託したり、誰それに会ってほしいと望んだりすることはなかった。軍政下の政治・社会状況は苛烈で、ウカマウのフイルムを持っていただけで逮捕されたり家宅捜索を受けたりする人もいた時代だった。外国人の私たちに「不用意な」ことを依頼して、相手にも私たちにも「迷惑」がかかることを避けたのだろう。

だから、ウカマウ集団の本拠地である肝心のボリビアで、私たちの滞在中にこれといって直接的に関わり合いのあることができたわけではない。だが、広い意味で考えるなら、結果的には、間接的にではあるがさまざまに「繋がる」エピソードがなかったわけでもない。ここでは、そのうちのいくつかのことを書き留めておきたい。

とある講演会でファウスト・レイナガという文筆家に出会った。ラパスの知識人たちが集まっ

ているその講演会が終わりかけたころ、「君たちは、ケチュアやアイマラなどの先住民族の現実を少しも知ることなく、太平楽なおしゃべりをしている」と、居並ぶ白人系・メスティーソ系の知識人たちを激しい口調で糾弾した人物がいた。終わった後、関心をもって、声をかけた。ケチュア人であった。この人物については、私の著書『【極私的】60年代追憶——精神のリレーのために』(インパクト出版会、二〇一四年)の第8章「近代への懐疑、先住民族集団の理想化」で詳しく触れた。ご関心をお持ちの方は、それをお読みくだされば幸いである。ここでは主として、そこで触れなかったことに言及しておきたい。

ファウストには『インディオ革命』など十数冊の著作があるが、いずれも、インカ時代のインディオ文明に対する全面的な賛歌と、翻ってそれを「征服」し植民地化したヨーロッパ(白人)文明に対する批判と呪詛に満ちた文章で埋め尽くされている。植民地主義の犠牲にされた人びとが、過去から現在にかけての植民地主義を批判するときに、ときどき見られる立場である。植民地主義の論理と心理が染みついている植民者とその末裔たちの在り方を思えば、まずは、この問いかけに向き合わなければならないというのは、私の基本的な態度としてある(ありたい、と思い続けている)。だが、当時ファウストと話していても思ったのだが、対立・敵対している(かに見える)二つの立場を、一方を〈絶対善〉、他方を〈絶対悪〉と捉える立場は、討議・論争を不自由にする。この不自由さは、両者の関係性に負の影響を及ぼす。多くの場合、そのような立ち位置は、植民者の側に加害者としての自覚が欠けているときに現れる、被植民者側の怒りと苛立ちと絶望の表現である、ことは弁えるとしても。

　誰にしても、この世に生を享けたときの諸条件が絶対化され、生きていく中で、活動していく中で、思考していく中で――「変わる」ことの可能性が否定されるなら、それはすなわち、人間の〈可変性〉を否定されることを意味する。私は、若いころからの、アイヌや琉球の人びとや在日朝鮮人とのつき合いのなかで、そのことを実感した。

　ファウスト・レイナガは、いま準備中の新刊書に解説を寄せてくれないか、と私に頼んできた。苦労して、書き上げた。もちろん、上に述べた趣旨の内容にしたのだが、レイナガは喜んでいたように思えた。私たちがボリビアを離れて以降、連絡が途絶えたので、その解説が日の目をみたものかどうかを知らない。その原稿は当時の日記に挟めてあったので、ここに再録しておきたい。スペイン語訳も後に続くのだが、赤入れが随所でなされてある。おそらく、レイナガに一文一文を説明しながら読み合わせを行ない、レイナガの指摘に基づいて、少しでも読みやすいスペイン語にしていったのだろう。

■ファウスト・レイナガの新著に寄せる、遥か東方からの旅人の序文

　トドス・サントスの数日間を、私たちはティティカカ湖畔の或る小さな村で過ごした。二日目の朝早くから、近郊の村々からは多数の農民とその家族が笛や太鼓を鳴らしつつ、ト

ラックに乗ってぞくぞくと、村の外れにある墓地に集まり始めた。午前中いっぱい、人びとはそれぞれ縁者の墓の前で、思い思いの供養を行なった。午後になると人びとは墓地を去り、踊りながら、村の中心にある広場の方へ下りていった。その踊りはその後夜遅くまで続くことになるのだが、その踊りの行列について広場へ下りていった私たちは、そこで、前日ほんの僅かな買い物をしただけの雑貨店の家族に出会った。メスティーソである。村には珍しい異邦の人間であるため か私たちを見覚えていたらしい女性はわざわざ私たちのところまで来ると、「私たちはこれから墓地へお参りに行くところなんです。午前中は農民の番で、いまこうして彼らが下りてきたので、今度は私たちの番なんです」と言った。その口調はまるで、こんなインディオたちと自分たちをいっしょくたにしてくれるな、とでも言いたげだった。

同じ日の夜、祭りの余韻の残る村の中を散歩していた私は、すっかり酔って足取りも覚束ないひとりの先住民の男に出会った。度の強いアルコールを私に勧めながら、男は「俺はインディオだ。だからどうだって言うんだ！　俺だってな、チリが海をよこさないでみろ。バンバンと機関銃でチリの奴らを撃ち殺してやるぞ！」と怒鳴るように言った。

この日、私はこうして、二つのボリビアがあるという思いをまざまざと味わった。

ボリビアは一つではない、二つのボリビアがある――ヨーロッパ白人系のボリビアと、インディオのボリビア――というこの揺るぎない事実は、社会の隅々にまで貫徹している。しかも、この二つのボリビアの並立は、五〇〇万人から成るヨーロッパ系白人のボリビアが、四〇〇万人から成るインディオのボリビアを抑圧し、搾取し、奴隷化しているという形で成立している。このことを、ファウスト・レイナガは、十数冊に上る著作の中で執拗に追求している。

ありきたりの階級史観からすれば、一国内的に貫徹しているのは、ブルジョアジーとプロレタリアートの対立であって、人種間の対立ではない、ということになろう。しかし、われわれが生きている現代は、単純な階級史観が地球上すべての地域に当てはめることができると信じることは、あまりに楽観的に過ぎるということを明らかにしてしまった。黒人が黒人であるがゆえに投げ込まれた一定の社会関係、インディオがインディオであるがゆえに強制されてきた社会関係――それを考察することなく、すなわち人種間差別・支配の契機を抜かして、一切を階級対立に還元する歴史観は、今や前向きな何ごとも生み出すことはない。ファイスト・レイナガはそこを突く。彼の考察は、彼がその半生を捧げてきたインディオ解放運動の中での具体的な経験に根ざしている。インディオ支配を公然と肯定し、扇動し、実行している者は論外である。彼の批判は、当然にも、農民解放を一つの課題として掲げている左翼政党、労働組合、農民組合の実体に対して厳しさを増す。

彼の最近の著書によく見られる神秘主義的絶対命題に目を奪われて、妄想家と一笑に付す者がいるとしたら、そのひとは、ファイスト・レイナガは常に西洋としてのボリビアの中にあってインディオが置かれてきた現実にあくまで拘泥してはじめて現在の地点に到達したのだという現実的根拠を見失うことになるだろう。彼が最新の著書『アメリカ・インディアと西洋』(刷り部数の半分のタイトルは『インディオの可能性と西洋』) の中で試みている壮大な西洋思想家批判(そこには、プラトン、ソクラテス、ヘーゲル、カント、マルクスを経て、サルトル、毛沢東に至るまでの思想家が登場し、その「西洋性」が批判されている)の序説も、この文脈で解釈されなければならない。西洋化した知識人が偉大な思想として称揚してやまぬ古今東西の思想家の内実を、アメリカ・インディアの目から読み替えたらどうなるかという革命的な読み替えの方法がここでは語られている。新生モザンビークの黒人が、解放されたベトナムの山岳民族が、『世界思想全集』全一〇〇巻を占める西洋思想を、ファウスト・レイナガのひそみに倣って各自の立場から読み替えていったら、どんな世界思想史が現れるだろうか――と思わせるだけの透徹した批判がここにはある。このあたり、絶対否定の魅力とでも言うべきものに溢れていて、既成の価値に囚われずにすべてを疑う柔軟な精神をもつ者には極めて挑戦的な文章が続いている。しかし、問題は西洋の絶対否定のあとに来るものは何かということであろう。ファウスト・レイナガの場合、西洋への絶望的とも言える厳しい批判の対極には、かつてのインカ社会主義の社会組織としての比類なき優秀さと、それをいまなお受け継いでいるアメリカ・インディアへの讃歌がある。原爆にまで行き着いた西洋、これに対して人類を救い得るものはインディオ革命以外の何ものでもないという断言が、それ故に出てくるのである。しかし、この断言の中で、ファウスト・レイナガが跳び越えてしまった重大な問題点が残る。ファウスト・レイナガが繰り返し言うように、西洋とは地理的概念ではない。ボリビアも西洋である。とすれば、この怪物的西洋社会は、一体いかにして、インカの理想的社会に転化・変革しうるのか。そのことが常に問われなければならない。問題は、その変革の主体と方法である。ファウスト・レイナガにとって、白人は希望を託しうる相手ではない。主体はあくまでインディオである。しかし、四世紀半にもわたって、西洋の政治・経済・社会・宗教・文化の抑圧下に置かれてきたインディオが、それらの浸透をまったく受けずに、祖先の優れた遺産だけを受け継いできているとは信じうることではない。インディオ革命の担い手としてのインディオに、この怪物的西洋社会の影響が日々浸透しているとすれば、かつてあった理想社会を宙に吊り上げて讃歌しているだけでは、現実の困難さから目を背けることにならないか。それが第一の疑問である。

第二の疑問は以下のことである。すでに見たように、西洋の枠組みの中でいかに貧困の裡に暮らしていようと、いかに真摯に生きていようと、生活形態・生活感情・言語に西洋の刻印が押されている者への批判をファウスト・レイナガは容赦しない。マルクス主義への批判もここから生まれている。然り、と肯定せざるを得ない事実が歴史上には数々あった。しかし、それでもなお問い返さなければならない。彼が問題としているのはマルクス主義の方法ではなくて、人種としての白人の本性なのか？　白人は生来そういう人間でしかあり得ないのか？　ファウスト・レイナガが人間の可変性を信じ、宿命論に陥っていないのであれば、白人人種は本来そういうものなのだ、という短絡した断定ではなくて、その中で変革を意図した者の方法論をこそ問題としなければならない。この点は、先に述べた第一の疑問への答えのためにも重要である。また、いま、ひとりのインディアニスタ、ラミロ・レイナガが「マルクス主義のインディアニスモ化」を企図していると伝えられることから、この点をめぐって、ファウスト・レイナガがいま少し敷衍的に語ることができれば、そこから、豊かな理論闘争が生まれる可能性があるのである。

さて、ここで私はこの文章の冒頭で触れた逸話に戻ろう。アルティプラーノに住むひとりのインディオが「チリが海をよこさないでみろ。バンバンと機関銃でチリの奴らを殺してやるぞ」と私に語った。彼の祖先たちは、つい四五〇年ほど前まで、海も山も平原もあり、やがて密林の自然にも対峙しようとしていた、ファウスト・レイナガの称賛してやまぬタワンティンスーユという一共同体を形づくっていた。やがて、スペインの侵略と植民地化を経て、一九世紀初頭のスペインからの独立後いくつにも分割して成立したブルジョワ国家間の抗争の中で、ボリビアという国は海への出口を失った。たまたまボリビアと呼ばれることになったこの地域に住んでいるインディオの意識は、今やタワンティンスーユの一体性はなく、ブルジョワ国家の国境意識の枠内に縛りつけられている。そしてブルジョワ国家は、交渉によって、過ぐる日の戦争によって生じた領土問題を解決していくだけの度量はある。領土の交換という、骨の髄まで西洋的ブルジョワ国家間の解決方法でしかないとしても、彼らは、チリ、ペルー、ボリビアの三カ国が硝石資源の開発をめぐって争い、敗北したボリビアが太平洋への出口である港町を失うこととなった一八七九年〜八三年の太平洋戦争までなら遡って、歴史を手直しすることも厭わない場合もあり得る。ヨーロッパのボリビアとヨーロッパのチリは、こうした合意に向かいつつある。しかし、ケチュア、アイマラ、グアラニーのボリビア、マプーチェのチリは、その時、どこにいるのであろうか？　ボリビアの先住民族である彼らが、今年盛大に祝われた「独立一五〇年祭」の指標である一八二五年などは、所詮はスペインによる三世紀もの植民地期に形成された白人支配層の末裔たちの独立に過ぎない。その一八二五年を遥かに超えて、インカがスペインに滅ぼされた一五三二年にまで遡って、彼らがもし歴史の手直しを要求したなら、ヨーロッパ中心主義の歴史観と価値観が浸透しているボリビアとチリの「主流」社会の人びとはどう答えるであろうか。答えはすでに過去の歴史の中で生まれている。トゥパック・アマル、トゥパック・カタリ、ウィルカの叛乱に、植民地権力や共和国権力がどう答えたかを見るとよい。アルゼンチン白人国家の英雄ローサスが、独立直後インディオ「討伐」を最大の事業とした事実を見るがよい。彼らの答えは明白である――一五三二年まで遡って歴史の手直しをしたら、混乱するだけだ。

だからこそ、ファウスト・レイナガとその同志たちは、たとえ権力なき貧民であっても白人ならば蒙らずに済んだ迫害と抑圧の歴史を、まさにインディオであるがゆえに歩んできたのである。

私が住んでいる日本、そこでは官許の歴史家や思想家が、「日本は世界でも稀な、単一民族国家である」と唱えてきた。一八六八年の「明治維新」を契機に、「西洋としての近代日本国家」の建設を志した支配層は、北方の大地に住む先住民族・アイヌに対して、西洋がアメリカ・アジア・アフリカを植民地にしたと同じ、あの恐るべき方法をもってした。いま二万人にまで減少したアイヌ民族は、奪われた土地、文化、言語、習慣の復権を志しつつある。また、日本には、六〇万人もの朝鮮人をはじめ中国人も多数居住している。彼らは、日本による植民地支配、侵略戦争、軍政支配の時代に、日本の官憲が強制労働に使役するために連行したり、仕事を求めてやむを得ず故国に離れたりした人びととその末裔である。階級的な観点だけでは解決できない、民族・植民地問題をわれわれも抱えているのである。はるか海を隔てた東洋の一旅人が、ファウスト・レイナガの著書から挑戦を受けたと感じるのは、まさにそれ故に、である。

元ゲリラの総括

レイナガは、また、ラミロ・レイナガという人物のことを教えてくれた(当時、私が聞き違えたのか、レイナガが明快に言わなかったのか、「甥」と思い込んでいて、いままでラミロについて触れる時はそう書いてきた。インターネットの時代になって検索すると、ラミロはファウストの「息子」となっており、他の情報も点検したうえで書き改めた)。彼は一九六七年三月、ボリビアで解放ゲリラ闘争を展開しようとしたチェ・ゲバラのゲリラ部隊に合流する予定であった。ボリビア南東部のゲリラ根拠地でゲバラが日々書き記していた『ゲバラ日記』の一九六七年三月一六日に「メッセージ第32号全文解読。それによると、ボリビア人一名が虫下しの一種グルカンティメを持って隊に加わるという。今まで虫下しの類は持っていなかった。」との記述がある。ゲバラはラミロ・レイナガの名前を記述していないが、ここにいう「メッセージ」とは、ゲバラ隊との連絡を取っていたキューバ国内の支援網から発せられたものを指しており、解読文にはラミロの名が出てくる。ゲバラの孫であるカネック・サンチェス・ゲバラらが編集した新版『ゲバラ日記』(Ernesto Che Guevara, "*Diario de Bolivia*", Edición anotada por Canek Sánchez Guevara y Radamés Molina Montes, Lingua ediciones S.L., Barcelona, 2007) には、これらの、もともとは当事者間でのみ行き来していた秘密メッセージを解読した註釈も付けられている。メッセージ第32号は、ハバナ在の通信連絡担当員の暗号名、アリエルの名で次のように言う。「ラミロ・レイナガは［三月］一一日に［キューバを］発つが、グルカンティメが入ったスーツケースを携行する。サンタクルスから入国し同地に二日間滞在後、ラパスへ行き、ココ博士と接触を図る。ゲリラ隊への入隊で合意している。レイナガは、その名の通りで知られるボリビア人。以上、アリエル、三月一〇日」(［　］内は太田が補った)。

ラミロ・レイナガは、このように軍事訓練を受けていたキューバから密かに帰国したところで逮捕され、しばらく獄中にいた。そこで、彼は、なぜゲバラ主導のゲリラが失敗したのかの総括を深め、それは先住民族の存在を軽視したからだとした。それは"*Ideología y Raza en America Latina*"

(『ラテンアメリカにおけるイデオロギーと人種』)というタイトルで出版されたが、いまは入手できない。ラミロは、釈放後は海外へ出て、土着マルクス主義の理論を深めるために研鑽しているという。ファウスト・レイナガから伝え聞くラミロの問題意識は、私の関心を大いに引きつけた。

チェ・ゲバラの孫、カネック

ここで、チェ・ゲバラの『ボリビア日記』を、ゲバラの死後四〇年を経た二〇〇七年の段階で、新たに編纂したゲバラの孫、カネックに触れておこう。チェ・ゲバラの二回目のラテンアメリカ放浪の旅の途上のグアテマラで、彼はペルーからの亡命者、イルダ・ガデアと出会った。ふたりは結婚し、一九五六年メキシコで生まれた長女は、イルダ・ゲバラ＝ガデアと名づけられた。母親と区別するためにイルディータと呼ばれた。その後、ゲバラはカストロらとともにキューバのバティスタ政権打倒の戦いに赴き、革命に勝利するとそのまま市民権を得て、キューバに残った。加えて、戦いの中で新たな女性との出会いがあった。イルダとイルディータは関係者としてキューバへ招かれ、そこに暮らすようになったが、ゲバラとイルダは離婚した。

イルディータは長じて、キューバへのメキシコ人亡命者、アルベルト・サンチェス・エルナンデスと結婚した。一九七四年、キューバのハバナで、ふたりの間に生まれたのが、カネック・サンチェス・ゲバラである。わけあって、両親はイタリア、スペインのバルセロナ、メキシコなどを転々としながら暮らした。一二歳になった一九八六年、母、弟と共にキューバへ引っ越したカネックは、その時から初めて「チェの孫」としての洗礼を受けるようになった。そのために、逆に、「自分に関心を持たれないように」「期待されるイメージを下げるために」学校から逃げ出し、ぶらぶらする少年期を送った。やがて、写真・文学・音楽などに自己表現の場を求めるようになった。母を喪った翌年の一九九六年、一〇年間暮らしたキューバを出て、メキシコはオアハカ市に住まいを定めた。以後、デザイナー、編集者、文化プロモーター、文化批評家と多面的な貌をもって活動した。二一世紀に入ると、カネックの論文、インタビューなどがインターネット上にアップされるようになった。それらを読むと、「アナキスト、絶対自由主義者、超過激なリベラル、地下の民主主義者、個人主義的共産主義者、エゴ―社会主義者」としての、要するに「〈左翼〉には違いない」カネックがキューバ革命に対してもつ批判的な観点がわかってきた。その後も彼に関わる文献にはできる限り目を通していたが、二〇一五年、メキシコから突然にカネックの訃報が飛び込んできた。心臓病だった。享年四〇歳で、三九歳で亡くなった祖父よりわずか一年だけ長く生きた。死後、父親が編者となって『33レヴォリューションズ』という遺稿集が編まれた。私はこれを『チェ・ゲバラの影の下で――孫・カネックのキューバ革命論』と題して、企画・編集・出版した（現代企画室、棚橋加奈江＝訳、インディアス群書第17巻、二〇一八年）。これに私は「カネック・サンチェス・ゲバラのキューバ革命論の意義」と題する長文の解説を寄せた。そこでも書いたが、カネックとラダメス・モリナ・モンテスの共編としての『ボリビア日記』は、改題と註釈の詳しさにおいて、従来の異版を遥かに凌駕している。

カネックによれば、従来の版は「ゲリラの叙事詩的な面が強調されており、対立する相手、脱走者、当時のボリビアの込み入った政治状況などに関心を払っていない」。それを避けるためには『『日記』で引用されているすべての個人に関する情報を註釈に入れ、用いられた武器を記録し、ボリビア／アルゼンチン／キューバ特有の表現・用語にまつわる疑問を払拭し、さらに、チェ以外のゲリラ兵士の日記や、ボリビア政府軍将校および反ゲリラ戦争に関わっていた米国ＣＩＡ（中央情報局）関係者の証言なども、註釈の形で明らかにした」。

キューバ革命の、広くは当時のラテンアメリカ情勢の「叙事詩的な」捉え方の問題は、翻って、私自身にも関わる事柄であることを私は自覚している。本書も、それがどこまで実現できているかは問われようが、この自覚の下で書き続けている。その点で、従来のチェ・ゲバラ像からの転換を図るために、あえて『ボリビア日記』の新たな編纂を試みたカネックの生涯と思想についての共感を込めて、ラミロ・レイナガに関する註釈に触れたのである。カネックについては、前掲書の「解説」で詳しく触れたので、ご関心をお持ちの方には、ぜひお読みいただきたい。

『世界革命運動情報』の予感

さて、ここで改めて『世界革命運動情報』に触れよう。それは、一九六七年から（私たちが日本を出る前年の）一九七二年までのあいだに、本号二八号と増刊号四号の合計三二冊を刊行した。

発刊のころ私はまだ学生で、年上の知り合いたち（山口健二、松田政男、太田龍ら）が始めたこの雑誌の編集会議に出たり、翻訳・販売を担当したりするくらいの関係だった。初号から三号までの同誌では、「ゲバラ、カストロ問題とその展開」という特集が組まれた。いまとは違って、情報伝達には時間のかかる時代だった。それでも、一九六五年三月にゲバラの姿がキューバの公の場から消えたこと、同年一〇月にはゲバラがカストロに宛てた「別れの手紙」が共産党大会で他ならぬカストロによって読み上げられたこと、二人の「分岐」の原因は同年二月二四日、アルジェで開かれた「アジア・アフリカ経済会議」においてキューバ政府工業相チェ・ゲバラの名において行なったソ連批判ではないかという観測が一部で行なわれているなどの情報は、同誌の第一号の刊行準備を始めた一九六六年秋の日本にも届いていた。第一号が刊行されたのは一九六七年二月だったが、それ以降、キューバをめぐる情勢は急展開を見せた。四月一六日には、ハバナにある三大陸人民連帯機構事務局が、世界のどこからか発せられたチェ・ゲバラのメッセージ「二つ、三つ、数多くのベトナムをつくれ、それが合言葉だ」を公表した。同機構事務局がこのメッセージを印刷した冊子には、髭を剃り落としたゲバラの顔写真三枚が添えられていた。同論文は米国の第四インターナショナルの機関誌『ワールド・アウトルック』誌にすぐ英訳されて掲載されたので、同誌を航空便で定期購読していた私たちは、全訳を第三号（一九六七年五月刊）で紹介することができた。航空便で届くキューバの新聞や海外左派の機関紙誌類は、それ以降、南米ボリビアにおける反政府闘争の高揚を伝えるようになり、『世界革命運動情報』誌第六号（一九六七年九月刊）では「ボリビア＝第二のベトナム？」と題する特集を組んだ。そして、翌月の一〇月九日、ボリビアでゲリラ戦のさなかに負傷して逮捕されたゲバラが、銃殺されたというニュースが届いたのだった。

私は、一九六二年ころから報道されるようになったキューバ革命のニュースに深い関心を抱き、目に触れる限りの日本語・英語文献を読んでいた。『世界革命運動情報』誌の編集に加わって以降は、キューバなどから届く文献を読むためにスペイン語を独習し始めていた。ゲバラの死から一年後の一九六八年、世界革命運動情報編集部の編訳で、ゲバラの論文集『国境を超える革命』（レボルト社）を刊行していただけに、ゲバラの生と死は一貫して大きな関心事であった。その後、ボリビアにおけるゲバラの野戦日記は『ゲバラ日記』として翻訳されたが、それを読むと、ゲバラたちの闘争が、周辺に住む先住民族農民の支持を受けてはいなかったらしいことが読み取れた。それを読み耽ったのは、ゲバラ死後の一九六八年から六九年にかけて、であった。ゲバラがボリビア政府軍に捕らえられたときに携行していたいっさいのものは、同政府にとっては、偉大なる「戦利品」だった。日記も厳重に保管されていたが、ボリビア政府内部の「内紛」が起こり、当時のアルゲダス内相がゲバラ日記の複写コピーを、ゲバラの同志であるキューバのカストロ首相に届けたという、驚くべき展開を遂げた。だから、ゲバラ死後九ヶ月目の一九六八年七月二日、キューバ政府は自らの手で『ゲバラ日記』を刊行できたのだ。それを読み込んでから六年後、偶然にも、その闘争の渦中にいたラミロ・レイナガの問題意識の一端に、他ならぬボリビアで触れて、私は大いなる関心を掻き立てられたのだった。

ラミロとは、その後（正確には一〇年後の一九八五年）、ウカマウ集団の作品の自主上映を行なう過程で、あろうことか、日本で出会うことになる。ウカマウの映画は、所詮、先住民の味方の顔つきをした敵の映画だと新聞紙上で語った彼に、話し合いを求めた時の後日談は、後の章で触れよう。それにしても、とまたしても思う。エクアドルでのホルヘたちとの出会いもそうだが、ファウストやラミロとのこの一連の出会いもまた、どんな糸によって結ばれたものなのだろう。

のちにホルヘたちとメキシコで再会したとき、ファウスト・レイナガのことは話題に上った。ホルヘたちも、当然にも、ファウストのことは知っていて、その立場は往々にして「逆差別」に行き着くしかないのだ、と結論した。私もその意見には同感だった。ウカマウの二〇〇五年の作品『鳥の歌』には、スペイン人による五世紀前の「征服」の事業を批判的に捉えようとする白人たちの映画撮影グループに属する一青年に対して、「ここは多数派の俺たちの土地だ。ここに白人は要らない。マイアミにでも行ったら、どうだ」と叫ぶ先住民の青年が登場する。ふたりは激しく言い争いをするのだが、ホルヘたちはここで、「可変的」である人間の価値を、生まれ・育ってきた存在形態の枠組みに永遠に封じ込めて、静的に判断することの間違い、あるいは虚しさを語っているのだと言える。逆に言えば、「矛盾」があるからこそ、その解決に向けて、ひとは行動する。その行動のなかで、ひとは変わり得る。そのことへの確信とでも言えようか。民族・植民地問題が人びとのこころに刻みつける課題は、重い。どの立場を選ぼうと、多くの場合〈錯誤〉を伴う〈試行〉でしかあり得ない。現在の時点から俯瞰してみると、ウカマウ集団は、この課題と真っ向から取り組んで〈長征〉を続けてきたのだと言える。

あとになっての、もう一つの間接的な「繋がり」——それは、ボリビアと言えば忘れるわけにはいかない鉱山地帯への旅から生まれた。ポトシ、オルロ、シグロ・ベインテ、ヤヤグアなどの鉱山町へ、である。征服者フランシスコ・ピサロの一隊がインカ帝国を征服したのは一五三三年だが、一五四五年には海抜四〇〇〇メートル以上の高地に位置するポトシ鉱山に行き着き、これを「発見」している。銀を求めて人びとが殺到し、ポトシはたちまちのうちに当時の世界でも有数の人口を抱える都市となった。そして採掘された銀はヨーロッパへ持ち出され、それが「価格革命」をもたらしたことは有名な史実である。スペインの作家セルバンテスが『ドン・キホーテ』を書いたのは一六〇五年だが、その中では「ポトシほどの価値」と表現を使って、巨きな富を言い表している。もちろん、この繁栄を可能にしたのは、危険かつ過酷な鉱山労働に従事した(強制労働として従事させられた、という方が正確だろう)先住民の犠牲によって、である。ポトシには、博物館となっているカサ・デ・ラ・モネダ(造幣局)があって、経済的な繁栄の様子にも厳しい労働のありようにも想像力を及ぼすことができる装置は残っていた。だが、次いで訪れたヤヤグアやシグロ・ベインテの鉱山労働者家族の居住区の現実には胸を衝かれた。そこは、のちに知ったところによれば、鉱山で働く労働者の宿舎を建てることで成立した集落であり、いわば「野営地」にひとしいようなところを、鉱山労働者とその家族は住まいとしていたのであった。ボリビアの一作家は次のように表現したという。「人間がいかに我慢強いものであるかを知るには、ボリビアの鉱夫の居住区を知るにこしたことはない！　ああ！　鉱夫と赤子はなんというさまで、生活にしがみついていることか！」。

私たちがここを訪ねた時点では未見だが、ウカマウは一九七一年にシグロ・ベインテを主要な舞台に『人民の勇気』という作品を制作している。一九六七年六月、鉱山労働者と都市から来た学生たちは、当時ボリビア東部の密林地帯で戦っていたチェ・ゲバラ指揮下のゲリラ部隊に連帯する坑内集会を開こうとしていた。これを事前に察知した政府は、夜陰に乗じて軍隊を派遣し、鉱山住街区を襲撃して大勢の労働者を殺した。この史実に基づいて、鉱山労働者と家族がおかれてきた状況を再構成した作品である。この作品には、シグロ・ベインテの実在の住民で、鉱山主婦会のリーダーのひとりであったドミティーラが出演している。彼女はその後一九七五年六月メキシコ市で開かれた国連主催の国際婦人年世界会議に招かれ、政府代表の官僚女性や「先進国」フェミニストの発言に対して、火を吹くような批判の言葉を投げつけた。当時コロンビアに滞在していた私たちは、この会議の模様を詳しく報じる現地の新聞を読んでいた。ドミティーラの演説についても、かなり大きなスペースを割いて報道していた。

帰国後しばらくして、唐澤秀子は、このドミティーラの聞き書き『私にも話させて——アンデスの鉱山に生きる人々の物語』を翻訳・出版した（現代企画室、インディアス群書第1巻、一九八四年）。居住区の様子やドミティーラの思いを日本語に置き換えていく過程で、この時の鉱山町訪問の経験が生きたと思う。

ボリビアの書店へ行ってボリビア関係の書物を見ていると、Editorial "Los Amigos del Libro" という名前の出版社のものが目立った。「本の友社」を意味する。Enciclopedia Boliviana と総称して、ボリビアに関するさまざまなテーマの書物を出版していた。いくつもの本を束ねて、「ボリビア百科事典」的な叢書になることを目指しているのだろう、と思えた。ケチュア語やアイマラ語の辞書もあって、当然にもラパスで購入した。これらも、のちにウカマウ映画の字幕翻訳作業を行なう際には大いに役立つことになる。その後、コチャバンバという都市へ行く機会があった。(因みに、永井龍男に「コチャバンバ行き」という短篇がある。一九七二年の作品だが、行く前に読んだのか帰国してから読んだのか、今となっては定かではない)。それはともかく、コチャバンバには「本の友社」の本社がおかれていることを思い出し、寄ってみた。社長自ら応対してくれた。Werner Guttentag T. という、ドイツ系移民の末裔だった。南米各国にはドイツ系移民がけっこう多い。だから、「戦犯容疑」を掛けられたナチスの残党が南米各地に逃れた逸話が残る。かのアイヒマンが、一九六〇年アルゼンチンで、イスラエルのモサド(諜報特務庁)の執拗な追及の手に落ちたことは、象徴的なことだ。いまこれを書きながら、ふと思い立って、インターネットで検索してみた。「本の友社」は健在だった。五〇年前に私たちが訪ねて、主宰者のグーテンターク氏と話し合った時に聞いた出版方針を貫いて、意欲的な展開を遂げているようだ。懐かしさがこみ上げてくるような感じがする。→ Los Amigos del Libro (librosbolivia.com)

ヘスス・ララと出会う

さて、五〇年前に戻る。本の友社社主・グーテンターク氏といろいろと話しているうちに、すでに幾冊かの本を購入していたボリビアの作家、ヘスス・ララの話題になった。私は、メキシコに滞在していた時に、“*Guerrillero Inti Peredo*”（『ゲリラ戦士　インティ・ペレード』）と題する彼の本を読んでいた。インティとココのペレード兄弟は、チェ・ゲバラ指揮下のＥＬＮ（ボリビア民族解放軍）に属していた。インティは、一九六七年一〇月にゲバラ隊が壊滅されたときにも生き延びて、その後六八年七月には「われわれは山へ帰る！」と題する声明を発表したこともあったが、一九六九年にラパス市内の隠れ家で見つかって、結局は殺されてしまった。ラパス市は、すり鉢型をした独特の街の構造をもち、その高低差はおよそ五〇〇メートルだが、その斜面には庶民の家々が、軒を寄せ合ってぎっしりと建っている。インティはその或る一軒の家に潜んでいるところを見つかったのだ。前に触れた『世界革命運動情報』誌第一四号（一九六八年一〇月一〇日発行）では、これに先立つ一連の事態を詳報していた。「われわれは山へ帰る！」は、私自身が翻訳して、掲載したものだった。他方、唐澤はコチャバンバに来る前にかなりの日数を過ごしたラパス市の書店で、ヘスス・ララの編著に出会っていた。『ケチュアの神話、伝説、民話』という。大部の本だが、そこには、ペルーはリマの天野博物館の学芸員から彼女が聞いていた「ワロチリの神話」の一部も入っているので、彼女は彼女でヘスス・ララにたいへん関心を持っていた。

私たちからそんな話を聞いたグーテンターク氏は、ヘスス・ララはコチャバンバに住んでいるんだよと言ってから、その場で作家に電話して、日本からの旅人が会いたがっているよ、と伝えてくれた。待っているというので、翌日訪ねてみた。ここでも話はずいぶんと弾んだ。遠く「東海の小島」のような国からやって来た旅人が、ゲバラ死後のインティ・ペレードのメッセージを翻訳して公表していたと知って、老作家の驚きは大きかった。ララの娘さんはインティ・ペレードの妻だったのだ。ララもインティも、いっときはボリビア共産党員だった。ゲリラ戦が準備される段階からララ自身もすべてを知っていた。だが、マリオ・モンへを指導者とするソ連派のボリビア共産党がチェ・ゲバラと、そのゲリラ部隊に参加した若手党員を裏切り、ゲリラ隊への協力を断った。ララは共産党を見限り離党した。立場が立場だから、ゲリラ部隊関係者と疑われた人びとの一斉摘発の際にはララも逮捕され、拷問も受けた。厳しい尋問も受けたが、最初は黙秘を貫いた。途中からは、誰にも言及しないで済むような完璧な物語を作り上げ、あくまでもその線でしか話さなかった。ララは確かにその経験をも活かして、一九六九年には"*Ñancahuazu, Sueños*"(『ニャンカウアス、夢』)と題する作品を執筆し、「本の友社」から刊行している。ニャンカウアスとは、ボリビア東南部、チェ・ゲバラたちがゲリラ隊のベースキャンプを設営した場所の名だ。ララは自らの見聞と体験を折り込みながらも、世界中の耳目を引きつけた「一九六七年のボリビア」の経験をフィクションとして描いたのであった。これも発禁になり、地下で密かに回し読みされたと聞いたが、どういうわけか私の手元には一九六九年版初版がある。ララは、義理の息子に当たるインティがとても優れた人物だったと言い、彼が殺された後は、娘とふたりの孫はキューバで暮らしていると言った。ラテンアメリカの革命運動にまつわる実話を読んでいると、犠牲者の遺族がキューバに住んでいるという挿話をよく見聞きする。

ウカマウは一九八九年に『地下の民』という作品をつくる。主人公であるインディオの青年はある時、内務省の就職試験を受ける。結果的には、それは、テロ要員として反体制活動家を非合法的に拉致し殺害する役割を背負わされるのだが、内務省の役人は主人公の体躯を眺め回しながら尋ねる。「体格は悪くない。経歴はどうかな?」。履歴書に目を通した役人は言う。「ほう、ニャンカウアスで四年間軍務に就く、か。そうか、そうか。アカは好きか嫌いか」「嫌いです」「悪い連中だよな。だったら、扱い方も知ってるよな」「命令どおりに」「よし、教えてやるとも」――このように、ニャンカウアスは、ボリビアで知らぬ者はいない、それほどまでに有名な地名だったのだ。

ヘスス・ララには、インカの神話や伝説をまとめた書もあることは先に触れたが、その分野に関心が深い唐澤もい

焼け焦げた『ゲリラ戦士　インティ』の残骸

ろいろと質問を投げかけた。作家は最後に、官憲による家宅捜索のあとで焚書された自分の本、『ゲリラ戦士　インティ』の焼け焦げた残骸写真を見せてくれたうえで、焼増しを一枚贈ってくれた。いまは常時監視されているから、自由に動けないし、いつ再び家宅捜索を受けるかも知れないので大事なものは置いておけないから、こんなものしかない、と言いながら。その写真は、前回触れたドミティーラの『私にも話させて』を刊行する際、関連する記述があったので収録した（焼かれたのは、他ならぬ「本の友社」版である。私がメキシコで読んだ版は、メキシコのディオヘネス出版社から出ているものであった）。

その後、帰途ペルーのリマに滞在していた時、ヘスス・ララ原作の演劇『アタワルパ　最期の悲劇』がリマ郊外で上演されるというニュースを新聞で知った。初版一九五七年の作品だが、当時は「本の友社」から刊行されていた。アタワルパは、一五三三年、現ペルー北部カハマルカでスペイン人征服者によって処刑された、実質的なインカ国最後の皇帝である。公演の夜、リマ郊外へ出て山あいに入ると、両側のかがり火が迎えてくれる。野外という雰囲気も手伝ったのだろうが、内容的にもなかなかに感動的な舞台であった。コチャバンバの作家に、舞台を観た感想を書き送った。彼も、自作が上演される機会に私たちが偶然にも居合わせたことを心から喜んでくれた。だが、ちょうどその頃、ペレード兄弟の母親がどこからか帰国したときに空港で逮捕されたことも書いてあった。「闇は深い。だが、一〇〇年と続く悪はない」。それが手紙の最後の言葉だった。メキシコでホルヘたちに再会した時、このことも話題にした。彼らも作家とは知り合いのようだが、長引いている亡命生活の中で音信も途絶えていたので、私たちから氏の元気な様子を聞いてうれしいようだった。ララは、私たちが会ってから五年後の一九八〇年に亡くなった。インターネット上には、ララの懐かしい顔写真が何枚か残っている。彼に関わる情報をできるだけ集積しておこうとするインターネット・サイトもあるようだ。時間を見つけて、私たちからもララの思い出を投稿しようと考えている。→Jesús Lara. Toda la información sobre Jesús Lara actualizada 2024. (lahistoria.net)

こうして、これもまた、どこかでウカマウに繋がっていく物語ではある。

(4) 白人国＝アルゼンチンでウカマウの映画に見入る人びと

ダーウィン『ビーグル号航海記』

ボリビアの南の端と国境を接する国のひとつはアルゼンチンである。一九七六年が明けてすぐ、そこへ移った。白人国と呼ばれることが多い。さまざまな先住民族が住まう土地に、征服者としてヨーロッパ人が侵入し、そこを植民地化し、植民地経営のために西アフリカから膨大な数の黒人奴隷を強制連行し、しかもこれらの諸民族の血が複雑に交じり合い――という過程を経たのだから、現在あるラテンアメリカの国々は、複合的な多民族社会を形成している場合が多い。ウカマウ集団の出身国であるボリビアは、二〇〇六年のエボ・モラレス大統領誕生を契機に行なわれてきた改革政策のなかで、国名も「ボリビア共和国」から「ボリビア多民族国」と改めた。それでも、国によって、その民族構成には大きな差が見られるから、人口構成に占める白人の率によっては「白人社会」という呼称が成立してしまうのである。そうであれば、ウカマウに即して先住民族の存在を重視するという観点から見るなら、アルゼンチンには見るべきことはないのか。

日本を出る前、この地域に関する多くの書物を読んだ。中でも印象的な一冊は、ダーウィンの『ビーグル号航海記』だった。チャールズ・ダーウィンは、一八三一年から五年間、イギリス海軍の測量船ビーグル号に乗って、南米大陸沿岸からガラパゴス島へ、さらに南太平洋地域をめぐりながら、航海記を記録する。記述されるのは主として地質や動植物の観察記録だが、時代はまさしくラテンアメリカ各国がスペインからの独立を遂げた直後のこと、陸地内部の社会・政治状況に触れる個所もないではない。独立直後のアルゼンチンが、ローサス将軍の下、先住民族の徹底的な「殲滅作戦」を展開したことは、当時日本でも読める一般的な歴史書でも書かれていたから、まさしくそれと同時代にアルゼンチン沿岸を通ったダーウィンの反応を知りたかったのだ。

記述によれば、ダーウィンはローサス将軍にいちど出会っている。率いる軍隊が「下等な、強盗のような」本質をもつことに気がつきつつ、将軍の、非凡で熱情あふれる性格を肯定的に述べている。過酷な運命を強いられる先住民への「同情」を示す記述もあるが、その「掃討戦」は無理からぬことというのが、彼が行き着いている結論である。ひとつ関心を引くエピソードがある。先住民「殲滅戦争」に参加したスペイン人から、その戦いぶりを聞いたダーウィンは、その非人道性に抗議する。答えは、次のようなものだった。「でも止むを得ません。どんどん産みますからね」。これこそ、まさしく、すでに触れたウカマウ集団の作品『コンドルの血』に登場する、二〇世紀米国の「後進国開発援助」グループの意識でもあった。

『コンドルの血』の密かな上映会

さて、アルゼンチンの先住民人口は、総人口の〇・五％を占めるにすぎないが、そこにも「動き」はあった。首都ブエノスアイレスにいたとき、新聞で知ったのだろう、先住民の集まりがあるという告知があり、そこへ出かけた（この記憶は、後で引用する同行者・唐澤秀子の旅行記での記述とは合致していない）。会場はバスク会館といった。スペインのバスク地方からの移住者たちが独自に持っている会館なのだろう。その集まりがどんなものであったかは、もはや覚えてはいない。それでも、そこでの出会いから始まって、対権力との関係上から公にはできない集まりへも誘われた。それは、なんと、ウカマウの『コンドルの血』の上映会であった。どこからともなく現われた五〇人近くの、主として先住民系の人びとが、スクリーンに見入った。ボリビアは、米国「平和部隊」の恣意的な「援助計画」に翻弄された当事国だった。対象とされた先住民人口も総人口の過半を占めており、問題はあまりに深刻で、政府も「平和部隊」の追放まで行なうだけの、社会的・政治的基盤はあった。翻って、きわめて少数の先住民人口しかいないアルゼンチンにおいては、先住民は、また別な困難さに直面しているのだろうと、私は考えていた。

それにしても、この時期について私が残している旅の記録はあまりに不十分で、連鎖的にさまざまな記憶が蘇るというようにはいかない。いろいろな情景を思い起こそうとしても、実を結ばない。ウカマウの映画『コンドルの血』を媒介とする連鎖が、ここまで続いてきているのに、なんということだろう。この件については、旅の同行者であった唐澤秀子が、彼女の詳しい日記に基づいた記録を残している。『コンドルの血』上映については触れていないが、白人国＝アルゼンチンにおける先住民族の在り方が浮かび上がってくるので、以下にそれを引用して、私自身の記述不足を補っておきたい。

■アルゼンチン日記から

唐澤秀子

ブエノスアイレスの街にも少し慣れてきたころ、ボリビアで知り合った先住民活動家から紹介を受けていた人に連絡を取りました。アルゼンチンに入って以来、ボリビアとの国境の町、宿泊したコルドバなど通り過ぎてきた町でもブエノスアイレスでも先住民の姿を見ることはあまりありません。ボリビアのように半数以上が土地の人というところとは大変なちがいです。電話に出たその人はEと名乗り、市庁舎に勤めているので、市庁舎のホールで会いましょうとのことです。市庁舎に勤めている、という言葉には少し意外な感じがその時はしたのです。ここまで出会った先住民系の人びとが、日本の感覚で言えば公務員という職に就いているということはほとんどなかったからです。

見るからに温厚な感じのEさんはあまり多くを語らず、ただ「ここの情勢は難しいから、われわれは左翼でもない、反宗教でもない、ただわれわれは共同体と文化を復興したいのだ」というような表現で、外に対しては話をしている。「北から南まで先住民の問題は基本的に同じだと思う。ちょうど今彼らの共同体の中でテレビ局を作る計画があり、その件に関して大統領に自分たちの土地を侵害しないように請願書を出しているのだが、その返事が来ることになっている。明日はその件で集まりがある予定だから来たらどうか」と誘ってくれました。「そうした集まりの時はバスク人たちが会館を貸してくれる、彼らはわれわれ先住民の活動に共感してそのような支援をしてくれているのだ」と言います。スペイン北部のバスク地方では激しい独立運動が展開されており、日本を出る頃には時々そのニュースにも接していました。そのバスク人の名が出てきて意外な気がしましたが、歴史を遡れば一八五〇年代から一九四〇年にかけ、アルゼンチンはスペインから二〇〇万人にのぼる移民を受け入れ、その多くがバスク人だったといいます。一九三七年、スペイン内戦下のバスクの村・ゲルニカがドイツのナチス軍に爆撃された当時、アルゼンチンの大統領はフランコ将軍支持の立場であったので、故郷を追われたバスク人の受け入れを拒否したのですが、全国でバスク人を支援する組織が作られ、バスク系の人びとに寛容な政策がとられるようになったということです。そうした苦難を経た人たちがお互いに支えあうような関係を作っているのでしょうか。

当時アルゼンチンは軍事クーデタ直後で、戒厳令が布かれていました。国境からブエノスアイレスに到着するまで「不穏な空気」を感じたり、警察の前に土嚢が積まれているのを目にしていたのに、うかつなことですが、戒厳令の定めるところがどんなものか、気に留めていませんでした。会合は禁止されていたのでした。その場ではじめて会合の禁止を知り、彼らに迷惑がかかるようなことになったら困るので、簡単に自己紹介し、私たちを紹介してくれたボリビアの友の名を告げ、そこに出席してもいいのかどうか聞くと、あっさり大丈夫といわれ、話を聞くことになりました。その日のテーマはテレビ番組に出るかどうかということで、こういう話はしばしばあることのようです。誰が出るかということが焦点なのでしたが、この番組のあり方、先住民を取り上げる「白人」の側の意図はなにか、「白人支配の社会」は直接的な差別ではなく、この国は「白い国」と称して隠微な差別をしてくるなどが話し合われていました。激する言葉もなく、じつに冷静な分析をし、利用できるところはなにかと話し合っていました。激した言葉が出てきたのは、メンバーのひとりが話し合う中で先住民の歌を、言葉を、文化を恥ずかしく思うやつがいる、そういうやつは裏切り者だ、と、仲間の気持ちにいら立ちをぶつけたときのことでした。しかし、その時はそれ以上のことはなく、話は終わりました。

この日の後、Eさんから家へ招待されたのです。バスに乗って一時間余り。私たちの宿のある地域に比べるとあまりにきれいで驚いたのですが、彼らの住んでいるところは、東京で言えば都営住宅風の団地でした。バスが止まると大勢の子どもがワラワラと走り寄ってきて、人見知りをしないその人懐っこさに挨拶の言葉をかけ、抱き上げたり。わたしのことは誰かのお母さんそっくりだと子どもたちは言いあっている。

Eさんの家へ着くと、集まりの時にはあまり話さなかったEさんが次から次へと話が絶えません。話をはっきり理解できなかったのかもしれないのですが、彼の出身地のことを聞きました。

「アルゼンチンの北部、パラグアイに接する地域のグランチャコ地方にある私たちの共同体はマタコといい、硬い木質の木の産地で、その木を扱う協同組合を作ったことから共同体が生まれた。それはアルゼンチンではじめてのことだった。それを作る基となったのは、伝道のために派遣されたカトリックの尼僧の力が大きい。彼女はドイツ系アルゼンチン人だ。白人は何をするにしても最後までわれわれの仲間として残ることはなかったが、彼女だけは違った。彼女はわれわれを裏切らなかった。彼女はわれわれにちゃんとしたメソッドに則ってスペイン語を教え、一般科学、化学、物理、医学、経済学等々を教え、いままでだまされ続けてきたわれわれがこれ以上だまされないように教育してくれた。マタコの木は硬くて需要が多い。この木を商売にする白人のためにわれわれは働かされ、過酷な条件のもとで、ろくな給料ももらえず、栄養失調から子どもは死に、成人しても安らかに暮らすことはできなかった。彼女のおかげでわれわれはこの木を扱う協同組合を作ることができた。するとわれわれが簡単に搾取される相手ではなくなったから、やつらは種々の弾圧の手を加えてきた。組合のリーダーはみな逮捕され、この尼僧はいまリマにいるが、共産主義者だとして弾圧されている。グランチャコでは人びとはレドゥクシオン――「教会の保護のもと」におかれているから用心しなければならない。相手にあれやこれやの口実を与えたり、付け入るスキを与えないために、政党間の争い、右翼、左翼の殺し合いの輪に入らない、政党には関わらない、拒否する。そういう姿勢を貫いている。すると学生たちはわれわれを、わたしをブルジョア的だ、右翼だと非難し、あるいは共産主義者だという。この国の左翼は先住民の問題をたんに階級の問題としてしかとらえようとしない。それだけではすまない点を見ようともしない……。それだけではない、人種主義者たちの差別はいろいろな面に及ぶが、熱帯特有の病気の場合、それにわれわれが罹って苦しんでも無視している、だが「文明人」に及ぶようになると研究を始める。例えばシャガス病だ。この虫が木材にくっついて都会にもあらわれるようになって、はじめて治療が可能になった……」

話しても話しても話し足りないと言って、止まるところを知らない勢いなのですが、またの日を約束して帰りました。

次の時は、妻のGさんに呼ばれて彼女を訪ねました。特別な用事があってというより、ちょっとお茶でもというような感じです。彼女はとても喜んでいて、近所に洗濯店を開いている日本人がはじめて彼女のことを自分たちと似ているといい、「エルマナ（姉妹の意、親しみをこめた呼び方）」と呼び掛けてくれた。心が温かくなったと。他の白人は表面はいんぎんで悪意は見せないけれど、中身は冷たいから付き合う気はまるでしない、話をする気になれない。白人は、彼ら自身はまったく気づかない無意識なのだろうが、自分たちを見下しているから、ひとつひとつの言葉、まなざしが心に突き刺さってくる。自分たちの文明に近づけてあげよう、白人をお手本にしてこのようにあれと無意識に求めてくる気持ちに傷つく。そうしたものへの怒りが極度に強くなると、夫のEは喘息の発作に襲われる。普段から市庁舎のような官僚機構に入っているから緊張が強い。なにか問題が起これば(おそらく白人と先住民との間の問題を言っているのだと思う)かれは矢面に立たされる。彼の健康が心配でたまらない。Gさんはあまりに神経が痛めつけられるので、もう集まりにはそうしょっちゅうは行きたくない。目をひどく損ねるのも、そうした緊張があるせいかもしれない。

彼女が繕い物をするのを手伝いながら、ぽつりぽつりと語るのを聞いていました。アルゼンチンでは一八七七年「砂漠の征服作戦」によってパンパに住む二〇万人余の先住民が殺され、二万人にまで減ってしまったと言われています。かつてはたくさんの仲間がいて、同じ言葉、同じ文化のなかで暮らしていたものが、仲間を探さなければどこに住んでいるのか分からないほどの数となり、歓迎されない存在となってしまった、そんな現実に人はどのように立ち向かえるのでしょうか。彼女が語る言葉のはしばしに、日々たえまない緊張を強いられる現実に対する憤りと心細さ、悲しみが感じられるのですが、自分は力にもなれないどころか、当の自分もまたどこまでその気持ちを分かつことができたのでしょうか。

日本に帰って出版活動をしていたとき、アイヌのチカップ美恵子さんが「滅びゆくアイヌ」として自分の顔写真が使われたことに抗議し、「アイヌ肖像権裁判」を提訴し、そのいきさつを本にしました(『アイヌ肖像権裁判・全記録』現代企画室、一九八八年)。チカップさんと親しくなり、いろいろ話すのを聞いていたとき、チカップさんの悲しみと憤りはGさんが語ったことと同じなのだ、地域が違っても問題の在りようは変わらないと思いました。

（唐澤秀子「回想のラテンアメリカ」第15回「アルゼンチン　2」、日本ラテンアメリカ協力ネットワーク（RECOM）『そんりさ　SONRISA』第一八三号、二〇二三年一月二一日発行、に掲載した文章に加筆・訂正。）

(5) 軍事政権下のチリで

パブロ・ネルーダの縁者の家で

アルゼンチン南部のネウケン経由で国境を超えると、テムコというチリの町に着く。一九七六年の二月のことだから、一九七三年九月一一日の軍事クーデタから数えて二年半ほど過ぎたころである。アルゼンチンで買い求めた書籍・新聞の切り抜きなどは念には念を入れて、日本へ送るなり不要なものはすべて処分した。チリ入国の際に税関で咎められることのないように万全を尽くしたつもりなのだが、やはり検査が終わり、パスポートに入国許可のスタンプが押されるまでは、ドキドキが続く。旅をしていると、独裁国家を観察する場合に、軍隊・警察が「悪の巣窟」だとするのはきわめて納得のいく捉え方だが、税関もそれに付け加えるのがよいとわかる。要するに、持てる「権力」を我が物顔に行使できる部署に居る者ほど、その「悪」に染まるということだ。

ブエノスアイレスで親しく付き合った若夫婦の、妻のほうがチリ人だった。紹介された親戚の家を、テムコで訪ねた。軍事クーデタから一〇日後の一九七三年九月二三日、その状況に絶望するかのようにして「憤死」した詩人、パブロ・ネルーダの縁者の家だった（当時入院していたネルーダの死については、クーデタを起こした軍部による毒殺死の疑いも晴れてはいないことを付け加えておこう）。ネルーダの自宅がそうされたように、この家もクーデタ直後に家宅捜査され、書物はほとんど焼かれてしまったという。焼け残った書物が、書棚にわずかにあった。

秦の始皇帝による「焚書抗儒」以来、古今東西、時の権力者が気にくわぬ書物を焼き捨てるという所業のことは数多く聞いてきたが、ボリビアでのヘスス・ララの本のことといい、ここチリでの出来事といい、焼け残った現物を目にすると、いわく言い難い、不快な思いがこみ上げてきた。加えて言うと、「抗儒」にひとしい所業もまた、軍事政権下のあの時代には、ラテンアメリカのどこでも行なわれていて、ウカマウはのちに『地下の民』において、官憲に逮捕された反体制活動家が、自分が生き埋められることになる穴を自ら掘るよう強制されるシーンを挿入している。現実に起こった出来事から採った、痛ましい挿話だったのだろう。

ここまで書いてきて、ふと、思う。一九七〇年、選挙で生まれた世界史上初めての社会主義政権（サルバドール・アジェンデを大統領とする）が軍事クーデタによって倒されたのは一九七三年、もはや半世紀以上も前のことだ。本書を読んでいる読者によっては、何のイメージも摑むことができない、遥か過去の出来事であるかもしれない。この軍事クーデタから五〇年が経った二〇二三年、私はこの事件に関する読み物を一編書いている。『サンデー毎日』二〇二三年一〇月二九日号に掲載されたそれをここに挿入すれば、ご存じない方に役立つかもしれない。それを願って、以下に書き込んでおく。

「9・11」は米国が独占してよい悲劇ではない
――「詩聖ネルーダ」も関わる、もう一つの「9・11」について

本誌上では八月中旬号以降、海堂尊氏の小説『雲のごとく』の連載が続いている。副題に「詩聖ネルーダ」とある。南米チリの詩人、パブロ・ネルーダ(一九〇四~七三年)の生涯を想像力も飛翔させせながらたどる作品だ。海堂氏は『ポーラースター』(現在、文春文庫、全四巻)でキューバ革命の立役者、チェ・ゲバラとフィデル・カストロの軌跡を描いたように、現代ラテンアメリカに並々ならぬ関心を持つ作家だ。新しい作品『雲のごとく』の刺激を受けて、私も思わず、同地の現代史の中の、忘れることのできない一つの出来事を思い出している。それは、ネルーダが生まれ、生き、死んだチリと、ネルーダの没年=一九七三年に関わる物語だ。二〇二三年の今、この国では百周年を迎えた「一九二三年の関東大震災と朝鮮人虐殺」を回顧するニュースが目立ったが、一九七三年といえば、ちょうどその中間地点、つまり五〇年前(半世紀前)の出来事となる。とてつもないスピードでニュースが消費されてゆく現代にあっては、多くの人びとにとって百年前のことはもちろん、半世紀前の記憶ですらも、すでに遠くにあって、おぼろげだ。大事なことなら、これを機にそれらを掘り起こして、伝えてい

くことが大切だ。

一九七三年九月一一日、南米チリで軍事クーデタが起こった。倒されたのは、サルバドール・アジェンデを大統領とする社会主義政権だった。その三年前の一九七〇年、大統領選挙が行なわれ、アジェンデが当選した。世界史上はじめて選挙によって、社会主義を旗印に掲げる人物が大統領に選ばれた。

大統領の支持勢力は議会内では少数派だった。貧富の差が激しい社会で、所得の再分配に軸をおいた経済・福祉政策や農地改革など、まだしも既存の法律を活用してできる範囲のことはあった。社会主義社会を作り出すための基本政策は、多国籍企業の支配下にあった銅山や電信電話事業の国有化以外は、議会でも議会外でも妨害された。反アジェンデの動きは資本家や地主の強い支持を受けていたが、経済危機が深まる過程で、ホワイトカラーや商人など中産階級もそれに同調し始めた。

チリ内部からのこの動きを外部から強力に支え、煽動したものがあった。もちろん、米国だ。政治的に言えば、米国政府には(当時はニクソン大統領、キッシンジャー大統領補佐官の時代だった)、一九五九年のキューバ革命から一一年後、南米の有力国、チリが「第二のキューバ」になることに対する心底からの警戒感があった。経済的には、社会主義政権の構造改革路線によって経済的な既得権益を奪われた米国系企業の反発があった。

一九七〇年の大統領選挙に際しても、米政府はアジェンデの当選を阻む工作に力を入れた。それが叶わず社会主義政権が誕生して以降は、キッシンジャーとCIA(中央情報局)が先頭に立ち、金融封鎖とチリの主な輸出品である銅産業への妨害工作を行ない、さらに多額の資金と豊富な人員をつぎ込んで、社会主義政権下のチリ社会が不安定な混乱状態に陥り、不安をおぼえる人心が反アジェンデへとなびくよう、全力を尽くした。もちろん、チリ軍部内の反アジェンデ派軍人に対する物心両面での働きかけもなされた。

その間に実施された地方議会選挙でも総選挙でも、アジェンデ支持派は過半数には達しないまでも、根強い支持があることを示す結果となった。CIAは、軍部にテコ入れしたクーデタ以外に道はないと知った。そして一九七三年九月一一日、首都に近いバルパライソ港の沖合で米国海軍との合同演習を行なっていたチリ海軍艦船が同港に集結した時刻に合わせて、陸軍司令官ピノチェーを指揮官とするクーデタが開始された。アジェンデが籠もる大統領府に加えて、大統領支持派の牙城とみなした大学、労働者の自主管理工場、堅固な住民組織が形成されている居住区などが攻撃の的となった。

アジェンデ政権は倒され、軍事政権が成立した。これを画策した米国としては、チリが社会主義キューバに代わる、優れた手本となる国にしなければならない。その価値観からすれば、それは、先進国の利益に奉仕する新自由主義の道を歩ませることだった。それは、社会に不平等な現実があろうともそれを公正な秩序に変革していくのではなく、経済的に強いものはヨリ強く、弱いものは打ち捨てられても致し方ないとする路線だ。今や日本を含めて、世界の多くの地域でこの考え方を信奉する者たちが為政者の立場にいるのだから、それがどんな現実をもたらすものであるかを、私たちは肌身に感じて知っていると言える。

さて、ここで、チリ軍事クーデタが起こった日付である九月一一日に拘って問題を拡張するために、チリのクーデタから二八年後の出来事に触れたい。九月一一日を書き改め、「９・11」としてみよう。一定の世代以上のひとには、聞き慣れた（見慣れた）表現になるだろう。そう、二一世紀が明けたばかりの二〇〇一年九月一一日、米国で衝撃的な事件が起こった日付である。米国の繁栄する経済の象徴たるニューヨークの世界貿易センター・ビルと、軍事中枢部である国防総省（ペンタゴン）に、民間旅客機を乗っ取った集団が機体ごと突っ込み、ビルを倒壊させ、多数の死傷者を生み出した自爆事件の日付なのだ。

米国と言えば、いつでも戦争をしている国だとの印象が強い。だが、一七七六年の「建国」以来、米国領土が攻撃されたり、そこが戦場になったりしたことは、一九四一年旧日本軍によるハワイの真珠湾攻撃を唯一の例外として、他にはない。だから、この「９・11」事件は、米国社会にとっては恐るべき出来事だった。「戦争を仕掛けられた」と考えた大統領は「対テロ戦争」と名づけた報復戦争の道を選んだ。だが、大統領がこの事件の実行者だと名指ししたのは、国家ではない。オサマ・ビン・ラディンを最高指導者とする「テロ集団＝アルカイーダ」で、彼らはタリバーンが支配するアフガニスタンに隠れ家を与えられているというのである。「９・11」から一ヵ月後に、米国はアフガニスタンに対する一方的な攻撃を始めた。他の有志国にもこの「対テロ戦争」に参画するよう呼びかけた。この戦争は、米国史上でも稀に見る、二〇年間もの長期に渡るものとなった。戦火はアラブ世界を中心に世界各地に飛び火した。戦争を主導した米国兵士と傭兵の戦死者は一万五〇〇〇人であった一方、戦地となったアフガニスタン、イラク、パキスタン、イエメン、シリアなどでの犠牲者は九三万人に上ると推定されている。

この数字を見るにつけても思い出すのは、米国で「9・11」事件が起こった時の、チリの人びとの反応である。彼ら・彼女らは、その時点では二八年前の自国で起きた、同じ日付をもつ軍事クーデタを思い起こし、二つの「9・11」があると語った。自分たちの国で起こった「9・11」の背後には米国がいて、チリに干渉し、軍事クーデタを画策し、選挙で選ばれたアジェンデ大統領を倒した。そんな米国が、いざ自国が攻撃されるとすぐ「報復戦争だ」と叫ぶ偽善を嫌ったのだ。その直感は的を射ていた。米国指導者は、ニューヨークで死んだ数千人の死に報復するために、二〇年間もかけて他国に九三万人の死者を生み出しても、それは「正義の戦争だ」と言い放つ。戦闘による直接の死者に加えて、経済破綻・医療インフラの崩壊・環境汚染など間接的な理由による死者も三六〇万～三七〇万人に上るというのに。占領されたことも、戦場になったこともない米国は、世界中にたくさんの「9・11」を自ら作り出して、他民族に恐怖と屈辱を与えてきた自画像に向き合うことがない。これからも毎年、二〇〇一年の米国の「9・11」を回顧するニュースは、歳時記のように現れるだろう。その時には、二つの「9・11」、否、日付の異なる数多くの「9・11」を思い起こして、米国の自己中心主義を相対化する努力が必要だろう。

五〇周年を期して、米国内部からもその動きが始まった。米議会上下両院の六議員が、米国がチリ軍事クーデタに関与したことに「深い悔恨の意」を表する決議案を提出した。支援の実態を明かす機密文書の公開、チリ民衆と協力して真相究明と和解をめざす趣旨だ。米国が公正な国際秩序に責任を持つ、真の意味での大国であるためには、実ってほしい努力だ。

ところで、冒頭で触れたパブロ・ネルーダは、アジェンデ政権の熱烈な支持者であった。七一年のノーベル文学賞の受賞者であった彼は、クーデタから数日後にはこれを批判する激烈な詩を作り、そして一二日後の九月二三日に、癌治療のために入院していた病院で謎の死を遂げた。謎というのは、深夜病室に入ってきた男たちに注射され、腹が焼けるようだとの言葉をネルーダが遺したという証言があるからだ。ネルーダ夫妻は、翌二四日、メキシコに亡命する予定だった。

クーデタではチリを代表するフォルクローレ歌手のビクトル・ハラも、多数の市民運動家とともに虐殺されている。共産党員で、国際的に著名な詩人が、クーデタを起こしたチリ軍部を批判する発言を外国で行なったら、その影響力を侮ることはできない――そう考えた軍部が毒殺したのではないか、との説が浮上したのだ。軍政が終わり、言論の自由が復活してのちネルーダの墓が発掘され、遺骨の分析が行なわれてきた。事の重大性から国際調査団までが組織され、毒殺説も有力だ。だが、病死説も毒殺説も、科学と状況に照らした証拠としては十分ではなく、未だ結論には至っていない。『雲のごとく』で晩年のネルーダが描かれるのはまだまだ先だろうが、その謎に満ちた死がどう描かれるのか、興味は尽きない。

こうして、米国の「9・11」ばかりに目を奪われて、あまり知られていないチリの「9・11」だが、そこには、五〇年後の今もなお解明を待つ課題がいくつも埋め込まれているのである。

若き日のホルヘ・サンヒネス

再び、五〇年前に戻る。テムコのその家では、夜、縁者がみんな集まってくると、みんなは声を潜めて、抵抗歌を歌った。「ベンセレーモス」はじめ、ビクトル・ハラなどが歌っていたそれらの歌は、私たちもよく知っていたので、その密かな声に唱和した。

これから書くことは、ホルヘ・サンヒネスたちとのつき合いが深まってから知ったことである。ホルヘは、ラパスの大学で哲学を学んでいたころ、チリのコンセプシオンという町の大学の夏季講座を受講した。政治・社会的な意味での進取性と戦闘性においてよく知られた町だという。一九五〇年代半ばから後半にかけての、いずれかの年のことだったであろう。講義科目の中に、映画講座があった。ホルヘと同国人の建築技師、リシマコ・グティエレス(愛称マコ)が、一本の映画も撮ったこともないのに、ただ映画好きだというだけの理由で映画講座を担当していた。ホルヘへのなかでの、映画への関心も、社会的な関心も、このマコとのつき合いによって生まれた、と彼は述懐している。

その講座では台本コンクールがあって、一番になるとその台本に基づいた映画を作るという特典が得られる。ホルヘがそれに当たった。そこで「たった二分間の映画を作った」。ホルヘは言う。

映画ではたった一分間でも多くのことが表現できる、とマコは言っていたけれど、実にそのとおりだった。その二分間で、ひとつの物語を作り上げた。一人の浮浪児が、禁止の立札だらけの公園を歩き回っている。「さわるべからず」「踏むべからず」「寝そべるべからず」「すわるべからず」。その子はしばらく前から何も食べていない。物乞いをするにも誰もくれはしないから、もう疲れた。新聞にくるまって門口で寝るのも、もう飽きた。公園の花を見るが、飾りとか自然の詩としてそれを見ることができない。彼にとっては、花さえもが、生きるか死ぬかの鍵を握っている。彼は何本かの花をもぎ取って逃げる。公園の管理人が追いかける。逃げおおせて、花を売る。それで得た金でパンを買い、小路に座って食べようとする。ところが、一部始終を見ていた二人の乞食がパンを奪って逃げる。子どもはまた公園へ戻って花を見つめる。さまざまな角度から撮ったその子の顔、花、立札、見張りの管理人が並置される。涙あふれる子どもの顔……これでおしまい。」

ホルヘ・サンヒネス『革命映画の創造』（太田昌国訳、三一書房、一九八一年）

8ミリで作ったというこの小品で音楽を担当したのは、当時コンセプシオンに住んでいたビオレッタ・パラだった。彼女もマコらの仲間で、後年ほど有名ではなかったが、彼女に宿る、歌の天賦の才能は誰もが知るところだった。「たった一日で、その小さな映画のために作曲してくれたことを憶えている。彼女のギターから生まれたその曲を」ホルヘはとても気に入っていたが、事故のためにそのフイルムは失われて、今は存在しない、ということだ。因みに、帰国してのち、唐澤は詩人の水野るり子さんに翻訳をお願いして、ビオレッタ・パラの『人生よ　ありがとう――十行詩による自伝』を編集・刊行した（現代企画室、インディアス群書第8巻、一九八七年）。この本に付した付録に、ホルヘ・サンヒネスは「ビオレッタの思い出」という文章を寄せてくれた。

ビオレッタの想い出――『デシマ』日本語版に寄せて　ホルヘ・サンヒネス

私がビオレッタ・パラを知ったのは、一九五八年夏、チリ南部の大学都市コンセプシオン市においてであった。私はそこで開かれていた夏季講習に出席していた。建築技師でもあり映画の愛好者でもある私の同郷人が、映画の基本講座を開いており、私はそこに登録していたのだ。というのも、そのころにはすでに、私は第七芸術に情熱を覚えるようになっていたのだった。

短期講習の仕上げとして、受講生は、8ミリで、わずか二分間の短くも慎ましい映画を作った。モンタージュを終えて音入れすることになり、バックに流すギター音楽の作曲家として私たちが選んだのは、ビオレッタ・パラであった。彼女は、当時、子供のイサベルやアンヘルと一緒にコンセプシオンで暮しており、私の同郷人であるハビエル・グティエレスの友人であって、彼女も彼の家をよく訪れたものであったが、実は彼こそが、映画講座の講師であった。彼の住まいは、この市の若い知識人や芸術家のたまり場で、いつも賑わっていた。

そのころ、ビオレッタは、その生涯でようやく名声を手にしはじめたばかりであったけれど、熱情的な性格と内に秘めた力のゆえに、人に感嘆の念をいだかせずにいない女性であったといえるだろう。深い英知と並はずれた女性的な直観とに導かれて、あらゆることに関わっての彼女の理解力、とりわけ民衆的なものの感じ方は、おどろくほどに深いものであった。加えて、彼女自身が、貧しさの苦しみ、物質的窮乏の辛さを身をもって記憶し、だが同時に、民衆の英知の記憶ももつことによって、社会的な経験を詩や音楽に昇華する才能を与えられた、民衆の中から生まれた女性であるという、何物にも代えがたい強みをもっていた。

あの当時に彼女が作った数々の歌はすでに革命的な内省と希望のうちに根づいている。きわ立って美しい暗喩にみちた詩句が、労せず、やさしさと美しさに満ちたメロディーと共に彼女から流れ出た。

ある時、私は彼女が友人に宛てて書いている手紙を読んだことがあった。私はビオレッタが自分の考えを、鋭い知性、皮肉とユーモアをまじえて書いた語句のもっている詩的水準の高さに、非常な感動を受けた。私は彼女の文学、彼女が作曲した曲のための歌詞に、これらの要素がしばしば表われていると思う。チリの田舎の人間の皮肉にみちた抜け目のなさに固有の洗練されたユーモア、しかし、陽気で、情容赦のない、しかしなお快活なユーモアだ。

そのような感受性の鋭さとやさしさの対極に、気むずかしくわがままな振舞いが同居しているのがビオレッタであった。

ある夜、ビオレッタ抜きでパーティをしている友人たちがいた。それを知ったビオレッタは自分が誘われなかったことに腹を立て、生きているオンドリを手にその場に近寄り、戸口を開けるやパーティの真只中にオンドリを投げ入れた。驚いたオンドリが羽根をばたつかせて走り回り、その場をめちゃくちゃにしたことはいうまでもない。

また、ある夜のエピソード……ビオレッタが出演しているコンサートに、当時彼女が付き合っていた男性が、ひとりの女性を伴って現われた。それを見とがめたビオレッタは、つかつかとステージをおりるや、その女性に近寄り、言葉にならぬ言葉を発しながら、彼女を場外に追い払ってしまった。

このように、ビオレッタは、並々ならぬ激しさで人生を愛した。彼女の美しい作品も、ほほえましくもあるエピソードも、そのことを示している。彼女が、それほどに愛した人生を捨てて去る決意をしたのは、おそらく、ある愛が、彼女の感じやすい心に、もはや耐えきれぬものになったことによるのであろう。(唐澤秀子＝訳)

軍事クーデタで、アンデス越えの再亡命

これが、ホルへの映画的な出発点だった。チリは、したがって、彼にとって忘れがたい土地だった。チリはその後も、ホルへにとって重要な土地となる。キトで初めて出会ったとき、一九七一年以後の亡命による「放浪」か「流浪」の旅のことを語った時、彼はペルー、エクアドルの前にはチリにいた、と語った。アジェンデ社会主義政権の成立は一九七〇年だった。それ以降、軍事クーデタでそれが倒される七三年九月までの三年間、故国の軍事政権から逃れたラテンアメリカ各国の革命家と反体制活動家が、数多くチリに庇護を求めた。

ホルへもそのひとりであった。ホルへだけではない、知り合ったラテンアメリカ知識人、作家、映画人などの証言によると、アジェンデ政権下の文化活動はこれらの亡命者の参加なくしては考えられないくらいに重要な役割を担ったという。広い意味で考えても、私も従来から強調してきたように、チリ革命の重要な性格のひとつとして、その文化革命的な要素を挙げることができる。アリエル・ドルフマンらが学生の協力を得て行なった、ディズニー漫画に見られる支配的な表現に対する批判を展開した『ドナルド・ダックを読む』(晶文社、山崎カヲル訳、一九八四年)や、いわゆる女性雑誌が読者に植え付ける常識的な価値観と固定観念(それこそが、読者から批判的な主体性を奪い、支配的な文化に奉仕するものとなる)についての批判的な分析など、見るべき成果があった。その仕事を囲い込むように、チリに亡命していた大勢の文化活動家たちの働きがあったのだろう。

キトでは多くを語らなかったが、ホルへはその活動が目立った人物のひとりだったのかもしれない。七三年九月一一日のクーデタの直後、実権を握った軍事体制は多数の外国人亡命者の逮捕命令を下した。ホルへもそのひとりだった。彼の場合は「見つけ次第、射殺するも可」との命令が下されたようだ。クーデタの準備は時間をかけて企てられていて、その間に「要注意人物」リストも出来上がっていたのであろう。「アンデス越えをした」とホルへは語った。あまりに生々しい体験だろうから、その詳細を聞き出す「勇気」が、その時の私たちには、なかった。

「アンデスを越えて」七三年末か七四年初頭にペルーに行き着いた彼は、その七四年にペルーで『第一の敵』を撮影・制作するのである。

ところで、ホルへがチリの街・コンセプシオンで映画を学んだ師、リシマコ・グティエレス（通称マコ）について、その後わかったことを記しておこう。ホルへは、当時「付き合っている時には知らなかったが、彼は実は、チェ・ゲバラやインティ・ペレードと同じくボリビアのＥＬＮ（民族解放軍）に属していて、その後ボリビアの官憲に殺害された」とだけ語っていた。

チリ地震と釧路の津波

インターネット時代に入って、マコに関する情報が散見される。一九二八年ラパス生まれ（ということは、チェ・ゲバラと同い年だ。だが、一九三〇年生まれとの説もある）。ジャーナリストであった同名の父親は、一九三二年から三五年にかけて隣国パラグアイとの間で戦われたチャコ戦争で死亡した。（因みにホルヘ・サンヒネスは、ボリビアの人びとが自国はどんな国であるかを考える場合、チャコ戦争に敗北したことはとても大事な教訓を残した、と常日頃から語っており、いつかこれをテーマに映画を撮ると言い続けていた。それは、最新作『30年後——ふたりのボリビア兵』（二〇二二年）で正面から描かれた）。マコの母親はやがて、ボリビアに住んでいたチリ人と再婚し、母子はチリに住むようになった。マコは一九四八年に入学した大学で建築を学んだ。ホルヘ・サンヒネスがチリの大学で映画技術を学んだのは五〇年代末だから、マコはすでに建築技師として働きつつ、映画に関する講座を大学で受け持っていたことになる。この頃つくられたと思われるマコの手になる設計図、実際に建てられた建物などの画像がネット上で見られる。ロタ鉱山労働組合劇場のように、市井の働く者に関わる建造物に力を入れていたことがうかがわれる。一九六〇年チリで大地震が起こった時には、崩壊した建造物の再建に尽力した、という記述を読むと、私にも甦る記憶がある。五月二二日、チリ中央部のバルディビア（私たちがチリに入国し最初に訪れた町・テムコや、マコとホルヘが出会った町・コンセプシオンの南方の港町だ）近海を震源とする地震による津波は、翌日二三日、当時わたしが住んでいた北海道釧路市の港にまで押し寄せた。それは、ちょうど、五月一九日に日米安保条約改定案が衆議院で強行採決されて四日後のことだった。翌二〇日から、釧路市内の目抜き通りでは連日、強行採決に対する激しい抗議デモが行なわれていた。高校二年になったばかり私は、初日の二〇日は見物するために、そしてその夜、ジグザグ・デモを行なっていた大学生が逮捕されるのを見て、興奮して友人とふたりその隊列に入ってしまって以降はデモに加わるために、連日中心街へ出かけた。港の沖にある灯台を通り抜けた船が港内に入ると、そのまま釧路川に繋がり、川の上に掛かる幣舞橋は、目抜き通りの中心に位置する。だから、二三日は、はるか南米チリの海から押し寄せてくる津波を見物するために、そして同時に安保反対デモに参加するために、下町へ出かけた。記録を見ると、釧路港での波の高さは一・八メートルだったという。だから私のなかでは、当時の川面の様子も、自らもその渦中にいたジグザグ・デモの様子も、同じ時期の記憶として刻み込まれている。

今となって知れば、チリの震源地近くには、ホルへがまだいたかも知れず、マコは確実にいて、震災後の復興のために立ち働いていたのだろう。そんな、まったくの偶然のエピソードですら、まるでひととひとの繋がりを示すものであったかのように、大事なこととして思えてくる。

マコは震災から二年後の一九六二年、革命成就から三年目のキューバへ行った。キューバでの様子は、ほとんど明らかになっておらず、突如一九六九年にボリビアへ戻ったことになっている。月日は不明だが、ゲバラの死から二年後、インティが殺されたのと同じ年だ。サン・アンドレス大学建築学部に職を得て、大学改革に力を注ぐ一方、ゲバラやインティが加わっていたゲリラ・ＥＬＮ（民族解放軍）に加わったと記録されている。一九七一年八月、ウーゴ・バンセル将軍による軍事クーデタが起こり、大学改革に携わっていたマコは窮地に陥り、地下に潜行した。マコについては、その他、テオポンテにおけるＥＬＮの戦いに参加したとか、ラパス郊外ライカコタ渓谷での戦いに参加したとかの短い記述もあるが詳細は分からない。私たちは、前述の『世界革命運動情報』誌第二五号（一九七〇年一一月三〇日発行）では、「ボリビア　一九六七年〜一九七〇年」の特集を組み、七〇年段階でのテオポンテにおけるＥＬＮの戦いについても触れているが、マコがこれにどこまで参画していたかは藪の中だ。そして、最後に残されているのは、マコの死の顛末だ。一九七二年五月、すでに地下に潜行していたマコは軍事政権下のボリビアを逃れて、隣国チリへの越境を試みようとした。チリは、一九七〇年以降、選挙を通して成立した史上初めての社会主義政権下（サルバドール・アジェンデ大統領）にあった。だが、マコは国境警備に当たっていたボリビア軍に見つかり、銃撃されて負傷した。負傷したままラパスに連行されたが、五月一三日、そこで死亡した。それから一年数カ月後の一九七三年九月一一日、今度はチリで軍事クーデタが起こり、極右軍事体制が確立される。チリに亡命していて、逮捕状が出たホルヘ・サンヒネスは、「アンデスを超えて」隣国ペルーへと逃れたのであった。

ここではただ、私たちは同じ時代の空気を吸っていたのだという事実に拘って、以上のことを書き留めておきたい。

(6) コロンビアとメキシコで、ウカマウと再会する

まずコロンビアで

一九七六年の半ばだったろうか、帰路北上する私たちを、ホルヘとベアトリスはコロンビアで待ち構えていた。往路もそうだったが、帰路でもまた、コロンビアには私たちに住居を無料で貸し与え、一定額の奨学金を供与してくれる日本人移住者がいた。

私は、往路でも、コロンビアの在野の社会学者、ビクトル・ダニエル・ボニーヤに何度も会って、彼の著書『神の下僕か　インディオの主人か』(*"Siervos de Dios y Amos de Indios"*)(厳密には「神の下僕にしてインディオの主人」となる)の理解できない箇所について質問していた。日本出発前に、私はこの本の英語訳を読んでいたことについてはすでに触れた。ボニーヤのその本は、二〇世紀に入ってからの時代になってなお、コロンビア南部の一先住民村落に、徹頭徹尾植民地主義を実践しながら浸透したキリスト教カプチン宣教会の姿を描いていて、私は大いなる関心を抱いていた。日本へ帰国したらこの本を翻訳して出版しようとすら考えていたので、帰路でも原著者

に質問すべきことはたくさんあった。それを行なうためにも、加えて、ウカマウのホルヘたちとの再会を果たすためにも、コロンビア滞在が長引くことは大歓迎だった。因みに、ボニーヤの著書は、『神の下僕か　インディオの主人か――アマゾニアのカプチン宣教会』のタイトルで一九八七年に刊行できた（現代企画室、インディアス群書第18巻）。

コロンビアでは、ホルヘたちが懇意にしているこの国の映画作家の作品をいくつか見せてもらった。マルタ・ロドリゲス監督の『チルカレス』などが記憶に残っている。レンガ職人の過酷な労働を描いたものだった。そのような労働現場を知らない「プチブル」のこころは打つ作品だ。敢えてそのように言うのは、わけがある。ホルヘたちの出発点は、『革命』（一九六二年、10分）と『落盤』（一九六五年、20分）という短篇2作品だ。ボリビアの底辺に生活する人びとの現実を描いた作品だが、ホルヘが言うところによれば、ほどほど以上の暮らしはできる「良心的な」人びとのこころは打った。だが、ホルヘたちがこの映像を最も見てもらいたいと考えていた、まさにそこに描かれている人びとに見せると、意想外な感想が戻ってきたという――自分たちが日々暮らしている生活のありのままが画面に出てきても、何よりも自分のこととして知っていることなのだから、別に面白くもない。私たちが知りたいのは、なぜ私たちはこんなに貧しいのか、なぜこんなことになってしまうのか――その原因を突き止めることだ。どうすればよいのかを考えるきっかけが欲しいのだ。

なるほど、言われてみれば、その通りだ。納得したホルヘたちは、その後作り始める長篇作品では、人びとの貧困や貧窮の実態をリアリズム風に撮る方法から遠く離れて、事態が斯く斯く云々になっている原因を問いかける工夫を、物語展開の中に据えていくことになるのだ。ところで、この映画『チルカレス』を監督したマルタ・ロドリゲスとは、なんと二〇一五年に山形で出会うことになる。この年、山形国際ドキュメンタリー映画祭では、チリのパトリシオ・グスマン監督の『チリの闘い』三部作の上映が予定されていた。一九七〇年から七三年にかけてのおよそ一〇〇〇日間、チリはアジェンデ社会主義政権の時代であったことはすでに触れた。三年間におよぶ革命と反革命の抗争を記録したこの名高いドキュメンタリー映画を観るために、唐澤と私は山形へ行った。

なんと、そこにマルタ・ロドリゲスは現れた。八〇歳を超えていた彼女は、コロンビアの青年が押す車椅子に乗っていた。プログラムは事前に知っていたから、ホルヘたちがボゴタで見せてくれた『チルカレス』が上映されることは知っていた。まさか、監督当人が現れるとは、思ってもみなかった。私たちが四〇年前にボゴタでこの映画を見たことから始まって、マルタとの間では話すことがたくさんあった。マルタは、最近はホルヘ・サンヒネスと会う機会はめっきりなくなったが、彼の息子のイバン・サンヒネスとはよく会う、と言った。ふたりとも、ラテンアメリカ先住民族映画祭という催し物に関わっているからだという。確かに、イバンは、ボリビアのテレビやラジオで、先住民族言語を使う番組制作に当たっている。それにしても、なんという「繋がり」だろうか。

メキシコへ

話を五〇年前に戻す。その後数ヵ月して、ホルヘたちと私たちは別々な行路を辿ってメキシコへ着き、そこで再度落ち合った。『第一の敵』を16ミリフイルムで見せてもらった。大きく言えば、一九六〇年代のラテンアメリカにおける反帝ゲリラ闘争の総括を試みようとしているような作品であった。先住民の村の様子、人びとの関係のあり方、都市から来たゲリラと先住民農民の出会い方などが描かれるなどキメの細かい組み立てが工夫されているが、骨格を言えば、そうである。すでに触れたように、この映画が採用した物語は、一九六五年ペルーでのゲリラ闘争の経験に基づいていることは、キトで会ったときに聞いた。今回ホルヘが付け加えて言うには、同じくペルーのクスコ周辺のラ・コンベンシオン村における先住民農民の土地占拠闘争の経験もまた参照している、と。私はペルーの章で、『第一の敵』のロケ地がラ・コンベンシオン村に近いところだったことには触れたが、そこで言及したウーゴ・ブランコを指導者とする農民の土地占拠闘争もまた、物語の素材として繰り込まれていることまでは知らなかった。ウーゴ・ブランコのこの闘争の経緯については、米国の第四インターナショナル系の出版社がリーフレットを出していたので、日本を出発する前にいくつか読んでいた。だが、私たちが日本を離れた翌年だったが、ウーゴ・ブランコ著『土地か死か――ペルー土地占拠闘争と南米革命』がスペイン語から翻訳されて、出版されていたのだった（柘植書房、山崎カヲル訳、一九七四年）。

首都メキシコ市の小さな会場で、『第一の敵』を上映し、ホルヘがゲストとして登場する集まりがあった。私たちも招かれて、参加した。一学生が言った。「ゲリラが農民の組織化もしないままに村を捨てていくのは、ストーリーとして不自然だ」。ホルヘは答えた。「この映画はストーリーの整合性を目指しているのではない。現実にあった事態の分析を通して、われわれ自身がそれを内省し、未来への展望を切り開く素材となればよいのだ。それは、実在した人物や組織を高みから批判して済ますということではない。ゲリラが民衆と一体化する道を求め、人民裁判のシーンに見られるように歴史への民衆の参加を最大限可能にしていくよう努力しながら、それでいて最後の選択を誤ったという、われわれの身近にあまりにも多くあった実際の事態を、われわれ自身が克服していくための作業なのだ」。一九六五年ペルーにおけるゲリラ闘争を総括したエクトル・ベハールの書についてはすでに触れたが、読み返してみると、確かに、この書が『第一の敵』の物語の展開上に組み込まれていることが歴然とする。学生が指摘した挿話は、その最たるもののひとつである。このペルーにおける経験から二年後の一九六七年には、チェ・ゲバラ指揮下のボリビアにおけるゲリラ闘争も、また敗北する。ホルヘたちは『第一の敵』において、他ならぬ自分たちの国においてたたかわれた「国際旅団」によるゲリラ闘争をも、「高みから」ではなく、内省的に対象化したのだと言える。

こうして、この映画の背後には、特定されているわけではないにしても、60年代ラテンアメリカにおける具体的な闘争がさまざまにちりばめられている。時は一九七六年――チェ・ゲバラがボリビアで死んだのは一九六七年だから、それから九年後のことである。チェ・ゲバラの記憶は、日本でもまだ人びとの心に焼きついている。ホルヘたちとの別れのときも近づいていて、そろそろ、今後どんな協力体制が可能かを検討する話し合いも始まっていた。『第一の敵』なら、日本上映のきっかけになり得るかもしれない。私たちは次第に、そのような気持ちに傾いていた。

メキシコでは、ホルヘを媒介にして、いろいろな出会いがあった。ボリビアの社会学者のレネ・サバレタ・メルカードに会った。最初にメキシコに住んでいた時に、私は彼の著書『ラテンアメリカにおける二重権力――ボリビアとチリのケースの研究』（"*El poder dual en América Latina : estudio de los casos de Bolivia y Chile*"）などを読んでいて、注目していた。彼を私たちに紹介するとき、ベアトリスは「世が世なら、大統領になるべき人です」と言った。二〇一二年制作のウカマウ映画『叛乱者たち』には、サバレタ・メルカードの言葉が引かれるシーンがある。字幕特有の、厳しい字数制限の関係上もあって、日本の観客が知る由もない彼の名前は字幕には登場しない。ボリビアとパラグアイとの間で戦われたチャコ戦争（一九三二〜三五年）は、膨大な死者数と領土喪失という結果で近代ボリビアにとって癒しがたい禍根を残したが、それをサバレタ・メルカードは「その結果、われわれは自分が何者であるかを知ったのだ」と表現した。こういう文脈で、彼の言葉は出てくるのである。

ホルヘ・サンヒネスは亡命の身ではあっても、制作・撮影・上映などの現場から離れるわけにはいかないという考えから、チリ、ペルー、エクアドル、コロンビア、メキシコと転々としながら仕事を続けているが、家族はキューバにいた。メキシコは、久しぶりの合流には格好の場所である。四人の子どもたちにも会った。娘ふたり、息子ふたり。四、五歳から一五、一六歳。小さなパーティの場では、キューバの「革命教育」の成果だろう、長女がしっかりとした社会意識に基づいた挨拶をした。思えば、『コンドルの血』には、もっと幼かったこれら四人の子どもたちがブルジョワ家庭の子ども役で「出演」していたではないか。この作品の制作・撮影は一九六九年のボリビアで行なわれたから、それが可能だったのだ。そう言えば、『第一の敵』終幕近くの、ゲリラと政府軍の銃撃戦の場面では、あそこで銃を撃っているのはぼくだよ、とホルへは言っていた。家内制手工業のような仕事ぶりに、思わず笑った。乏しい資金で賄う映画制作の現場とは、このようなものなのだろう。

(7)「映像による帝国主義論」の試み

船戸与一の表現

作家の船戸与一は、ホルヘ・サンヒネスのことを「人種的逆越境を試みる殉教志願者」と名づけたことがある（船戸与一「ホルヘ・サンヒネスの苦悩」、『第一の敵』上映委員会編『ただひとつの拳のごとく――ボリビア・ウカマウ集団シナリオ集』所収、インパクト出版会、一九八五年）。白人エリートの出自でありながら、先住民インディオの解放をこそ第一義的に重要なことと考え、そのような価値意識の転換を通してメスティーソ（混血）と白人もまた、その多くが陥っている精神的な疎外状況の克服に至るのだ――とするホルヘ・サンヒネスの立ち位置は、「果敢な試み」でありながら、同時にきわめて困難な問題も孕んでいることを率直に指摘した言葉であろう。

その観点から見ると興味深いのだが、ウカマウ集団の初期の長篇『ウカマウ』と『コンドルの血』に対して先住民が示した反応の形がある。それは、私たちがメキシコで別れる前の最後の話し合いの中で、ホルヘが教えてくれたものである。『ウカマウ』は、仲買人のメスティーソに妻が暴行・

殺害された先住民の青年が、こと切れる直前の妻の言葉から犯人をすぐに突き止めるが、仲買人がひとりになる機会をじっくりと待ち、一年後についに決闘によって復讐を遂げるまでの物語である。アイマラ文化圏に属する、ティティカカ湖上の太陽の島で撮影された。静かな緊迫感に満ちた映画で、先住民とメスティーソの間に横たわる文化的相違や価値観の違いも的確に描かれていて、私は好きな作品だが、アイマラ先住民からの批評は散々なものだったそうだ。被害者の青年が、あんな風に孤独に、ひとりで引きこもって苦しみ、悩み、その挙句に復讐を遂げるなどということは、私たちの生活様式からは考えられない、と。「個」と「全体」の問題は繰り返し現われることになるから、あとで詳しく触れる機会があるだろう。

ホルヘは、また、こうも言う。ぼくが白人だからなのか、先住民の人たちはどうにも打ち解けてくれない。警戒心を解こうとしない。ところが、プロデューサーのベアトリスが行くと、彼女はメスティーサだし、先住民の母語を話すことができるから、直ちに心をゆるして、迎え入れてくれるんだ——ホルヘが抱え込んだこの葛藤が描かれるさまを、私たちはやがて『鳥の歌』(一九九五年)で観ることになるだろう。

帝国主義の本質を暴く映像

メキシコにおけるホルヘ・サンヒネスとの討論の中でもっとも印象に残った言葉は「映像による帝国主義論」をぼくらは試みている、というものだった。確かに、『コンドルの血』(一九六九年)

→或る事故によって永遠に失われた映画『死の道』（一九七〇年）→『人民の勇気』（一九七一年）→『第一の敵』（一九七四年）→『ここから出ていけ！』（一九七七年）→『ただひとつの拳のごとく』（一九八三年）と並べていくと、六〇年代末から八〇年代初頭にかけてのウカマウ集団の映画は、それぞれの時代の国内支配体制の背後にあって、これを支えている世界的な帝国のあり方を浮かび上がらせることに心を砕いていることに気づくだろう。

『コンドルの血』は、富める国による「低開発国援助」という「慈善」の事業が、大国の利害計算に基づいた巧妙な意図を秘めている場合もあることを暴露した。

『死の道』は、一九五〇年代後半、鉱山労働者の強力な組合運動の進展を危惧した米国が、地域に住まう二つの民族の一方を扇動し、争いごとを起こさせ、その平定を口実に介入しようとした史実を描いた。文化人類学的研究を利用しながら或る民族の特徴を捉え、それを政治・軍事の局面に生かすというのは、米国が一貫して行なってきた異世界統治の方法であった。それを暴いたこの作品は、西ドイツ（当時）の現像所に持ち込まれたネガに細工が施され（技術者が買収され、露出時間が引き延ばされたせいだと、ウカマウ側は考えている）、誰の目にも触れられぬまま、永遠に失われた。この話を思い出すたびに、ホルヘが「従来の映画からの質的飛躍であり、過去との決別を意味する映画」と自負する作品の喪失が、彼らにとってどれほど悔しいことであろうか、と思う。もちろん、私たち観客にとっても。

『人民の勇気』は、ボリビアでチェ・ゲバラ指揮下のゲリラ闘争がたたかわれていたとき、これに連帯しようとした鉱山労働者や都市部の学生の動きが実在したが、それが一段階の飛躍を遂げようとした時点を定めて、これを事前に察知した政府軍が武力によって鎮圧した史実を描いた。キューバ革命の出現を不覚にも「許して」しまった米国が、「第二のキューバ」の登場を阻止するために、当時ラテンアメリカ各国で行なっていた「軍事顧問」的な動きを見れば、この作戦の背景が浮かび上がろう。

『第一の敵』は、帝国の利害がかかっている地域／国での民衆の闘争が、国内的な秩序をめぐる攻防の段階を越えたときに、帝国の軍事顧問団はより具体的な指示を当該国の政府軍に与えるようになる姿を描いている。

『死の道』撮影中のホルヘ・サンヒネス。1970年、ポトシにて。

『ここから出ていけ！』は、『コンドルの血』で描かれた「低開発国医療援助」グループが、その犯罪的な行為のせいで追放されてからしばらくのち、今度は宗教の布教グループの外皮をまとって潜り込み、一部の住民を精神的に解体して住民間の対立を煽る一方、多国籍企業の尖兵になって、その国の鉱物資源などの探査に協力する姿を描いている。

『ただひとつの拳のごとく』は、一九七〇年代以降、地域全体がほぼ軍事体制によって覆い尽くされることによって世界に先駆けて新自由主義経済秩序に席捲されたラテンアメリカの姿を描いている。

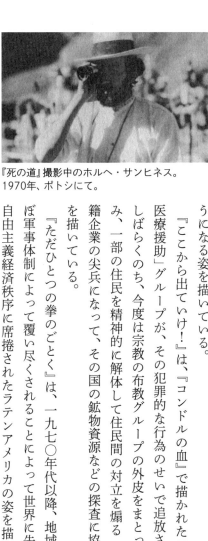

それは、やがて、グローバリゼーションという名の、市場経済原理を唯一神とする現代資本主義の台頭の時代に繋がっていくのである。

こうして、帝国主義には、さまざまな貌がある――援助の貌、軍事の貌、経済の貌、宗教の貌、政治的介入の貌、文化浸透の貌――などである。それはすべて、他を圧するほどの力を持つ、総合的な支配体制である。

幸徳秋水、ホブスン、レーニン――書物による帝国主義論は、それまでにもいくつも読んできた。そこへ跳び込んできた「映像による帝国主義論」を志すというホルヘ・サンヒネスの言葉。そこには、きわめて魅力的な響きがあった。日本もまた、帝国主義の側に位置している以上、別な視線でこれを対象化する映画作品には、独自の意味があるだろう。日本へ帰国したら、ぜひとも、ウカマウ集団／ホルヘ・サンヒネス監督の映画が上映される条件をつくるために努力しよう――ホルヘたちにそう約束して、私たちは別れた。一九七六年一〇月であった。私の手には、ホルヘに託された『第一の敵』の16ミリフイルムがあった。

上／メキシコのテオティワカン遺跡にて。右から、ホルヘ・サンヒネス、唐澤秀子、太田昌国。ここで、ウカマウ作品を日本において上映するなど、今後の協働作業の方法が話し合われた。1976年。
左／同じくテオティワカン遺跡でのベアトリスと唐澤。

第二部　日本編（1980年〜2025年）

(8)『第一の敵』の自主上映を開始する

商業公開には向いていない、と言われて

さて、これからは、一九八〇年に始まる、日本におけるウカマウ集団作品の自主上映運動に本題は移るのだが、これを書いているのは二〇二四年から二五年にかけてである。四五年後の今も上映運動は続いており、全作品を回顧上映する試みも各地で実施されようとしている。途中でのいくつかの作品は「共同制作」となって実現したことも含めて、思いもかけない展開となった、というのが偽らざる実感である。

ウカマウ集団の最高作だと私が考えている『地下の民』(一九八九年)の冒頭に登場する先住民村の長老は、山の神々に供物を捧げながら「われらが過去は現在の内にあり、過去は現在そのものです。私たちはいつも、過去を生きつつ同時に現在を生きています。われらが古き神々よ。イリマニ山の神よ。古のワイナポトシの神よ。われらが未来を予見することを許したまえ」と語る。過去→現在→未来へと、時制が直線的に移行するのではなく、その時間概念は循環的・円環的で、時制は自在に入り混じるのが先住民の精神世界の特徴だとは、ホルヘ・サンヒネスがよく強調するところである。文学を読んでいても、私はそのような時制の世界に魅力を感じるが、上映運動開始以降の四五年の経緯を綴る以下の文章において、果たして私にそのような記述が可能かどうか、覚束ないままに書き始めてみる。

帰国当初は生活に追われた。三年半も不在にしていたのだから、生活の経済的な基盤作りが必要だった。部屋の片隅にある『第一の敵』16ミリフィルムのことは常に頭にあり、目にも入っていたが、手つかずのままだった。数年して、ある程度生活の目途がついてくると、やはり何とかしなければ、とあらためて思った。唐澤秀子が学生時代、オーケストラ部の先輩であった柴田駿がフランス映画社を運営していた。ホルヘ・サンヒネスとエクアドルで初めて会った時に、カンヌ映画祭などで会った日本人の配給関係者に働きかけたが日本での上映は無理だと言われたと語っていたが、その配給関係者が他ならぬ柴田だったのだ。相談してみたが、この映画がもつ「政治性」ゆえに、日本では商業公開に向いていない、「敵」という言葉がタイトルに入るだけで難しい。「興行のプロである自分たちにはできない。でも、素人の熱意が可能にすることもある。自主上映という道があるよ」と教えてくれた。東京・神保町の岩波ホールはすでに開館していたが、いわゆるミニシアターはまだない時代だった。そんな時代にあっては、的確な助言だったのだろう。

映画評論家の松田政男、演劇集団「発見の会」の瓜生良介ら昔からの友人二〇人ほどに集まってもらって、字幕なしのまま『第一の敵』を観てもらった。いけるよ、おもしろい——そんな意見が多数を占めた。これで心が決まった——自主上映でいこう。一九八〇年初頭のことである。

まず紹介してもらったのは、テトラという名の字幕入れ会社である。東京の下町にあって、面倒見のよい、個性的な社長、神島みきがいた。私たちのように、配給会社を興す気持ちもなく、素人のまま「小国」の無名監督の作品を自主配給しようとする個人にも信頼を寄せてくれた。彼女はのちに『字幕仕掛人一代記―神島みき自伝―』（発行＝パンドラ、発売＝現代書館、一九九五年）という本を出すが、この世界に関心のある方にはおもしろい本だ。作業手順を教えられる。映画フィルムの上に、字幕を書き込んだフイルムを焼き付けること（スーパーインポーズと呼ばれる）で、字幕スーパーは完成する。まず、フイルムの横に記録されている、光学変調された音声トラック部分、すなわちオプチカルを拠り所に、演技者が話している台詞の秒数を割り出し、日本語字幕に使用できる文字数を決めていく。この作業は「スポッティング」と呼ばれる。その際、フイルムには「ここからここまで字幕を入れる」というマーキングを、ターマトグラフを用いて施す。『第一の敵』の場合、このオプチカルを聞き取ることに高い障壁がある。ウカマウ集団からはスペイン語の台詞リストが送られてきている。画面で話されているのがスペイン語の場合は問題ない。字面と音声は合致する。ところが、先住民農民はケチュア語を話すが、台本ではその部分もスペイン語訳されている。字面と音声は合致しないから、その一致点を見出すのが一苦労である。ここに、ペルーのアヤクチョで求めた『アメリカニスモ辞典』やボリビアのラパスで入手した『ケチュア語・スペイン語辞典』の出番がくる。たとえば台詞の中に「風」とか「石」とかの名詞が含まれているなら、そのケチュア語を調べ、その音が聞こえる一続きの台詞を特定していくのである。職人さんが持つ独特の勘に助けられながら、作業を進めた。ふつうは一日で終わる仕事が、二日も三日もかかったりする。

その点でふり返ると、五〇年間の時の流れは長い。『第一の敵』のフィルムは一本しかないままあまりに酷使されたので、二〇年近く経つと劣化も著しかった。一番貸し出しの多いフィルムなので、二〇〇〇年には思い切って新しいフィルムを輸入した。その時点では、東京にケチュア語を解する人が生まれていたのである。ペルー・ケチュア語アカデミー日本支部のマリオ・ホセ・アタパウカルとお連れ合いの矢島千恵子である。新しいフィルムの字幕入れの際には、お二人の協力を得た。マリオはペルーのクスコ生まれだが、驚いたことには、『第一の敵』に出演している人物をふたりも知っていたのである。『第一の敵』がクスコ周辺で撮影されたことには、すでに何度も触れたが、そのことに由来する偶然のなせる業である。この貴重なエピソードに関しては、マリオに一つの文章を書いていただいた。「『第一の敵』の画面で旧友に出会う――サトゥルニノ・ウィルカとファウスト・エスピノサの想い出」（太田昌国編『アンデスで先住民の映画を撮る』、現代企画室、二〇〇〇年、所収）である。『第一の敵』に出演しているふたりの印象深い登場人物の、実際の生活上の人となりが、マリオの筆によってくっきりと描かれている。私は、これを読んで、『第一の敵』にいっそうの愛着を覚えずにはいられなかった。

最初の長篇『ウカマウ』に加えて、一九八九年の『地下の民』以降はアイマラ語を用いる作品が増えていくが、長いこと、私たちは『第一の敵』の最初の字幕入れと同じ作業を繰り返してきた。ところが、二〇一二年制作の『叛乱者たち』の字幕入れの時には、アイマラ語を解する藤田護が助けてくれた。藤田はボリビアと日本を行き来しての研究生活が長い。ケチュア語、アイマラ語などの先住民族言語・文化・歴史を研究している。同時にアイヌ語研究にも力を入れているから、視野が広い。私たちの知人であるラパス在住の日本人青年たちが二〇〇五年に、在ボリビア日本人・日系人に向けてウカマウ映画の上映会を開いたことがあったが、藤田はその時のスタッフでもあった。私たちにとっての五〇年という歳月は、遥か彼方のアンデス地域の先住民族言語を解する人びとがこの地にも生まれた、ということを意味していて感慨深い。

初体験だらけの上映準備

さて、一九八〇年に戻る。定められた字数に基づいて、翻訳する。推敲を繰り返し、訳稿を完成する。テトラに字幕を入れてもらった。独特のタッチで文字を書く字幕ライター「カキヤ」の仕事である。続けて、チラシの作成、本上映の会場予約、試写会の開催など一連の準備が続く。お金がない。友人たちから一〇〇万円を借りた。会場は御茶ノ水の全電通ホールを予約した。六月末の二週連続で金曜日夜と土曜日の午後～夜である。一九八〇年当時はまだ、官公労系の大労組は自前の会館を都内の一等地にもち、ホールをけっこうな高額で貸し出していた。

チラシ制作のための諸準備もある。いわゆるスチール写真は、写真家の義井豊に、フイルムを回しながら、適切なシーンを抜いてもらった。義井は、私たちのメキシコ滞在時代の一九七三年、首都のソカロ(中央広場)に近いホテル・モンテカルロ屋上の居室に突然訪ねてきた。それまでは未知のひとだったが、フロントで屋上に日本人夫婦が住んでいるよとでも聞いたのだろう。ペルーと日本を行き来しながら、アンデス地域の諸文明に関わる貴重な写真を撮り続けることになる義井とは、その後もキレギレに交友は続いていた。その作業には、映画監督・土本典昭のスタジオを使わせてもらった。土本とはその後まもなく知り合うことにはなったが、その時点では接点がなく、果たしてどういう経緯でスタジオを借りることができたのか、いまとなっては、思い出すことができない。義井とは、その後もいくつもの活動を共にすることになる。チラシのデザインは、釧路湖陵高校時代の友人、阿彦勝久に頼んだ。東京芸大で木彫を学んだ彼は、デザイン関係の仕事をさまざまにこなしながら、生活していた。私たちがラテンアメリカに向かった時、当時住んでいたアパートの部屋は、家具も食器も書棚もすべてそのままの状態にしてきたのだが、そのアパートに阿彦一家は三年半のあいだ住んでくれた。いわば留守番を兼ねてくれたのだ。彼がデザインした『第一の敵』のチラシを、数年後に知り合うことになるグラフィック・デザイナーの粟津潔に見せると、「ああ、デザインの基本が抑えてあって、いいね」と言った。

あらゆる意味で、こうして、周囲の人びとに助けられて、準備を進めていった。

試写会は順調に進んだ。当時大きな影響力を発揮し始めていた『ぴあ』『シティロード』『小型映画』などの情報誌の編集者も、一般紙の映画担当記者も、取り上げてくれた。とりわけ『小型映画』

誌の編集者だった日比野幸子の協力が忘れがたい。雑誌で取り上げてくれたことはもちろん、彼女は試写会場にまで来て応援の挨拶までしてくれて、素人で何も分からぬ私たちを助けてくれた。彼女はその後「ぴあ」主催のＰＰＦ（ぴあ・フィルム・フェスティバル）にも関わって、金に事欠く私たちに、フェスティバルで上映する外国映画の字幕翻訳の仕事を回してくれたりもした。字幕翻訳の仕事は、費やす時間との関係で言えば割が良く、大いに助かった。その後も彼女はオペラナイトという名の事務所を構え、名古屋市で毎年開かれていた世界女性監督映画祭のディレクターを務めたから、ラテンアメリカの映画が候補に挙げられると声がかかり、何がしかの協力ができた。彼女は二〇二二年に亡くなったが、コロナ禍がいくぶんか和らいだ二〇二三年六月、彼女を偲ぶ会が開かれた。行くと、そこには、メジャーではないかもしれないが、私も名を知っている同世代の、そして次世代の個性的な映画作家たちが大勢来ていて、日比野がいてこそ自分たちの仕事が成ったことをこもごも語っていたことが強く印象に残った。

さて『第一の敵』試写会のときのエピソードに戻ろう。イメージフォーラムが四谷三丁目にあったころ、そこを試写会場に使った。知人の松本昌次（当時、未來社編集長。その後影書房を創業）は、試写会場から出てくるなり「ブレヒトだ！」と叫んだ。演劇好き、ブレヒト好きの松本らしい感想だった。スクリーン上で展開する出来事に劇的な効果を与え、観る者が感情移入しやすい環境を整えるのではなく、逆に、ドラマの出来事を観客が距離をもって、批判的かつ客観的に捉えることができるように、異化効果を伴う叙事的表現に徹すること——これである。

朝日新聞、毎日新聞、読売新聞、東京新聞も、映画欄でそれなりの大きさで取り上げてくれた。ボリビア映画、ゲリラと農民の共同闘争——そんな説明がなされていれば、人びとはまだ、一三年前のことでしかない、一九六七年ボリビアにおけるチェ・ゲバラの死を否応なく思い出す時代であった。記事の末尾に記された自宅の電話がひっきりなしに鳴り響いた。

（9）同時代に起きたニカラグア革命に示唆を得て

独裁体制と革命

私は、映画の宣伝のために、前年の一九七九年に中米のニカラグアで起きた革命と関連づけながら『第一の敵』を論じる文章を書いた。ニカラグアを登場させる道筋は次のようなものだ。

前年の一九七九年、中米のニカラグアでは、ＦＳＬＮ（サンディニスタ民族解放戦線）が、一九三〇年代から続いていたソモサ一族の独裁体制を打倒する革命に勝利していた。第一部で述べたラテンアメリカ旅行の過程で私たちがニカラグアに滞在したのは、往路は一九七四年末、復路は一九七六年三月だった。長年続いてきた鉄壁の右翼独裁政権体制が、ちょうど、揺らいでいた時期だった。往路の一九七四年一二月末には、独裁体制打倒を目指すサンディニスタ民族解放戦線のゲリラ部隊が、重要な政治的人物の豪邸で開かれているクリスマス・パーティの場を占拠する事件が起こった。招待客は、米国大使、一年前に軍事クーデタを起こしたばかりのチリ大使、米国石油企業支配人などだった。体制の根幹に関わる要人が幾人も人質に取られた。ゲリラは政府に四項目の要求を突きつけた。(一)政治犯一四人の釈放とキューバへの移送。(二)最低賃金の引き上げ。(三)一万二〇〇〇字から成るコミュニケ全文の、マスメディアでの告知。(四)四六〇〇万ドルの資金提供――独裁者・ソモサは、人質を思えばこれらの要求をすべて受け入れざるを得なかったが、ゲリラと政府の駆け引きは幾日間にも及んだ。或る日、地方都市にいた私たちは、首都マナグアに向かう長距離の乗り合いバスの中にいた。クリスマスが終わり、町から町への人びとの往来が激しくなった頃で、バスはほぼ満員だった。運転手が、かけていたラジオのボリュームをひときわ高くした。「サンディニスタ民族解放戦線の要求に従い、彼らのコミュニケの全文を読み上げます」。アナウンサーの声が響いた。

サンディニスタのゲリラが根拠地とする北部山岳部の小さな町や村の名が語られ、そこでグアルディア(国家警備隊)の暴力の犠牲になった無名の人びとの名前が全国に知らされた。長年にわたる虐殺と暴行の責任者であるソモサとグアルディアが公然と非難される言葉を聞くことも、人びとにとっては初体験だった。バスの乗客たちは、全身を耳にして、ラジオに聞き入っていた。襲撃のタイミングと標的の的確さからいって、支配層内部にサンディニスタへの情報提供者がいたことは確実だった。一九三六年来延々と続いてきたソモサ一族の永い歴史の中でも、ソモサにとっては初めての、公然たる惨めな敗北だった。

翌日、私たちは陸路でニカラグアからコスタリカへ移動した。ソモサに忠誠を誓う税関や国境警備の役人たちは、前日のソモサのあまりの失態に荒れすさんでいて荷物を手荒に扱い、本や新聞の中身を不機嫌そうに調べた。コスタリカで、サンディニスタのコミュニケ全文が彼らの要求通りに掲載されているニカラグアの新聞を買った。獄中から釈放された政治犯がキューバに向かうためにマナグアの飛行場へ向かう沿道は歓呼の声をあげる人びとで溢れていた、と新聞は伝えていた。いっさいの反政府言論を許さない、ソモサの鉄の恐怖支配が一気に崩れ始めていた。コスタリカの宿でコミュニケ全文を翻訳し、日本へ送った。友人の手を介してそれは『情況』編集部に渡り、同誌第一期の一九七五年六月号に「ニカラグアからの通信」として掲載された。

往路でも復路でも、詩作を軸に文化表現活動が活発なニカラグアの詩人、作家たちの朗読会、コンサート、集まりに顔を出し、政権擁護の言葉をいっさい伝えずにクラシック音楽を流し続けることで「抵抗」しているラジオ局「グエグエンセ」を訪ねたりした。詩人の集まりで知り合った人物、カルロス・マンティカは、大きなスーパーマーケットの経営者でありつつ、この国で生まれた仮面舞踏喜劇『グエグエンセ』の研究者でもあった。唐澤はメキシコで『グエグエンセ』を読んでおり、そんな話題をきっかけに懇意になり、お店にも連れて行ってもらったうえで、いろいろと話し込んだ。これらの人びととの対話を通して、政治・社会的には「長年続く親米独裁体制」の一言で片づけられがちな国にあっても、歴史や文化の面で探ると、奥深いところへ行き着けるのだということが確信できた。この観点は、帰国後、一九七〇年代後半から八〇年代前半にかけての韓国社会を分析する際に、私の中では役立った。「朴正熙の、暗黒の軍事独裁体制」という決まり文句を使えばこの社会のすべてがわかるという、怠惰な在り方から抜け出さなければならないことを私に自覚させたからである。

一九二〇年代、ニカラグアを軍事占領した米軍に対する抵抗戦争をたたかったアウグスト・サンディーノの著作などは同国では売られていないので、隣国・コスタリカで揃えた。コスタリカには、EDUCA(中央アメリカ大学出版局)を名乗る出版社があって、中米各国の重要な歴史書・文学書・詩集などを刊行していた。エルサルバドルの詩人で、所属していた武装闘争組織内部の粛清で一九七五年に処刑されたロケ・ダルトンの著作の多くは、ここで入手した。旅の最後にメキシコで再会することになるホルヘ・サンヒネスとベアトリス・パラシオスは、キューバ時代にロケ・ダルトンと知り合っており、彼がどれほどすぐれた人間であったかを、しみじみと語った。またニカラグアから亡命していた作家、セルヒオ・ラミレスがEDUCAで働いており、彼との面談で得た知識にもその後大いに助けられた。

復路でもニカラグアではさまざまな出会いに恵まれた。旅の過程で読んだニカラグアに関する書物から得ていた情報も多く、帰国後二年目の一九七八年から七九年にかけて急展開を告げる革命情勢の深化を追ううえで、すでに頭にしみ込んでいる地名・人名・歴史的な背景などの知識に助けられた。このニカラグア革命の過程で先住民族が果たした重要な役割に注目した私は、それを『第一の敵』に登場する先住民族像と重ね合せて論じた文章を『日本読書新聞』にペンネームで寄稿した。それは「反乱するインディオ――ニカラグア革命一周年に寄せて」と題して、上映日直前の同紙に掲載された。以下に引用しよう。

反乱するインディオ
ニカラグア革命一周年に寄せて

モニンボ。

マナグア湖に面したニカラグア第四の都市マサヤの南部一画をなす、アステカの末裔ナウァ人先住民の共同体的居住区。二千五百家族、人口およそ二万人。

そこは、一九七八年二月二五日以降、ソモサ政府軍を敵手としたナウァ人先住民の粘り強く激しい戦いの場となった。

サンディニスタ民族解放戦線（FSLN）を中軸とした持久的人民戦争の最終段階の一年九ヵ月間――一九七七年一〇月一三日、ニカラグア湖に浮ぶソレンティナメ島の貧農共同体から出撃したFSLN部隊によるサン・カルロス兵営攻撃から、一九七九年七月一九日、FSLN軍による全土解放に至る日々――は、ニカラグア人民が文字通り日々刻々と勝利へ向って前進していた期間であるが、革命一周年を間近に控えた現在の時点において、とりわけ一画期となりえた戦いを指摘するならば、われわれは、FSLNの戦いからは相対的に自立して戦われた、このモニンボにおけるナウァ人先住民の戦いを敢えてあげることができる。

この戦いは、体制内反対派チャモロの暗殺（七八年一月一〇日）に抗議するゼネストが終息し、三派に分裂状態のFSLNが未だ全面的蜂起を実現する力を貯えてはいない七八年二月段階において、まさに顕在化しつつあった革命と反革命の激突をいっそう鮮明にする突出した戦いとなった。チャモロ追悼ミサから四〇日後の二月二〇日、突如として現われたソモサ軍＝国家警備隊が、モニンボの中心にある広場に憩いを求めて集まった住民に対して強濃度の催涙ガスを発射して蹴散らして以降、モニンボの住民は徹底的な抵抗闘争を開始した。最初の犠牲者の埋葬を終えた二月二五日、住民はモニンボ一帯を占拠した。同区に通ずるすべての通りにはバリケードが築かれ、各所で古タイヤや薪が燃された。空瓶が割られて、街中の道路に敷きつめられた。国家警備隊は、二日後の二七日、空爆を含めた攻撃を開始した。おびただしい数の犠牲者が日々続出し、三月末で死者は四百余名にのぼった。

しかし、モニンボは戦った。国家警備隊はモニンボの入口まで到達しながら、若者たちが投げつける爆弾をまえに幾度となく撤退を余儀なくされた。街なかに国家警備隊が侵入しても、地理を知り尽した若者たちは、囲いがなく家屋と家屋が中で通じあっている住居上の条件を最大限に生かして、モニンボ一帯を縦横無尽に駆けめぐって国家警備隊を翻弄した。

抵抗闘争は、老若男女を問わずマサヤのほとんどすべての住民の力によって支えられていた。戦士ではない者は協力者だった。モニンボでは、共同体の全員ひとりひとりが戦士だった。女たちは、身の回りで利用できるあらゆるものを用いた武器や爆弾を製造するうえで偉大な力を発揮した（以上、事実の抽出は、当時の「グランマ」紙、「ボエミア」誌、「カサ・デ・ラス・アメリカ」誌、「ガーディアン」紙による)。

モニンボの反乱は「伝統的な共同体組織を通じて実行され、共同体の自主権を要求する反国家的性格を持つものだった」(阿波弓夫『革命のニカラグアを行く』「インパクト」6号)。共同体に依拠したナウァ人のこの戦いは、ＦＳＬＮが未だ散発的にしか蜂起しえないでいた七八年二月～九月上旬の困難な時期をよくもちこたえ、ソモサ軍のかなりの力をマサヤ周辺に釘づけにした。「自然発生的で、孤立した反乱にすぎなかった」(前出・阿波論文)それは、戦いの独自性を保持しつつ、九月九日、レオン、マサヤ、エステリに始まるＦＳＬＮの全面的攻勢へと繋ぐ役割を果した。同じ日の夜、モニンボの若者たちは、二月以降の弾圧強化のなかで街なかに設営されていたソモサ軍の兵営を爆弾攻撃し、二〇名の兵卒を死亡させて、ＦＳＬＮが開始した全面蜂起に呼応した。

マサヤ、とりわけモニンボは、いわゆる民俗(フォークロア)上からみて、ニカラグア随一の豊かさを備えている。とうもろこしの実や皮、あるいは果実や木を材料とする民芸品を作り慣れた女たちの手の器用さは、武器や爆弾の製造という精緻さを要求される任務によく応用された。また、この自立した戦いを貫徹しえたナウァ人の独立不羈の精神の背後には、マサヤ地方のフィエスタ(祭)などでもっともよく演じられている仮面舞踊喜劇『グエグエンセ』の精神世界が確固としてあると想像できよう。『グエグエンセ』は、先住民の厳しい藍染抽出労働の上に成り立つスペイン人支配者の安逸な生活への憤りを、主人公である一ナウァ人老人(グエグエンセ)による、代官や警吏への痛烈な諷刺の形で表現している、一七世紀に起源をもつ喜劇である。『グエグエンセ』は、スペイン人には理解できない、先住民の母語ナウァトル語とスペイン語が混淆して成立した言語を用いて、言葉に二重、三重の意味を与え、わずかな発音のちがいで思いもよらぬ意味を引き出す。それがことごとく、観客の哄笑をまき起さずにはおかない支配者に対する諷刺・愚弄ともなる。もとより、グエグエンセは、最後には次のように詠嘆するより他はない。「私たちが自由だった時。奴隷ではなく、身も心も晴々としていた時よ。おお、あの良き時よ! ……それからあと、私たちは囚われの身となったのだ」。

しかし、モニンボの人々が年に幾度となく接するこの諷刺劇は、現実的な力としていつかは解き放たれるべき彼らの自我の拠点として、その根を彼らの感情の奥深くにおろしていた。詠嘆はいま、国家警備隊はもとよりFSLNをも驚かさずにはおかない怒りと、その怒りに基づく根源的闘争へと転化し、ナウァ人の反抗心、決断力、忍耐力、民族的・階級的憎悪といった革命的潜在力が、七八年二月以降のニカラグア革命の過程を牽引したのだ。「帝国主義の子」たる文化人類学、社会学、観光写真によって、意志のない受動的な調査対象として物珍しい生き物であるかのごとき扱いをうけてきた彼らは、まさに「変革を生み出していく主役」として登場したのである。

マスコミやラテンアメリカ学者がふりまいてきた虚像を排して、われわれが、ラテンアメリカ像のひとつとしてこのような現実的な先住民観を獲得することができるならば、ニカラグア革命一周年の現時点において、それは、世界のなかでの自己を認識するための有効な手だてとなろう。

さて、ニカラグア革命をめぐるこのような私見は、間もなく自主公開されるボリビアの映画、『第一の敵』を観て、よりいっそう強められた。ボリビアの映画制作グループ〈ウカマウ〉によって一九七四年に制作されたこの作品は、一九六〇年代のアンデスの一先住民共同体を舞台に、貧農の反地主闘争と都市出身のゲリラによる反帝闘争との出会いから共同闘争に至る過程を描いたものであるが、現在に至るまで変ることなくラテンアメリカの先住民の前に立ちふさがる凶暴な現実や、一九六〇年代の農村ゲリラ闘争がかかえこまざるを得なかった困難さといった内容的な切実さはここでは措くとして、まず第一に注目されるのは、これがアンデス貧農の母語・ケチュア語による映画（ケチュア語原題『ハトゥン・アウカ』）であるという一点である。

〈ウカマウ〉のメンバーは、一九七一年八月、バンセル極右軍事政権の成立と同時にボリビアを追放され、以後七年間にわたって、チリ→ペルー→エクアドルでの亡命生活を余儀なくされるが、この『第一の敵』の大半は、最初の亡命地チリをピノチェットによって追われた一九七三年末、ペルーのクスコ周辺の村で撮影されたという。かつてインカ帝国の都であったクスコとは、その末裔たるケチュア人農民にとっていかなる地か。一九六〇年代初頭、この地方でケチュア人貧農の土地占拠闘争を指導したウーゴ・ブランコの総括(『土地か死か』、柘植書房、山崎カヲル訳、一九七四年)によれば、「インディオは酔っぱらった時でさえ決して歩道を歩こうとはせず、頭を高くもたげて大声でケチュア語を話そうともしなかった」。だが、大衆集会がこの状況を変えた。広場には「コカの匂いとケチュア語が満ちた。大声で話されるケチュア語。叫ばれ、脅かし、何世紀もの抑圧を引き裂くケチュア語」。ウーゴは結論する。「インディオ的なものを称揚することだけでも、すでにそれは革命なのである。それは世界に、またインディオ自身に、インディオが人間であると示すことである」。

ポンチョ、ケーナ、ケチュア語、コカ、生活のすべての襞を貫く共同体性、いつ果てるとも知れぬアンデスの山地を何時間をかけても歩きつづける勁き姿勢——それら「インディオ的なもの」のいっさいが、『第一の敵』のすべての場面に強烈にあふれる。都市の白人・メスティーソ出身のインテリから成る〈ウカマウ〉が、アンデス山地のケチュア人、アイマラ人貧農の共同体性にもっとも深く学ぶなかで自己変革を遂げながら、「反乱するインディオ」、を一貫した主題として提示し始めた『第一の敵』をはじめとする作品群は、先に述べたモニンボの戦いのように容易にはわれわれの視野に入りえぬ歴史の真実とともに、〈異世界〉に関わるわれわれの立場と方法を厳しい試練にさらすものとなるであろう。

(『日本読書新聞』一九八〇年六月三〇日付掲載)

このような反応をみているうちに、私は確かな手応えを感じ始めていた。友人、知人はもとより、観てほしいと思った作家、詩人、文化人類学研究者などにチラシと当日清算券を送る作業を重ねているうちに、上映当日が近づいてきていた。

チラシとチケットが出来ると、それを置いてくれるところへ日参した。唐澤と手分けして、さまざまな場所を訪ねた。当時御茶の水にあった日仏会館ホールでは、コートディヴォワールのモリ・トラオレ監督の『車に轢かれた犬』の上映会が開かれた。日本社会を舞台にした映画だが、このような無名の監督の作品を観に来る人たちは、『第一の敵』にも関心を持つかもしれないと考えて、チラシを撒きに行った。そこに、後にフランス現代思想・文化の研究者となる鵜飼哲がいた。当時は京大の院生だった。数日後の試写会に来てくれた。この出会いは、その後長いこと、京都がウカマウ映画上映のひとつの拠点となることに繋がった。

（10）『第一の敵』は大きな反響を呼び起こした

初上映に二〇〇〇人

『第一の敵』を上映した全電通ホールのキャパは四九〇人くらいだったと記憶する。そこで、全六回の上映を行ない、入場者は二〇〇〇人に上った。六八％の稼働率だから、以て瞑すべし、というべきだったろう。私の勝手な思い込みでは、もっと入るものかな、と思っていた。その道の人が言うには、自主上映でこんなに入るのは「奇跡」に近いことのようだった。私もその後経験を重ねることで、初回上映時の観客数のすごさを思うようになった。

当時わたしは三〇代後半だったが、来場者の過半は私と同じ世代か、もう少し上の世代の人びとだったと記憶している。何度も書くように「ボリビアにおけるゲバラの死」の記憶がはっきりと残っている世代である。アンデスの民俗音楽「フォルクローレ」の愛好者が多かったことも印象的だった。映画を公開するときには、スタッフとキャストをチラシに明記するのが当たり前のことだが、当時のウカマウはその種のデータにあまり頓着せず、私たちもそれを追求しなかった。

だから、最初のチラシには「製作＝ウカマウ集団、監督＝ホルヘ・サンヒネス」と記してあるだけだ。だが、フォルクローレの愛好者は、映画で使われている曲がどの楽団の演奏なのか、すぐに理解できたようだった。中学生か高校生の制服姿も、ちらほら目についた。そのうちのひとりは、のちにわかったことからすれば、兒島峰だった。アンデス音楽に関心のあった彼女は当時中学生だったが、『第一の敵』上映の報がうまくアンテナに引っかかったようだ。その後も上映のたびにウカマウ作品を見続けたという。四〇年有余後のいまは、アンデス文化の研究者になっていて、主要な著書に以下のものがある。『アンデスの都市祭礼――口承・無形文化遺産「オルロのカーニバル」の学際的研究』（明石書店、二〇一四年）。

東京上映を終えて一ヵ月と経たない七月一九日は、ニカラグア革命一周年記念日に当たった。さまざまな人に声をかけて、「ニカラグアの祭」を開催した。その頃「水牛楽団」で演奏活動を展開していたピアニストの高橋悠治に会って出演を依頼したが、受けてくれた。「原詩人」というグループで詩作活動を行なっている井之川巨も参加してくれた。唐澤もこれに加わり、ニカラグアで知り合った詩人にして神父のエルネスト・カルデナルの詩を朗読した。東京・水道橋にあった全逓会館が会場で、長丁場の催し物だったが、二〇〇人近い満員の聴衆で溢れた。ウカマウの『第一の敵』も上映し、私がニカラグア革命の意義について語った。人前で講演したのは、これが初めてだったので、緊張した。ある友人が、ちょっと言い淀んでもすぐに態勢を立て直せるのはよい、と評してくれた。これ以降、私は、在野の「ラテンアメリカ研究家」を名乗り、文章を書き、講演を行なうようになった。

その頃、ボリビアでは軍事クーデタが

東京上映が終わって、いくつかの問題が残った。まずは、ウカマウとの連絡である。上映報告を行なうべき八〇年七月、ボリビアでは凶暴なファシスト体制によるクーデタの時期と重なった。ウカマウとの連絡は途絶えた。死者一〇〇〇人、逮捕者二〇〇〇人……との報道が続いた。彼らからの返事がないまま、焦慮の時が半年に及んだ。私は、メキシコの出版社シグロ・ベインティウノ（二一世紀出版社）を主宰するアルナルド・オルフィーラ・レイナル、その妻ラウレット・ソルジェネとホルヘが親密な友人であることを思い出し、彼らにホルヘたちの安否を尋ねる手紙を送った。

横道に逸れるようだが、重要な人物なので、オルフィーナ夫妻に触れておこう。チェ・ゲバラは一九五五年にメキシコで、亡命アルゼンチン人であったオルフィーラに出会っている。当時はフォンド・デ・クルトゥーラ・エコノミカ（直訳すれば「経済文化基金」）という出版社を主宰していたが、彼はその後前記の新しい出版社を興した。ラテンアメリカ全体を見渡して見ても、彼の出版事業が果たし得た役割は大きい。私たちが現地で買い求めた書物には、オルフィーラが時代を違えて関わったこの二つの出版社のものが多い。この点に関しては、チェ・ゲバラ＝著『チェ・ゲバラ第2回AMERICA放浪日記――ふたたび旅へ』（現代企画室、二〇〇四年）の「日本語版解

題」に詳しく書いた。翌年の八一年、私たちは、ホルヘがオルフィーラの出版社から刊行した映画論集の日本語版を出版することにもなる。

オルフィーラが媒介してくれて、ホルヘから手紙が届いたのは八〇年一二月も末日近くだった。クーデタ後の半年間、彼らは、逮捕・射殺命令・家宅捜査・検閲の重包囲下で潜行を余儀なくされていたのであった。彼らが再び国外へ場を移したことで、私たちは連絡網を回復できた。半年間にわたって蓄積されていた、日本における上映運動の精神的・物質的支援は直ちに彼らに送り届けられた。日本地図を描き、いつ、どこで上映会が開かれたか、その土地はどんな特徴をもつ町か、来場者数、上映収入などを記した。「日本の同志たちにこれほど熱心に観てもらって、われわれは、自らの映画をもって、民衆の解放にささやかなりとも寄与する決意を新たにしている」と、彼らは書き送ってきた。

「東京上映以降の半年間」と、ホルヘたちが潜行していたために連絡が取れなかった時期は重なっていた。その半年間は、私たちにとっても、めまぐるしいほどに忙しかった。東京上映の「評判」は全国各地に急速に広がった。いち早く連絡をくれたのは、ナゴヤシネアストの倉本徹だった。送られてきたチラシから、意欲的な自主上映活動を行なっていることがわかった。これ以降も、倉本はすべてのウカマウ作品の上映に取り組んでくれた。二年後の一九八二年には、千種区今池にミニシアター・名古屋シネマテークを設立した。倉本がのちに書いたシネマテークの上映方針とは、①興行性の無さ故に、いわれ無き差別を受けてきた古今東西の名作・傑作。②その記録性から、一般の上映館では上映しにくい、上映されない作品群。③いわれ無き性差別のため、一般の上映館では上映しにくい、上映されない作品群――だったというから、『第一の敵』にいち早く目を留めてくれたのだろう。名古屋シネマテークは二〇二三年に閉館に追い込まれたが、元スタッフの人びとが軸になって翌年には跡地に「ナゴヤキネマ・ノイ」が開館したことは心強い。

さて『第一の敵』については、名古屋に加えて、仙台、札幌、京都、大阪、広島、福岡などの自主上映団体から、上映したいとの申し出があった。九月、ナゴヤシネアスト主催の名古屋上映を終えた後の八〇年秋、私は『第一の敵』のフイルムを背に、一ヵ月間の行脚の旅に出た。京都と大阪で試写会を行ない、秋以降の本上映の可能性を探った。

京都では、東京での鵜飼哲との出会いが、さっそく生きた。試写会場の手配も、本上映のための京大西部講堂の手配も、彼とそのグループがやってくれた。後に作家となる蜷川泰司、アフリカの言語・文学の研究者・砂野幸稔、アフリカ研究者・神野明、フランス文学者・木下誠、美術史家・若芝順子、さらに甲賀美智子、本田真紀子――さまざまな人たちが関わった。アカデミーにラテンアメリカ専門の研究者が多い京都では、試写会でのいくつかの反応が、奇妙なものとして記憶に残っている。「われわれ専門的な研究者が怠っているから、(素人が、と言いたげだった)こんな動きが出ている」という某氏の言葉は、自らの「怠惰」を鞭打つものであったのかもしれないが、「専門家」の防衛意識が感じられた。その「専門家意識」を打倒するためにこそ一九六〇年代後半のたたかいはあったのだと確信している私には、異様なものに響いた。あの時代の闘争からまだ一〇年程度しか経っていないのに、同世代の、しかも自己認識としてはおそらく「左翼」を自認しているであろう人の口から、こんな言葉が出てきたことに私は驚いた。

「僕が知っているアンデスのインディオはこんなおしゃべりじゃないな。連中は黙りこくっていて、何も喋らんよ。この映画は作りものだね」と言い放った専門家もいた。アンデスの先住民の村で、フィールドワークを積み重ねている人のようだった。「専門知」に安住する人びとが陥りやすいこの陥穽について、私は一九八九年に「支配しない〈知〉のほうへ——ウカマウ映画論」を書いた（太田＝編『アンデスで先住民の映画を撮る』、現代企画室、二〇〇〇年に所収）。しかし、その後は、こうした「専門知」の側からの「排他的な」言葉を聞くことは、幸いにしてなかったことには触れておきたい。上映運動初期における、ごく稀な反応だったのだろう。

フイルム担いで全国行脚

京都行では、忘れがたい「副産物」があった。私は一九七六年末に帰国して以降、獄中にある東アジア反日武装戦線の人びとに対する救援活動に関わっていた。昼間は常勤の仕事をしていたから、せいぜい夜に救援事務所へ行って、獄中者から来た手紙のコピーなどの、いわゆるムスケル仕事を少しできる程度に限られていたのだが。そのために、自宅も事務所も公安警察に盗聴されていたのだろう。東京駅から新幹線に乗る時点から、刑事による執拗な尾行を受けた。京都へ着き、会議のある京大会館へ行っても、夜に京大熊野寮に泊まっても、翌日の試写会場・

西部講堂でも、周辺は多数の公安刑事によって包囲された。西部講堂は門から講堂までのアプローチも長く、相当数の刑事を動員しなければ包囲できない。それを彼らはやったのだった。京都から大阪へ行くときは、車を持つ学生に乗せてもらって、熊野寮を出た。だが、まさかの張り込みはまだ続いていて、すぐ尾行車が付いた。地下活動をしているわけでもないが、尾行は嫌なものなので、いったん熊野寮へ引き返し、今度は二台の車で同時発進した。私は一台の車の後部座席に寝そべって姿を隠し、寮外の門で待ち受ける刑事の目を潜り抜けた。数年後、広島でウカマウの映画が上映されるに際しての講演を行なうために上映館である横川シネマへ行った。ロビーにいると、或る青年が話しかけてきた。「太田さん、僕は以前、京大熊野寮から太田さんを逃した車の運転をした者です」と名乗ったのだった。後日わかったところによれば、彼は弁護士になった足立修一だった。人権擁護活動に力を入れている彼とは、いま、死刑廃止活動を共にする同志である。

大阪での試写会を終えて、沖縄へ飛んだ。声を掛けてきたのは、嶺井妙美という、さまざまな社会運動に関わっている人物だった。彼女の人脈は広く、那覇市はもちろん金武湾、沖縄市、名護市など各地で上映会を開いた。金武湾では、CTS(石油備蓄基地)反対闘争を闘っていた住民運動家・安里清信の話に打たれた。他にも、その後も長く続くことになる、人との得難い出会いがいくつもあった。上映スタッフのひとりに下地喜美江がいた。五歳くらいの娘を連れていた。後年わかるのだが、その娘の父親は船本洲治だった。船本は一九七五年六月二五日、嘉手納にある米軍基地ゲート前で焼身自殺した。彼が遺した手書きの書簡には「皇太子来沖阻止！　朝鮮革命戦争に対する反革命出撃基地粉砕！」との檄が書かれていた。成人した娘の秋緒とは、一九九五年六月二五日に東京で開かれた「船本洲治焼身決起20年、討論集会」で再会した。その夜、我が家に泊まった彼女とは、これからも連絡を取り合おうと約束した。その後彫刻と版画を専攻した彼女はスペインに留学した。そして二〇〇八年、彼の地で病を得て急逝した。三二歳だった。遺作は、彼女の才能が並々ならぬものであることを示していた。あとで本書に登場する在広島の畏友・中山幸雄は、広島大学で船本と同級だった。船本亡きあと、下地母子と親交を深めていた中山は、秋緒の絵画・彫刻表現の才能を誰よりも早く見抜いていて、哀しみのなかにありながら遺作集の発行を企画した。作品集『すべてのもののつながり――下地秋緒作品集』は、私が仕事をしていた現代企画室から二〇一一年に刊行された。沖縄と東京で遺作展が開かれた。私は、唐澤、中山夫妻、同書の装丁を担当した水野慶子と共に沖縄展へ行った。初めて会った唐澤と下地喜美江は意気投合し、下地が亡くなる二〇二二年まで、メールや食品のやり取りをしていた。東京の展覧会は、後述する北川フラムと相談し、代官山のヒルサイドフォーラムを使うことができた。こうして、ウカマウ集団を媒介にして、さまざまな方向へ「補助線」が伸びていくというのが、私たちの実感である。沖縄では、さらに、新宿の模索舎で買い求めていた『分権・独立運動情報』（地域社刊行）の発行者たちとの偶然の出会いもあった。この雑誌は、私も関わっていた『世界革命運動情報』の延長上で発行されているとしか思えないほどに、近似性を感じながら、東京で読んでいた。確かに、当時の沖縄には、かつてレボルト社で協働したひとや、共に研究会を開いていたひとたちがいたのだった。

沖縄から長崎へ飛び、その後、長崎、佐世保、水俣、福岡、小郡などで上映会を開いている。いずれも先方から連絡をくれたひとたちの主催による上映会だ。そのまま広島へ行き、ここでは旧知の畏友、中山幸雄が待っていて、上映会を開いてくれた。それらは、資料として残っているチラシ類から確認できるのだが、短期日でのスケジュール調整をどうやって、こうもうまく出来たのか——は、今となっては、まったく思い出すことができない。この初年度一九八〇年末には札幌へも行っている。映画作家でもある中島洋らによる自主企画だった。

いずれにせよ、各地の人びとの働きと協力で、『第一の敵』自主上映運動が、半年間で急速に広がりと厚みを獲得し始めていた。その後長く続くことになる東京での出会いについても、触れておきたい。法政大学に「シアターゼロ」と名乗る自主上映サークルがあった。問題意識が鮮明なサークルで、この一九八〇年夏には、『サンチャゴに雨が降る』『砂のミラージュ』、そして『アントニオ・ダス・モルテス』というプログラムで、ラテンアメリカ映画特集を行なっていた。そして一一月の法政祭には『第一の敵』を上映したいと相談してきた。試写をすると、学生たちの意気はますます盛り上がったようだ。某日の午後一時から翌日朝の七時まで、アンジェイ・ワイダの『灰とダイヤモンド』、『韓国１９８０—血の抗争の記録』、『第一の敵』の三本を各四回上映するというオールナイト企画をもってきた。私はその頃三〇代後半に入りかけていたが、一七、八歳くらい年下の若者たちの熱気に煽られた。頼もしい、と思った。「シアターゼロ」の若者たちは、その後もさまざまな局面で協働してくれた。振り返れば、初動期における彼らの存在こそが、その後長く続くことになる自主上映・共同制作の基盤をつくってくれたのだった。

山口昌男の『第一の敵』評

上映会を前にして、ぜひ観てほしい一〇数人の作家、詩人、研究者にチラシを送った。ほとんどは面識もない人たちだ。私のほうでは、顔を知っているからわかったが、けっこう多くの方が来てくれた。金石範、李恢成、小笠原豊樹（岩田宏）らが来られた。金石範は自らが関わっている雑誌『季刊　三千里』（三千里社）一九八〇年秋号に書いた「光州虐殺に思う」のなかで、『第一の敵』に触れて、次のように書いた。「私は最近、自主上映の南米ボリビア映画『第一の敵』を見て感動し多くのことを教えられた。クーデタを繰り返しているこの国の支配者も、常にアメリカと結託していて、その階級的利益のためにはただしぼり取られているだけの人民たち、インディオの生命などは犠牲にして顧みないということが分かる。映画の終わりのほうで、ゲリラ殲滅のために米軍司令官が作戦を練り総指揮を取るのはその端的な現われだが、それを見ながら私は、現在もアメリカのやることはかつての南朝鮮のように変わっていないなあという感慨に落ちた。この映画は都会出身の学生、労働者、教師、医師などでなるゲリラ部隊と共同で、「第一の敵」――アメリカ帝国主義打倒に立ち上がるまでのインディオの農民たちの悲惨と政治意識の目覚め、深化を事実にもとづいて描いたものだが、その内容の質の高さとともに、アンデスの山地を背景にした白黒の映像が、雪をいただいたアンデスの山々と自然のようにきびしく美しい。」

文化人類学者の、山口昌男にも案内状を送った。氏とは、見終わった後のロビーで言葉を交わした。読売新聞一九八〇年七月一六日付け夕刊文化欄に、氏は「中南米革命映画の広がりと厚み」と題して『第一の敵』評を書いてくれた。数年前ニューヨークの小劇場でも観た映画だが、東京の方は観客も多く、よかった、という言葉もあれば、アンデスの農民たちのコスモロジーの中軸である大地母神「パチャママ」に、ゲリラたちが酒を供えた時に、「彼らと農民たちが共有する世界は一挙に広がりと厚みを得た。この点を描くことによって作品は単線的な物語の水平性から派生する垂直構造を獲得する。知識人が製作する民衆映画で、このような類型的ではない出遭いが描かれたのは稀ではなかろうか」という、いかにも山口氏らしい評言もあった。総じて、好意的な評だった。ところが、末尾に次のような文章があった。「しかしながら、ゲリラが農民達に、世界帝国主義の重圧がアンデスの小さな村にまで直接及ぶような時代であると説明するときに使われる言葉に日本帝国主義というのがあったように記憶しているが、日本語字幕には現われなかったのはどういうわけだったのか。当否は別としてこの一語は作品の中におけるアンデスの農民と日本の観客の唯一のきずなであったはずなのに」。

山口氏がどのシーンのことを言っているかは、すぐに分かった。ゲリラと先住民農民が討論するシーンだ。ゲリラが、imperialismo hatun（強大な帝国主義／第一の帝国主義）という言葉を使って、説明する個所がある。ケチュア語に「帝国主義」という用語はないからスペイン語から借用し、それに hatun（強大な／第一の）というケチュア語をつけている。この hatun（ハトゥン）を山口氏はスペイン語の Japón（日本、発音はハポン）と聞き違えて、「日本帝国主義」という語が字幕に出なかった、と書いたのだ。ロビーで言葉も交わしているのだし、氏は私たちに電話の一本でもくれれば、こんな間違いを犯さずに済んだはずなのに。

当時は、私も若かった。山口氏の仕事を敬愛しているからこそ、上映会の案内も送ったのだが、こともあろうに「語られたはずの日本帝国主義という語が字幕に出なかった」と書かれては、黙ってはいられない。読売新聞は反論の掲載を認めず、小さな訂正記事だけを出した。そこで、日本読書新聞という書評紙に山口氏への公開質問状を書いた。多言語使用者がその才に溺れると、どんな結果が生じるか——とまでは書かなかったが、「才気あふれる軽率さ」は指摘した。「保守的な」読売新聞に、『第一の敵』などという「政治的に」強烈な映画をめぐって基本的には好意あふれる評論を書いたのに、たったひとつの事実誤認を針小棒大に言挙げするとは——と、山口氏は思ったかもしれぬ。だが、「日本帝国主義の語が字幕になかった」とは、私たちにとって、小さな針ではなかった。すでに触れたように、ホルヘ・サンヒネスの「映像による帝国主義論」の試みへの共感から私たちは出発しているのだから、それは心外で、あまりに重大な、誤った指摘だった。二〇〇〇人の観客に対する説明責任もある。その誤解は解かなければならなかった。批判の文章は、勢い、厳しい調子を帯びた。以下に、その文章を紹介しておこう。題して「山口昌男氏への公開質問状」。

山口昌男氏への公開質問状

『第一の敵』上映委員会

七月一六日付「読売新聞」夕刊(東京版)に掲載された山口昌男氏の「中南米革命映画の広がりと厚み」なる一文において、現在全国自主上映中の途上にある〈ウカマウ〉制作『第一の敵』について、日本語版制作と上映運動に携わっている者として見逃すことのできない評言があるので一言したい。

氏は、観客動員力の多さを喜ぶべきこととしたうえで次のように続けている。「しかしながら、ゲリラが農民達に、世界帝国主義の重圧がアンデスの小さな村にまで直接及ぶような時代であると説明している時に使われる言葉に日本帝国主義というのがあったように記憶しているが、日本語字幕に現われなかったのはどういう訳だったのか。当否は別としてこの一語は作品の中におけるアンデスの農民と日本の観客の唯一のきずなであったはずなのに」。以上は文全体の結びの部分である。

氏は「インペリアリスモ・ハトゥン」(強大な帝国主義)というケチュア語を「インペリアリスモ・ハポン」と聞き違えて上記のように断定したのであろう。これは、正しくは、「「インペリアリスモ・ハポネス」と発音されていれば、確かに「日本帝国主義」という意味になろう

（ケチュア語には元来存在しない語だから、スペイン語の表現がそのまま移入されている）。数ヵ国語に通暁している氏らしからぬ軽率な過ちである。

しかし、単に軽率さというだけでは済まない性質の問題を私たちは感じる。私たちは日常的に母語における類似音の複雑さにすら戸惑うことがある。ましてや母語でない場合、一度か二度耳にしたあやふやな語が日本語字幕に現われていないと断定するためには、しかるべき手順が必要なことくらい、誰にとっても自明なことではないのか。

しかるに、氏は上映委員会に問い合わせ台本との照合を求めるという当然の手順も踏まず、自らの聞き取り能力にのみ依拠して、間違った断定を下したのである。削除は意図的ではないかという思わせぶりな表現によって、である。私たちはここに、自らひとりは知の高みにいて、必要な一切の過程も踏まずに他者の行為を裁断することができると思い込む知識人の傲岸さを見る。

しかも、この間違った断定に基づいて、「アンデスの農民と日本の観客の唯一のきずな」が消えた、というまことにきいた風の結論が導き出されているのである。いかにももっともらしいこの結び方で文章を終えるためには、（氏が誤解した）「日本帝国主義」なることばの脱落は、いかに好都合だったことか。「ヤンキー帝国主義」をこそ〈第一の敵〉としたこの映画の主題も、この映画の制作時においてはアンデスの農民にとってはどこの国か見当さえつかない「日本」などを引き合いにだしてゲリラが世界情勢を説明するはずがないという常識も、氏の意識からはすっぽりと抜け落ちてしまったのである。

氏が言う「アンデスの農民と日本の観客とのきずな」という表現ももっともらしい分だけ無内容であるが、もしこの「きずな」ということばに私たちの立場からあえてこだわるとすれば、たとえあからさまに「日本帝国主義」が語られていても「アンデスの農民とのきずな」をもつような受けとめ方ができない日本の観客はいよう。逆に、そのことばがなくても、『第一の敵』を観て「アンデスの農民とのきずな」を模索しつつある日本の観客は確かにいるのである。

いずれにせよ、「日本帝国主義」ということばが語られていながら日本語字幕には現われていない、とする前提条件が崩壊しているのだから、氏の結語はその根拠をまったく失うのである。

私たちの電話による抗議を受けて、氏の文章掲載二日後の七月一八日付「読売新聞」夕刊(東京版)には、読者が最も気づき難い場所に「訂正」記事が掲載されている。私たちは、責任の主体も定かではない、このような不十分な「訂正」を、誠意あるものと認めることはできない。私たちは、山口氏に、意図的なものではもちろんないにせよ、数百万人の読者を相手に文章として表現してしまった、私たちの行為への根拠なき批判について、事後、文筆家としていか責任をとるのかと、問うている。かりそめにも、氏の従来の文章には学ぶことあった者として、問題をそらさず、誠実な責任のとりようを明らかにしてほしい。

「読売新聞」への反論の掲載が拒否されたので、本紙をわずらわせた。

一九八〇年七月二二日

（『日本読書新聞』一九八〇年八月四日付掲載）

山口氏は翌週の同紙に弁明文を書いた。私の中で、一件は落着した。その後も、山口氏の著作は大事に読み続けて、すでに氏が亡くなった現在にまで至る。

したがって、山口氏の言辞をこれ以上云々することはないのだが、『第一の敵』製作時点での日本帝国主義の〈存在感〉については、もう少しふり返っておきたい。アジアでのそれは、すでに大きい時代であった。その経済的な進出の規模は拡大の一途をたどり、資源の収奪や労働条件の問題、水俣病などが大きな社会問題となり公害規制が厳しくなった日本を逃れて東南アジア諸国に向けて行なわれるようになった「公害輸出」などをめぐって反対運動が起こり、それは時に「反日暴動」の形を取る事態さえ起こっていた。だが、ラテンアメリカにおけるそれは、まだまだ影が薄い段階だった。アンデスの先住民村で、反体制ゲリラが政治・経済状況を説明する際に、日本帝国主義の浸透に触れなければならない状況ではなかった。一方、北アメリカ帝国主義の、経済的・軍事的・政治的・文化影響力的な〈存在感〉は圧倒的だ。まさに〈第一の敵〉なのだ。そこに映画『第一の敵』が、すでに説明したような内容をもって登場する必然性が生まれていたのだ。

(11) 旧作を次々と輸入・公開する

中米エルサルバドルの映画人と出会う

他方で、次のことにも触れておかなければならない。『第一の敵』製作時の一九七四年から数えてわずか四年後の一九七八年、中米エルサルバドルの反体制ゲリラ「民族抵抗軍」は、東レ、三井物産、蝶理、岐染などが出資して同国で企業活動を行なっている日系繊維企業インシンカ社の社長を誘拐し、日本帝国主義が現地の独裁政権と癒着しこれを支援している現実を告発する声明文を公表した。このコミュニケは、当時、日本経済新聞の紙面二頁全部を埋めて掲載された。ゲリラが取引の条件として、それを求めたのだ。だから私はそれを熟読し翻訳もしたが、きわめて透徹した論理で、現地政権と帝国主義の相互癒着関係を分析していたことが印象に残っている。インシンカ社は、上記の日本企業四社が一九六七年に五〇・一%の出資比率をもって(残りの四九・九%は現地の公営産業開発公社)設立した繊維織物の合弁会社であった。合織の紡績、綿布、染色を行ない、中米各国に製品を輸出する同社は、首都郊外の工場に一二〇〇人前後の労働者を擁し、同国でも最大規模の企業であった。日本経済に占める対エルサルバドル貿易の比率は小さいが、後者のような経済規模の国にとっては、同国最大の二工場が日系であり、主要輸出品である綿花のほとんどを日本が買い付けているという関係は重大である。これに注目したゲリラは、それが日本に対する過度の経済的従属化を招いている、と分析したのであろう。ここからは、すでに進出している日本企業が、相手国の経済規模の中で占める比率の多寡によっては、現地の人びとが日本帝国主義の〈存在感〉を感じとる時代状況へと入りつつあったと言えるのだろう。

さらに付け加えるなら、私は当時、ニカラグアとエルサルバドルで高揚する中米解放闘争の行方に大いなる関心を抱いていた。ニカラグアには闘争に関わっている友人も多く、一九七九年に同地の解放勢力＝サンディニスタ民族解放戦線は勝利していた。それに勢いを得て、隣国エルサルバドルにおける解放闘争の高揚が見られた。『第一の敵』上映開始後二年目の一九八二年、私はメキシコへ行く機会に恵まれたが、そのとき「不要の人間集団」を名乗るエルサルバドルの映画グループのギレェルモ・エスカロンと知り合いになった。解放勢力のＦＭＬＮ（ファラブンド・マルティ民族解放戦線）は当時モラサン州を解放区として維持していたが、そこでの住民の日常生活を描いた『モラサン』（一九八〇年）と『勝利への決意』（一九八一年）は、よい出来だった。ウカマウと同じく「連帯方式」での日本上映を取り決めた。これらふたつの作品は、ウカマウの『人民の勇気』を初上映した一九八三年夏に、同時に公開することになる。

海外現像所とのやり取り

『第一の敵』の自主上映を開始した翌年の一九八一年、レボルト社時代の年上の友人、山口健二が文芸評論家の栗原幸夫を紹介してくれた。山口は、ウカマウ映画自主上映運動のさらなる展開のためには、日本を長いこと留守にしていて、付き合いの範囲が狭い私たちのことを心配し、当時「アジア・アフリカ作家会議」の事務局長を務めていた栗原に紹介してくれたようだ。ふたりは、ベトナム戦争時の在日米兵が軍隊から脱走し第三国に亡命を図る形での反戦運動の支援活動で協働した。同会議は、アジア・アフリカ・ラテンアメリカから作家、詩人、文化活動家を招き、文化会議を開こうとしていた。そこで、『第一の敵』も上映しようということになった。

そこで、いくつかの新たな展開を図ることにした。ひとつには、ウカマウとホルヘ・サンヒネスは、先に触れたオルフィーラが社主を務めるメキシコの出版社から、彼らの映画制作の理論と実践の書を一九七九年に出版している。それはホルヘから送られてきており、実に刺激的で、おもしろい。それを翻訳して、出版しよう。

ふたつには、彼らには旧作が四本ある。『ウカマウ』（一九六六年）、『コンドルの血』（一九六九年）、『人民の勇気』（一九七一年）、『ここから出ていけ！』（一九七七年）である。これらをすべて輸入しよう。

翻訳書の出版については、難航したが、三一書房が引き受けてくれた。同社には、学生時代からの、付かず離れずの運動仲間だった三角忠がいて、編集を担当してくれた。理論的な展開を行なう時のホルへの文章は難解を極めるのだが、言いたいことが私にはすんなりと入って来るように感じた。読み応えのある翻訳書になったと思う。巻末に「ボリビア史―ウカマウ集団作品対照年表」を入れた。原書にはなく、独自に作った。ラテンアメリカ各国で制作された映画作品をできる限り入れた。もちろん見ていない作品が多い。現地を旅している時に、映画関係で重要だと思われる書籍は入手していたし、キューバ革命後のラテンアメリカ映画の活況ぶりは目立ったから、英米圏の研究者による英語の書籍も出版され始めていた。それらを帰国後購入していたから、年表に入れる事項を拾うのに役立った。一九八一年一一月、『革命映画の創造――ラテンアメリカ人民と共に』が出来上がった。第一回「アジア・アフリカ・ラテンアメリカ文化会議」（川崎市）の開催時期にかろうじて間に合った。加えて、一九七九年から「変革のための総合誌」『インパクト』誌を発行していたインパクト出版会の深田卓が発案して、『ボリビア・ウカマウ集団シナリオ集　第一の敵』も同時に刊行できた。一九八〇年クーデタ前後のボリビアの政治・社会状況を伝える文章も収めることができたので、映画と書物が連動することの大切さを学んだ。この『革命映画の創造』が同時代の韓国でいかに受容されたかについては、本書の末尾で触れる。

旧作のフイルムの輸入には苦労した。ボリビアには、映画を仕上げる現像所がないから、当時のウカマウの場合は、アルゼンチン、ブラジル、イタリア、ドイツ、フランスなどの現像所に旧作のネガは保管されている。私たちが日本からウカマウに注文を出すと、彼らは作品に呼応した現像所に対応を依頼する。時に、ウカマウはその現像所に借金を抱えている場合もある。

だから、当時私たちとの連絡役を一手に引き受けていたベアトリス・パラシオスからの手紙(あるいはファックス)には、「私たちに送ってくれるべき上映収入の三〇〇〇ドルを、ブラジルの現像所に送ってほしい」とのメッセージが時々書いてあった。「ブラジルの」は場合によって「イタリアの」になったり、「ニューヨークの」になったりした。私たちは、もちろん、その通りにした。支払いの件はともかく、ブラジルとイタリアの現像所とは、苦いというか、大いに焦った記憶が残る。フィルムの送付はウカマウから発注してもらうのだが、なかなか届かない。上映の期日は迫り、届いてからの字幕翻訳およびフィルムへの打ち込みの作業日程を思うと、焦りが募る日々が続く。ウカマウから現地の現像所の電話番号を聞き、電話する。私はスペイン語で話し、先方はポルトガル語あるいはイタリア語で話す。似た言語だから、そんな会話でもなんとか通じる。こっちは焦っているし、用件からしてほとんど怒鳴り声になる。先方も弁解しつつも、怒鳴り返す。それでもなんとか折り合いがついて、先方は二箇所とも、ギリギリの日程ではあったが、期日に間に合うようにフィルムを送ってくれた。別件では、結局約束の期日までにフィルムが届かず、止むを得ず上映プログラムを変更せざるを得なかった場合もある。

そのあたりの事情を物語っている文章が、上映運動の過程を整理してある文書ファイルの中に残っている。それは、「ヤワル・フィエスタ」と名づけた上映会を計画したことに関わっている。ヤワル・フィエスタとは、ケチュア語で「血の祭り」を意味する。ペルーの作家、ホセ・マリア・アルゲダスに『ヤワル・フィエスタ』と題する作品がある。ラテンアメリカ滞在中に、私たちが、とりわけ唐澤がその作品と人柄を愛した作家のひとりだ。征服者スペイン人によって、遠くアンデスにも闘牛という競技はもちこまれた。先住民たちはそれを変容させて、アンデスを象徴する鳥・コンドルを牛の背にくくりつける。コンドルが嘴で牛の首を突っつくと牛が暴れ、血を滴らせながらの闘いとなる。アルゲダスは『ヤワル・フィエスタ』において、それをさらに変形させて、先住民自身と荒牛との闘いとして描いた。この名作から映画週間の名を借りたのだ。この企画については、『日本読書新聞』に以下の文章を寄稿した。

『第一の敵』上映委員会

暴露される帝国主義

☆文化対立の中の私たち

低開発国を旅行した日本人の見聞記や話に必ずといっていいくらい出てくる種類の話がある。ある町や村で、大衆的な市場へ行く。風呂敷一枚にまとめた程度の荷（果物と野菜とか）を開いて坐りこんでいる女たちのところへ行く。たとえばの話、りんご二個を一〇ペソで売っているから、残り全部の二〇個を買いたいというと、売り手は百二〇ペソとかそれ以上の値をいう。十ペソ×十＝百ペソという計算もできないのか、まとめて買うと割高になる。まったくおかしな連中だ……。

似たような風景は、〈ウカマウ集団〉の近着の映画『コンドルの血』（一九六九年）に見られる。卵をかかえて市場へ急ぐ村人を、山道で休んでいた「平和部隊」の北アメリカ人たちは呼びとめて、卵を買う。村人は三個しか売らない。全部売ってくれ、と彼らはいう。いやだ、他にも卵を買いたい人が市場には来るんだ。しかし、ここで全部売っちゃえば、市場へ行く必要もあるまいに……。

どんな方法であれ、すべてを売りつくせばそれでいいのだ、それだけ儲かるのだ、という私たちの社会のあり方と、必要な人すべての手に行きわたるようにしなければならない、だいたい売る物が早くなくなってしまったら市場での仲間との一日の語らいの場がなくなってしまうという彼らの社会のあり方とが、きわめて対照的にここには表記されている。

私たちは、これを、〈異世界〉の民衆の心を知らぬ驕りたかぶった帝国主義本国人の態度として、外在的にのみ批判することはできないだろう。私たちひとりひとりが、いつ、どこで、これほどにあからさまなブルジョア個人主義的態度で物事に対処しているか、おそらく解ったものではない。このような文化対立の中に浮き彫りにされる私たち自身の姿をまず知ることが求められているのだろう。

川崎で「アジア・アフリカ・ラテンアメリカ文化会議」が開かれた。僅かなりとも歴史をたどれば、一九六八年一月キューバでハバナ文化会議が開かれた。翌一九六九年七月、アルジェでは第一回パン・アフリカ文化祭が開かれた。内容的に立ち入る余裕はここではないが、それぞれ、当時のラテンアメリカおよびアフリカにおける「革命と文化」に関わっての問題意識が明確に反映された会議であった。ハバナにもアルジェにも、それぞれの開催地としての主体的根拠は、誰の目にも明らかなものとしてあった。

だが、一九八一年一一月、川崎にはどうだったろうか？　川崎の地は、確かに「日本資本主義の縮図」（針生一郎）であり、「日本の工業化のなかで犠牲を強いられてきた土地柄」（竹内泰宏）ではあった。だが、会議名称そのものであるアジア・アフリカ・ラテンアメリカ（以下、ＡＡＬＡ）を軸に地球大で見た時に、そこはまぎれもなく日本帝国主義の心臓部そのものであった。その川崎が、ＡＡＬＡの名を冠した会議の開催地であるためには、日本総体が地理的以外の意味ではＡＡＬＡではない、という自覚から私たちは出発しなければならなかった。

ＡＡＬＡ十数ヵ国から集まった二〇余名の作家・芸術家たちは、その多くが、祖国解散の人民運動との関わりの中で、人民に共通の記憶と展望を語ろうと努めている人々であった。ひとりひとりの参加の過程そのもの、あるいは希望しつつ参加できなくなった過程そのものに、その解放運動がおかれている困難な状況が現れていた。それは、たとえばラテンアメリカ地域からの招待者として当初は検討されていたというオクタビオ・パスやカルロス・フエンテスの場合には、決して生じるはずのない事情であった。

参加できなくなった人々のなかには、先に触れた映画『コンドルの血』を制作した〈ウカマウ集団〉の主宰者であるホルヘ・サンヒネス監督がいた。昨年来の『第一の敵』自主上映による日本での反響の大きさに驚き、他の旧作・新作の上映会も兼ねて参加者との討論・交流を熱望していた彼らは、昨年七月のボリビアにおけるファシスト・クーデタ後の、潜行あるいは亡命という条件に付随する制約を脱することが、今回はできなかった。

しかし、自主上映開始後一年、『第一の敵』が全国五〇ヵ所、六千人に及ぶ参加者から得てきた支持を基盤に、〈ウカマウ集団〉の企作品の系統的上映を目指す運動は、今秋、その第二期目に入りつつある。新たに付け加えられた作品は、『ウカマウ』(一九六六年)、『コンドルの血』(一九六九年)、『ここから出ていけ!』(一九七七年)である。

ＡＡＬＡ文化会議において上映されたのは、これらに『第一の敵』を加えた四本であった。彼らにとって最初の長篇である『ウカマウ』には、この作品にのみ固有の世界があるが、他はいずれも『第一の敵』同様、帝国主義がアンデス地帯において行なっている新植民地主義支配の凶悪な本質を暴露して、参加者に衝撃と深い感銘を与えた。少数ではあったが、ＡＡＬＡ文化会議へ出席した海外招待者の幾人かが、祖国へ戻っては決して観る機会もないであろう〈ウカマウ集団〉の作品に触れて、今後、彼ら同士の間での相互交流も展望しうる機会となったことは、少なからぬ意味があった。

川崎以降、四本のフィルムは、いま、京都→札幌→東京と巡回中である。フィルムは、今後も、短篇『革命』(一九六二年)、『落盤』(一九六五年)の他に、ヨーロッパおよび米国の現像所の商業主義的サボタージュによって入手が妨害されている『人民の勇気』(一九七一年)が入ってくる予定である。現在、完成が急がれている最新作『ただひとつの拳のごとく』(一九八三年)もコピーが出来次第、入ってこよう。

こうして、〈ウカマウ集団〉の作品はすべてがそろうことになる。ＡＡＬＡ文化会議へのメキシコからの出席者でさえ、メキシコで今まで観ることができた〈ウカマウ集団〉の作品は僅か二本だ、と語っていた。キューバ、ニカラグア、エクアドルなどの僅かな国々を除いて、彼らの作品がそこの地域にまず届けられるべきラテンアメリカ地域においては、人々は容易にはその作品に触れることはできない。すり切れたような古い幾本かのフイルムが、ひっそりと人々の間を巡っているだけだ。

ラテンアメリカの民衆には許されていないことが、ここ日本では実現しつつある。もちろん、私たちにとって、ここが終着点ではない。南アメリカの深部から提起されたこれら一連の帝国主義批判に、私たちが呼応すべき課題はさらに積みあげられていくばかりである。

（『日本読書新聞』一九八一年一一月二三日付掲載）

ヤワル・フィエスタご来場の皆さんへ　１９８１年11月23日　『第一の敵』上映委員会

だが、旧作『人民の勇気』と新作『ただひとつの拳のごとく』のフイルム到着は上映期日に間に合わなかった。六本上映と宣伝しておきながら、上映できたのは、『ウカマウ』、『コンドルの血』、『第一の敵』、『ここから出ていけ！』の四本に終わった。我ながら、素人っぽさをさらけ出してしまった企画だった。来場者には、次のような挨拶状を渡した。

ボリビア〈ウカマウ集団〉映画作品連続上映会『ヤワル・フィエスタ』へご来場の皆さんに、プログラム変更のお詫び・訂正と、このかんの経過をご説明します。

私たちは、1980年以来、〈ウカマウ集団〉との緊密な連携の下に、ラテンアメリカ人民連帯運動の一環としで同集団の作品を日本において系統的に上映していく活動に取組み始めました。同年6月、とりあえず『第一の敵』一作品をもって開始された自主上映運動は、全国各地の人々の熱意ある参加によって支えられてきましたが、それは何よりもこの作品が持つ力強さによるものだと思います。

私たちは一年有余をかけた準備期間をも含めて、上映運動に関わる報告を詳細に〈ウカマウ集団〉に届けてきましたが、昨年7月、東京初回上映の報告が届く頃、ボリビアには最悪のファシスト・クーデタが起り、〈ウカマウ集団〉は他の多くのボリビア人民と同様にあらためて困難な戦いを強いられたのでした。私たちとの連絡も当然に絶たれましたが、クーデタから半年後の1980年末、発見次第射殺指令が軍警に下されているメンバーの一部が辛うじて国外へ場を移した段階で、連絡は再開しました。半年間に及ぶ自主上映の成果を基盤に、私たちは〈ウカマウ集団〉全作品連続上映の計画を提案、彼らもそれに同意し、そのための準備にとりかかったのは、81年2月末でした。

但し、その時、取るものも取りあえずほとんど無一物で国外へ出た彼らは、旧作の台本やフィルム等を持ち出せるはずもなく、他方、国内に留まって潜行しているメンバーの手元にも、資料はいっさい残されていません。潜行前の留守宅は、クーデタ後の捜索で徹底的に荒らされて、必要なものはすべて破壊され処分されてしまったのです。

そこでまず彼らがなさなければならなかったことは、祖国の外で各作品のフィルム所有者と連絡をとり、それを映写しながら台本を起すという作業でした。ラテンアメリカ諸国は、彼らの作品がそこの人民にまず第一に届けられるべき地域でありながら、権力の政治的弾圧により、その普及が妨害されている地域です。そのような地にあって、亡命者という条件の下で、前記の作業を遂行すること自体にも、多くの困難があったと推測されます。

しかし、ともかく、そのような困難をおして台本は次々と届きました。最新作『ただひとつの拳のごとく』も含めてすべて届いています。ところが、いまひとつの問題がありました。フィルムそれ自体の入手です。彼らの作品はすべて、ヨーロッパ各国や北米の現像所にオリジナル・フィルムが保管されています。作品によって、それぞれ場所が異なりますが、コピーの作成に当って、商業主義的機構そのものとしての現像所は、経済的に弱小な〈ウカマウ集団〉にさまざまな条件を付与します。曰く、作成に当っては〈ウカマウ集団〉のメンバーが必ず一人は来ること。曰く、一本だけのコピーは不可で、必ず二本をまとめて作ること。曰く、支払条件は……。

これらの困難な条件も、しかし、克服できる展望を、当初から〈ウカマウ集団〉も私たちも持ち続けていました。『ヤワル・フィエスタ』情宣のためのチラシ作成時の九月末にあっても、その展望を変える条件は生じていませんでした。結果的に、1981年11月上映を予定通りのプログラムで実現することを阻害したのは、祖国の外を転々としながらあらゆる作業や遂行しなければならないという、彼らがおかれている諸条件による予想以上の作業の停滞と。現像所との間の諸々のブルジョア的手続きによる妨害でした。

昨年来上映されている『第一の敵』に加えて、いち早くフイルムが届いた『ウカマウ』と『ここから出ていけ!』は日本語版がすでに完成しています。11月2日に入手したばかりの『コンドルの血』も数日前に日本語版が完成しましたが、『人民の勇気』は、残念ながら、今回は上映できません。

また、来日予定であった〈ウカマウ集団〉の監督ホルヘ・サンヒネスは、祖国をめぐる政治状況から最新作『ただひとつの拳のごとく』を一刻も早く完成させるべき使命を負っており、かつ、亡命者としての身元証明書をめぐる諸問題の制約により、双方の熱意と努力に反して、今回は来日できない結果となりました。

なお、ホセ・マリア・アルゲダスの人となりと作品を愛してやまない唐澤秀子は、彼の代表作『深い川』と『ヤワル・フィエスタ』の翻訳を、ペルー生まれのラテンアメリカ文学研究者の杉山晃に依頼し、それぞれ刊行した(現代企画室、前者は一九九三年、後者は一九九八年)。

文化会議を終えてまもなく、次の事件が起こった。その内容については、私が一九八二年一月一八日に発した「訴え」の文章に語らせるのがよいと思う。

訴え

昨年一二月一三日、警視庁公安部警部根本宗彦ら七名は、私・太田昌国を「被疑者」とする「爆発物取締罰則違反被疑事件」なるものに関わって、夕方から夜にかけた四時間にわたって私の居宅を家宅捜索し、一〇点の品目を不当にも押収した。

同日から一四日にかけて、さらに二二日にも、他に一三件の家宅捜索・差押が、同一容疑の下に行なわれた。不当弾圧を受けた人々の多くは、東アジア反日武装戦線の獄中者に対する救援活動を担っていると、権力が特定した人々であった。

私自身、この間、微力ながらもその救援活動の一端を担ってきたことは事実である。この救援活動は、獄中にある東アジア反日武装戦線の人々の思想と行動からは区別された立場に立ちつつも、法廷と獄中において権力がかけているすさまじい政治的報復に対しては被弾圧者と共に戦うという考えの下に取組まれてきた。その戦いの中では、一般的にいっても、獄中者の思想や、闘争の総括と展望を明らかにした文書をできる限り多くの人々に公表していくことは、救援活動が担うべき当然の任務のひとつであろう。

しかるに、今回の不当捜索は、獄中者の文書である『腹腹時計』VOL2 の発行・配布と同VOL1コピーの送付が、爆発物取締罰則四条(爆発物の使用を教唆、煽動することの禁止)に違反するとしてなされている。前者は、現獄中者が逮捕されてから三年半有余の一九七九年二月、三菱重工爆破闘争の自己批判的総括を深めることも目的として刊行された政治文書であり、後者は、彼らが逮捕される以前に著して刊行したものとして裁判において証拠採用されており、公判資料ともなっている政治文書である。いずれも、彼らの立場からする政治的主張およびそれを実現すべき一手段について述べた、文章および図面から成る一刊行物であるにすぎない。そのような文書の発行や配布それ自体が「教唆・煽動の禁止」に違反するという驚くべき解釈を、権力は敢えてしたのである。まさしく、『チャタレイ夫人の恋人』や『愛のコリーダ』を独り読んでは自らが勝手に感じた「劣情」とやらを、万人に共通の心的現象として表現弾圧に至る「わいせつ」取締官と同根の公安警察にしてはじめてなしうる拡大解釈と言わなければならない。

爆発物取締罰則は、自由民権運動のひとつの極限的な戦いとしての群馬・加波山・秩父・飯田と続く一八八四年の人民蜂起を武力弾圧した当時の権力者が、後続する人民の抵抗闘争を威嚇・弾圧するために、同年一二月二七日、太政官布告三二号として発令したものである。このように、制定当初から明白な治安立法としての性格を持ちながら、実行行為すら離れて「教唆・煽動」という茫漠たる行為の禁止条項である第四条は、権力にとっても容易に適用できるものではなかった。これが適用され始めるのは、私たちが知る限りでは、施行後九〇年を経た一九七〇年半ば—すなわち、一九六〇年代後半に始まる大衆反乱の鎮圧を完成させるための思想弾圧としてであった。それからさらに数年後の現在、この弾圧は、憲法が保障する「言論・表現の自由」をすら踏みにじって、救援活動をも犯しつつあるのである。

今回の弾圧は、前述の救援活動総体を潰すことを本命の目的としつつ、さらにいくつかの副次的効果も狙っている。私の居宅から押収された品目一〇点のうち四点は、私が一九八〇年六月以降、数多くの仲間と共に推進している、人民連帯運動としての『第一の敵』上映委員会の活動に関わる諸資料である。これは、南米ボリビアの革命映画集団〈ウカマウ〉の諸作品の上映運動を通して、帝国主義本国の民衆と「第三世界」民衆の出会いの可能性を模索している、自立した、ささやかな文化運動である。今回の捜索の立会人であった私の妻が、それら四点は、いわれなき「被疑事実」にすら関係のないものであると懸命に抗議したにもかかわらず、根本らは強圧的にそれらも押収していった。それには、〈ウカマウ〉と私たちの間の数十通に及ぶ往復書簡、フイルム輸入に関わる税関の書類、〈ウカマウ〉および現像所に対する送金の書類、三一書房版『革命映画の創造』出版のための原著出版社との著作権交渉に関わる書類、半年毎に行なわれている上映運動の決算報告など、この運動に関わる基本的文書を収めたファイルも含まれていた。これを称して「外国語で書かれているものが多いので、被疑事実との関連は翻訳して調べる」という口実で押収したのである。

思えば、一年半前、上映運動が開始された当時から、権力の動きは陰に陽にあった。私は、在野でラテンアメリカ史の研究を志している者としての信念に基づいて、独立した領域にあるこの上映運動に関わってきたが、権力はたとえば次のように動いた。

一九八〇年九月、京都において試写会を行なった時、試写会場→私の宿泊場所→翌日の移動先に対して、少なくとも乗用車二台、オートバイ一台をも駆使した十数人の私服による密着尾行が行なわれた。

一九八〇年一一月、三日間にわたる京都上映会場周辺は、常時十数人の私服によって包囲されていた。

一九八〇年一一月。札幌において形成されつつあった独自の上映委員会に加わるものと権力が勝手に判断した某氏に対して、「札幌でも『第一の敵』を上映する動きがあるようだが、それをやっている太田は、反日の公然部隊だから手を引け」というどう喝の電話が事前にかけられた。

一九八〇年から八一年にかけて、私の居宅付近にアジトを持つと思われる数人の私服によって、私は早朝から深夜まで、執拗かつ卑劣な尾行と監視の下におかれた。

これらは、顕在化している権力の動き方の一例にしか過ぎない。前述のように、東アジア反日武装戦線の獄中者の救援運動に関わっている私と、〈ウカマウ〉上映運動に関わっている私とが同一人格である以上、私は両者に同時に関わる内的必然性を持ってはいるが、それらが、それぞれ独立した領域の運動であるからには、運動総体としても私個人としても、両者の混同は、論理的にも実態的にも生起するはずのないものである。権力はそのことを十分に知りつつ、人間同士の自由な交流を妨害するために、「反日の公然部隊」などという流言を意図的にまき散らしたり、尾行・監視・どう喝などあらゆる権力犯罪を日夜くり返しているのである。

もとより、このような弾圧は、私ひとりが受けているものではない。多数派民主主義を巧妙かつ柔軟によそおった現在の社会体制の下にあって、永続的な人類史の中での束の間の支配者でしかない現体制とは志を同じくしない人々に対して、一様にかけられている見せしめ的弾圧の一環である。私たちが知らない、知りえない所で、さらに手ひどい弾圧にさらされている少数派も存在しているにちがいない。

それは、少数派だけの問題だから、それでいいのか。多数は安泰だから、構わないのか。

私を「被疑者」とした今回の不当弾圧の対象とされた何人かの人々とは、私は一面識もない。今やすっかり定着した、例の「被疑者の知人の知人」に対する際限なき捜査の拡大である。某所の捜索においては、権力は「この太田という男が爆弾事件を起して逃げ回っており、お宅のお子さんはその関係者なのです」とまで言って、そこの親の精神的動揺を引き出そうとしている。権力をかさにきたこのような犯罪のひとつひとつに、私たちは慣れてしまうわけにはいかない。

一八八四年以降、爆発物取締罰則をも有効な力のひとつとして明治政府は自由民権運動を鎮圧していった。国内治安を確立した権力は、一〇年後の一八九四年、甲午農民戦争が戦われている朝鮮半島の植民地支配を目指して清国と争った。このあと、どういう時代が東アジアには来たか。この短文では、もはや述べる必要もないだろう。

警視庁公安部警部根本宗彦と田中義雄は、去る一二月一四日、一二月二五日に引続き、今日一月一八日、私に対する三度目の呼出状を発している。もちろん。私はいわれなき被疑事実に関する任意の取調べには応じない。予想されないことはない不当逮捕・フレームアップ・キャンペーンに対しても、私は原則的に闘っていきたいと思う。

この間、縁あって、人間の解放を求めて闘うさまざまな現場で協働した皆さんに、決して私ひとりの問題ではない、今回の弾圧の現状と今後を共に監視し、これに反撃していく闘いに、それぞれの場で共闘していただきたく、心から訴える次第です。

御健闘を祈ります。共に、勝利の日まで。

一九八二年一月一八日

太田昌国

(12) 自主上映とともに出版にも取り組み始める

北川フラムとの出会い

私の周辺でこんなことが起こっていた頃、アート・プロデューサーの北川フラムとの偶然の出会いがあった。私たちが『第一の敵』を始めて上映した翌年の夏、池袋西武デパートにあったスタジオ200で、土本典昭監督の映画『水俣の図　物語』をめぐるシンポジウムが何日間にもわたって開かれた。井上ひさし、水上勉、澤地久枝、色川大吉、清水邦夫、石牟礼道子、吉田喜重……居並ぶ三〇人近い討論者のメンバーを見て、人選の多様さに驚き、かかるであろう経費の大きさにもたじろいだ。それを企画したのが北川フラムという未知の人物だった。何の会合だったか、偶然にも彼と出会った。話し合ううちに、彼が取り掛かっている仕事に同伴することになった。それは、映画監督の吉田喜重が長年暖めてきた企画に関わることなのだが、事の顛末の中にはウカマウに関連する事柄もあるので、ここで触れておこう。吉田監督は二〇二二年一二月に亡くなられたが、そのとき私がフェイスブックに書いた追悼の文章が、ちょうどその経緯を明かしている。

それを引用することにしたい。

吉田喜重監督の訃報に接して

吉田喜重監督が亡くなられた。

その作品論ではなく、ひとつの思い出だけをここでは書き留めておきたい。

一九八二年、吉田監督との共同の仕事に携わっていた。城山三郎原作『侍　イン　メキシコ』の映画化である。支倉常長一行がローマへ向かう折り、一行はスペイン領のメキシコを通過するのだが、そこで起こったことを想像力をも駆使して描いた作品である。吉田監督が長いこと秘めていた構想が実現の途に就きつつあった。

メキシコ・日本の合作企画である。双方にプロデューサーがいるが、日本側のそれは、私が前年の一九八一年に知り合ったばかりの北川フラムだった。私と唐澤秀子は一九八〇年にボリビア・ウカマウ集団（ホルヘ・サンヒネス監督）の『第一の敵』の自主上映運動を開始したが、ほぼ同じ頃、北川は土本典昭監督の『水俣の図　物語』をめぐって、当時池袋・西武デパートにあったスタジオ２００を使って、連続シンポジウムを開催していた。登場するメンバーの人選を含めて並々ならぬ手腕を発揮している、その見知らぬ企画者に、遠くから敬意をはらって眺めていた。

その北川とは、ひょんなきっかけで、まもなく出会うこととなった。一緒にできそうな仕事がありそうだと双方が感じていたが、その最初の仕事が、北川が日本側のプロデューサーを務めていた映画『サムライ　イン　メキシコ』への関わりだった。吉田監督が完成させたシナリオを、唐澤と私がスペイン語に翻訳することから始めた。吉田監督との打ち合わせも何回となくあった。時代劇とも言えるから、京都・太秦の撮影所に大道具・小道具を借りる手筈も進行していた。原田芳雄、石橋蓮司、犬塚弘などの出演者も決まった。犬塚には、私が何度かスペイン語のレッスンをしていた。音楽は高橋悠治、お琴の沢井一恵の参加も決まっていた。一九八二年が明けると、吉田監督は先乗りで、すでにメキシコへ渡った。撮影開始に合わせて、高橋、沢井らと共に、私も通訳を兼ねて、遠からずメキシコ入りする予定だった。

六月だったか、撮影のために明日にも俳優たちがメキシコへ発つという日、メキシコのプロデューサーから電話があった。メキシコ・ペソが大暴落した。とても映画づくりなどできる情勢ではなくなった――と。

北川は、制作費に関わってメキシコ側の同率負担がない限り、この企画は無理、中止するしかない、と判断した。私たちは、メキシコにいる彼の地のプロデューサーおよび吉田監督とのあいだで、延々と続く電話討議を行なった。吉田監督は粘った。何とかならないか。電話口の私は、北川の意を体して、メキシコ側が降りるなら、打つ手はない、と言うしかなかった。企画は潰れた。吉田監督はその顛末の一部を、『メヒコ　歓ばしき隠喩』（岩波書店、一九八四年）に記した。北川は、気が遠くなるような負債を抱えた。その後も現代企画室で、北川と仕事を共にすることになる私たちは、その負債の返還に明け暮れる一九八〇年代の日々を「氷河期」と呼んだ。

＊　＊　＊　＊

メキシコ側のプロデューサーは、その後、後始末のために来日した。その時は、吉田監督とも岡田茉莉子とも同席して、話し合った。私がメキシコへ行ったときにも、プロデューサーの事務所も、郊外の別荘も訪れて、一貫して野党側ではあるがメキシコのかなりの「名家」というべき一族の仕事ぶりと生活ぶりに触れた。

製作のために北川と協働していたのは山上徹二郎だった（現シグロ代表）。後日談になるのだが、それから数年後のこと、山上は、私たちがボリビア・ウカマウ集団（ホルヘ・サンヒネス監督）との間で、新作『地下の民』の共同制作を計画していることを知った。吉田監督の作品のために購入してあったフイルムは宙に浮いていた。経年劣化の問題はあり得ようが、使う意志があるかどうかをホルヘに尋ねては、と山上が提案してくれた。ホルヘは大いに喜び、白人世界で生まれたコダックよりも富士フイルムのほうがアンデスの民と風景を描くにはふさわしい、と言った。フイルム・チェックの数値が出たので、ホルヘに送った。劣化の状態は著しく、結局そのフイルムを使うことはできなかった。

吉田監督には、その後も何度かお世話になった。一九九九年、後述するムヴィオラやスタンス・カンパニーの仲間とともに「ラテンアメリカ・スタディーズ」を草月会館で開催し、一〇本以上のラテンアメリカ発の映画を、解説付きで上映した。誰の発案だったか、小林旭や宍戸錠が主演している、メキシコやブラジルを舞台にした日活映画を「日活ラテン」と名付けて上映したりもした。吉田監督には「ラテンアメリカ映画の魔力」と題するシンポジウムに、四方田犬彦、野谷文昭の両氏とともに参加していただいた。

最後にお会いしたのは二〇一一年秋だったか。二〇一二年に「死刑映画週間」を始めることになるが、吉田監督の『エロス＋虐殺』（一九七〇年）を上映し、アフタートークのお願いをするために、久しぶりに電話をした。いま、神保町シアターで「岡田茉莉子特集」をやっていて、某日には自分も行くから、そこで会おうと言われた。岡田さんも同席して三人で会い、企画の趣旨説明をすると、快諾された。『エロス＋虐殺』の上映と監督のアフタートークは、二〇一二年二月に実現した（ユーロスペース）。

＊　　＊　　＊　　＊

映画『サムライ　イン　メキシコ』が挫折して後、この映画が吉田監督の下で実現していたら、と何度も空想した。城山三郎の原作も読んでおり、監督の手になるシナリオをスペイン語に翻訳したのだから、流れは掴める。出演予定だった俳優たちを、いろいろな光景に配置してみる。何度も聴いて感嘆していた沢井一恵さんの琴が、メキシコの荒野に響き渡る場面を思い浮かべる。高橋悠治さんの映画音楽も、どんなものとなって出てきただろうか。興味は尽きない。

多額の費用がかかる映画製作では、挫折譚はありふれた話だが、撮影開始直前の段階で企画が挫折したことで、吉田監督が受けた衝撃は大きかっただろう。そばにいた私も、無念だったとしか言いようがない。

そしてここでも、ホルヘ・サンヒネスたちが強いられた経験を思い出す。一九七〇年、彼らは『死の道』という映画を制作した。一九五〇年代、ボリビアには強力な鉱山労働者の組合運動が存在していたが、これを警戒した米国が近隣の農民集団に武器と資金を与え、住民同士の抗争を煽った。機を見て、鉱山の乗っ取りを図ったのだ。これに対して民衆はいかに行動したか——ホルヘの述懐によれば、それは、従来の映画から質的飛躍を遂げて、過去との決別を意味しており、米帝国主義に対する批判を徹底して展開した作品だというのだが——日の目を見ることはなかった。ボリビアには現像所がないから、この作品の場合は、西ドイツ(当時)の現像所に作業を依頼した。ところが現像所の技師が買収されて、露出時間を故意に引き伸ばしたというのだ。

一九八六年に製作した『生への行進』もひどい仕打ちを受けた。米国大統領レーガンが、コカイン製造工場破壊を名目に、米軍レンジャー部隊と麻薬Gメンをボリビアへ侵攻させたことへの抗議活動を記録したドキュメンタリーだが、これをアルゼンチンの現像所に送ったところ、ボリビア税関で「紛失事故」にあって、失われたというのだった。

ホルヘ・サンヒネスの場合は、こうして、完成して公開を待つだけの段階で、二つの作品を失っている。

私が関わりを持った、内外のふたりの映画監督の挫折譚は、なにかにつけて思い出されて、重く心にのしかかってくる。

（二〇二二年一二月一〇日付フェイスブック）

現代企画室との関わり

北川との、映画での共同作業は挫折した。北川はその数年前、現代企画室という出版社をその前の経営者から譲り受けていた。そこで一緒に仕事をしませんか、と北川が問うた。唐澤と私は一九八二年末以降、現代企画室のスタッフとして働くこととなった。「氷河期」真っ只中の現代企画室で。

数年前に同社を譲り受けた北川は、文学・美術・哲学関連書の出版社として再スタートしていた。私たちは三年半に及んだラテンアメリカでの生活と旅の過程で、いくつもの魅力的な本との出会いを経験していた。それらを単発の企画としてではなく、シリーズとして刊行できるなら、その方がよい。キューバ革命を大きなきっかけとしてラテンアメリカ地域に深い関心を抱き始めて二〇年近くが経っていた。自己流の独学でしかなかったが（もちろん、レボルト社時代の集団的学習の場の力も大きかった）、三年半に及んだ現地での生活も含めて、それなりの研鑽を積んできたという思いはある。そこで、「インディアス群書」と題する全二〇巻のシリーズを考えた。

(13) 来日したボリビア人のウカマウ映画批判と対話して

ラミロ・レイナガが東京に現れる

一九八三年六月には、八一年の「ヤワル・フィエスタ」企画に間に合わなかった『人民の勇気』(一九七一年)と、初期短篇二作『革命』(一九六二年)と『落盤』(一九六五年)の上映を二日間にわたって行なった。自主上映できるウカマウの作品数は、長篇五本・短篇二本となり、各地でもウカマウ作品に絞っての企画上映が可能になった。落ち着いた上映活動が続いていた。

他方、その前月には、エルサルバドルの「不要の人間集団」から届いたドキュメンタリー映画『モラサン――最初の解放区』(一九八〇年)と『勝利への決意』(一九八一年)の上映も行なった。エルサルバドルでは、すでに触れたように隣国ニカラグアの革命が一九七九年に成就したこともあって、さらに革命情勢が高揚していた。マスメディアでの報道は少なかったが、この二本のドキュメンタリー映画の質は高く、一定の運動圏では評判になって、フイルムは絶え間なく全国各地を飛び回っていた。私は、帰国後二年目の一九七八年以来、ニカラグア、エルサルバドルなど中央アメリカ地域で進展する革命的な情勢を見ながら、長短たくさんの文章やコラムを、多くは匿名で執筆していた。解放勢力が公表した政治文書の重要なものは、翻訳もしていた。それらをまとめると、一冊のパフレットになるような分量をなしていた。上映運動を広げるための資料集として、それを『赤土と黒土の国の民もまた起つ――反乱する中央アメリカ』と題する私家版の冊子を作った(一九八三年六月)。週刊誌サイズのB5判・八〇頁・六〇〇円で、初版一〇〇〇部がたちまちなくなった。年末には第二刷五〇〇部を刷った。映画と活字は連動して動く、と私は確信した。訳語をめぐって顔が赤らむような間違いをしでかした箇所もあるので、その苦い思いも含めて忘れがたい私家版冊子だ。

この年の六月から七月にかけて、私は我が目を疑うような記事に出会った。「インディオを理解しない白人革命家―ラミロ氏(ボリビア)は語る」(『人民新聞』一九八三年六月二五日)、「インタビュー:インディオの自立―南米インディオ協議会コーディネーター/ラミロ・レイナガ氏」(『朝日新聞』同年七月三日)。

ボリビアで私たちが深く交流したファウスト・レイナガの息子(当時は、甥と思い込んでいたのだが)ではないか! ゲバラのゲリラ部隊に参加しようとして、キューバで軍事訓練を受けて密かに帰国しようとして逮捕・勾留され、私たちがボリビアにいた頃は、保釈され外国へ去っていたというあの人物が、こともあろうに日本に来ている。これらの記事によれば、ラミロを招聘したのは、環境派を名乗る「日本みどりの党」だった。同党の代表は、一九六〇年代末、私がレポルト社発行の『世界革命運動情報』誌の編集で一定の共同作業を行なった太田龍だった。北海道のアイヌの人びとの村にしばらく滞在したり、各地のエコロジー運動関係者との交流を行なったりしていたらしい。

東京では、同氏の来日歓迎実行委員会による「中南米原住民と連帯する夕べ」が開かれるというので行ったが、みどりの党による囲い込みが過剰で、内容的にはさしたる成果もなかった。ラミロに声をかける機会すらなかった。その夜（七月七日だったが）帰宅して、購読している『毎日新聞』夕刊を見ると、文化欄の見出しに「南アメリカ・インディアン運動の指導者、ラミロ・レイナガ・ブルゴア氏に聞く」と題する会見記が載っていた。ラミロはそこでウカマウ映画への批判を行なっている。インタビューしたのは、三年前に『第一の敵』の紹介記事を書いてくれた映画担当の松島利行記者だ。この記事については、再び『日本読書新聞』に依頼して、相互討論のための批評文を書かせてもらった。同年八月一五日／二二日合併号に掲載されたその文章を読んでいただくことが、経緯と問題点を知るうえで有効だと思う。以下に紹介する。

■ウカマウとラミロの間に橋は架けられるか――ラミロ・レイナガへの手紙

去る（一九八三年）七月七日付「毎日新聞」夕刊（東京版）に「南アメリカ・インディアン運動の指導者、ラミロ・レイナガ・ブルゴア氏に聞く」との会見記が掲載された。かつて一九六〇年代後半、エルネスト・チェ・ゲバラ指導下の民族解放ゲリラ部隊の一員であったという彼が、その敗北の総括を通して、インディオを利用主義的に道具視しかしていないとしてゲバラを含めた白人左翼を批判しているその会見記は、本来、興味深いものとして成立するだけの価値はあった。しかし、現実にはこの記事は、読者をして呆れさせずにはおかない内容となって表現された。なぜか。私たちに関する問題に限って、以下に言う。

ラミロはゲバラの言動に批判的に触れたあとで次のように言う。「そうしたゲリラ活動を撮影した記録映画が日本でも上映されているようですが、この映画班も白人中心で、白人たちが医療活動や学校で子供たちに英語を教えているようなところばかりを撮影しているはずです。インディオの映画ではないのです」。

ここにいう映画班とは、私たちがこの三年間にわたって自主上映運動を展開しているボリビア・ウカマウ集団に他ならぬ。長篇五本、短篇二本にのぼる彼らの作品を観た人々の数は、私たちの力不足もあって、この三年間で二万数千人にしか及ばぬが、少なくともこれらの人々はこの件を読んで苦笑したことであろう。ラミロは彼らの映画を観もしないで批判しているな——と。なぜなら、この発言の後段は、映画を観た人には明らかなように、事実に反しているのだから。

惜しいことである。ラミロの責任についてはあとで触れるが、通訳者や担当記者がラミロへの感情移入を排して、彼らの映画を観る労さえとれば、事実を質したうえでより高次元の批判を引き出せたはずのことだからだ。それを行なわず、まだこの映画を観ることができないでいる数百万人の新聞読者に、事実に反する先入観を植えつけかねない記事を提出してしまう人々の倫理を、徒労感をいだきつつ、私たちはやはり問わねばならぬ。

ラミロが私たちに語ったところでは、この件はラミロが自覚している発言の内容とは大きく異なっているらしいが、それは所詮、水かけ論になろう。ラミロが抱いているウカマウ批判は別なところにあって、それは映画の表現内容に対してではなく（むしろ、その意味では、ラミロはウカマウの作品を評価している）、ボリビアの現実の政治状況の中での選択に関わることのようであった。

例えば、一九八〇年の大統領選挙の際、ラミロらのインディオ党はインディオ独自の候補を立てようとした。しかしウカマウは、彼らが制作してきた親インディオ的な映画活動のひとつの帰結でもあるその動きに反対し、左翼統一戦線の候補に一本化しようとした――とラミロは批判した。なるほど、この対立ならば事実としてはあるだろう。

ウカマウの『ここから出ていけ！』（七七年制作）では、闘争に敗北した農民たちが「同一の文化を有する同一種族の農民だけの間でいっさいを解決しようと主張する原住民主義派と、今までの敗北は他の被搾取階級にその支持を求めなかったことに原因があると主張する派」とに対立し、労働者と農民の団結を求める考えが力を得ていく過程が肯定的に描かれている。またウカマウの著書『革命映画の創造』（三一書房）の中では、闘争の一潮流としての原住民主義が人種差別主義を本質とするものであることを批判しつつも、左翼が原住民社会から孤立し文化的には後者を軽視しているからこそ原住民主義的潮流が生まれる側面があることを、繰り返し自己批判的に提起している。

こうして、対立はしつつも、ウカマウとラミロの論点は本来ならば噛み合うはずのものなのだ。しかもその論点は、日本の私たちにとっても決して無縁のものではありえない。それだけに、その軸が外され、事実に反するこんな的外れのウカマウ罵倒を行なうラミロの発言全体が、何やら胡散臭いものに思われてしまったのは不幸なことであった。

しかし、私たちがラミロに伝えたように、ラミロの言動は全体として「白人＝絶対悪、インディオ＝絶対善」の響きを持っていた。五世紀に及ぶ植民地主義支配への憎悪と怒りは心情的には理解できるが、出発点でしかないその心情が固定化される時、それもまた、彼が批判してやまぬ白人のドグマを裏返しただけのドグマに転化するより他はないのだ。いかなる意味でも「白人」でしかあり得ぬ日本の私たちが、人間が運動の中で自己変革――相互変革されていくという論理を持たぬこのドグマに与《くみ》することは、とうていできない。

私たちが理解する限りでラミロに伝えた、白人特権階級たるウカマウ集団の自己変革の過程は、あらためて彼の関心をひいたらしかった。現在の自らの立場の自閉性の陥穽に気づいていないはずはない彼が、今後その関心を生かすであろうことを私たちは期待する。「お前の罪は、白人の血が流れていることだ」というに等しい台詞は、フィクションの中では胸に迫るものとして成立しえても、現実の過程の中にあっては無力でしかないからだ。

『日本読書新聞』一九八三年八月一五／二二日合併号掲載

太田龍の最後の言葉

ラミロときちんと討論しなければならぬ。そう考えた私は、太田龍に「ラミロに会いたい」と電話で伝えた。太田龍はその役割を果たしてくれて、約束の喫茶店へラミロを連れてきてくれた。前掲の一文はその話し合いの後で書いたものである。（この件については、私は「近代への懐疑、先住民族集団の理想化――太田龍が、悲喜劇的に、固執したもの」（太田著『〈極私的〉60年代追憶――精神のリレーのために』（インパクト出版会、二〇一四年）でヨリ詳しく書いている。ここでは、要点のみを記しておきたい）。

私は対面で、まずラミロのウカマウ批判を聞き取った。そのうえで、ボリビアで父親のファウストの新著に対して行なったのと同じような問題提起を、東京で息子のラミロに対しても行なった。悩み、立ち止まり、じっくりと考えつつも、彼の答えは同じだった。「しかしねえ、征服後の五〇〇年のあいだには、これだけのことが積み重なってきたのだから、白人内部における自己変革の可能性など、まったく信じるわけにはいかないんだよ。確かに論理になってはいないかもしれないけれど、それが、いまインディオが持つ自然の情念なんだ……」。

残念ながら、ラミロとの対話は空転した。だが、機会さえあるなら、何年か措いて、再び対話をしたいという思いが私には残った。対話の可能性を諦めてはいないが、いまの時点ではやるべきことはやったとの思いから、その後はラミロのことも、太田龍のことも、思い出すことはなかった。

それから二六年後の二〇〇九年五月、太田龍逝去の報を受けた私は、なんとなくネットで「太田龍」の検索をした。彼がコラムを寄稿していた『週刊日本新聞』のサイトに行き着いた。読むと、その間にも太田龍とボリビアに住むラミロとの交流は続いており、日本からは交流のための旅行団が派遣されており、ラミロが「太田龍こそ、世界で最も重要な理論家・思想家」だと語る様子が映像で紹介されていた。そんななかに、太田龍の次の文言があった。「イルミナティ・サタニスト世界権力によって支配されている日本のマスコミにもてはやされている『太田昌国』。この人物は、スペイン帝国主義による、アンデス文明、五〇〇年戦争をスペインの側から継続することを承認したサタニスタ以外のなにものでもない。ここでの最大の問題は、日本の左翼である。ラテンアメリカの、北米、中南米、インディオ原住民問題に対するもっとも悪魔的な敵は、日本の左翼である。一九六〇年代以降、東京外語大学、大阪外語大学、スペイン語学科、及びその学生たち等から生まれた、太田昌国。この人物は四〇年以上に亘って、ワンカール(ラミロ・レイナガ)を代表とする勢力と、徹底的に敵対している。従って、我々は、『太田昌国』と、改めて全面的、原理的、深刻な全面的思想闘争を開始しなければならない時にある」(『週刊日本新聞』二〇〇九年五月一〇日)。

彼の死の九日前の日付を持つ文章だった。太田龍が複雑怪奇な思想遍歴の果てに行き着いていた反「イルミナティ・サタニスト」などの概念については、説明する気は起こらない。ラミロ・レイナガは、一九六七年、自らも加わろうとしたチェ・ゲバラ指揮下のゲリラ闘争が、地域の先住民農民の支持を受けることもなく敗北に追い込まれた原因を、先住民の文化と歴史の視点から批判的に探ろうとしていた。獄中での孤立、海外での放浪、そして帰国後の長い時間をかけて模索した結果、ラミロにとっての重要な対話者が、これほどまでに無内容なデマゴギーを駆使する太田龍であったことに、どこか、寂しさと悔しさをおぼえた。

気を取り直して、いま改めてネットで検索すると、ラミロはボリビアで健在だ。二〇二四年一二月二九日の日付を持つ次の記事は、彼の立場の不変性を伝えている。もし、もう一度討論する機会に恵まれるなら！　という希望を捨て去る気にはなれない。

Ramiro Reynaga: Pachamama no es lo mismo que pachamamismo | Urgentebo

なお、ラミロ・レイナガの著作は、ワンカールの名で以下の日本語訳が出版されている。『先住民族インカの抵抗五百年史――タワンティンスーユの闘い』（新泉社、吉田秀穂訳、一九九三年）。同書を復刻出版したものが『タワンティンスーユの闘い――インカの抵抗五百年史』（面影橋出版、二〇〇九年）である。後者には、太田龍の解説が付されている。

(14) ウカマウから共同制作が提案された

ドミティーラの証言を出版

一九八四年には現代企画室から「インディアス群書」全二〇巻の刊行を開始した。初回配本には、ウカマウの映画『人民の勇気』(一九七一年)に出演しているドミティーラ・バリオス・チュンガラの『私にも話させて――アンデスの鉱山に生きる人々の物語』を、唐澤秀子の翻訳で出した。異邦の庶民の語り言葉をどう表現するかで試行錯誤した彼女は、幼いころから親しんだ郷里・長野県は木曽地方の言葉を使った。これは成功したと思う。同時に、シリーズ全体を貫く問題意識を鮮明にするために、一一人の人びとに描き下ろし原稿を依頼し、『インディアスを〈読む〉――世界史の舞台として』を編集した。

一九八五年から八六年にかけては、ウカマウの新作『ただひとつの拳のごとく』(一九八三年)と、エルサルバドルから届いた「ラジオ・ベンセレーモス」制作の『大胆の時』(一九八三年)を上映した。後者は、一九八三年一〇月、カリブ海の種子島ほどの面積で、人口一一万人の小島＝グレナダ国に、六〇〇〇人の兵力で米軍が侵略したとき、エルサルバドルの解放勢力が示したグレナダ民衆への連帯活動を記録したドキュメンタリーだ。歴史過程を振り返りつつも、同時に眼前で展開する現実も見失いたくない。そんな思いで、すぐ輸入した。

前者は二年前には届いていたと記憶するが、上映実現までに手間取った。唐澤も私も、翻訳・編集（唐澤の場合は総務・経理の仕事も加わった）も含む出版の仕事を同時に担っており、私はさまざまな社会運動への関わりから生じる仕事量が増大していた。生業のための仕事を除けばほぼウカマウ映画の自主上映に集中できた初年度や二年目の時代は終わっていた。作品それ自体が孕む問題もあった。『ただひとつの拳のごとく』は、一九七一年以来七年間続いた軍事政権が打倒され、「民主主義の春」を謳歌する民衆運動が高揚する中で、左派台頭に恐れをなした軍部が軍事クーデタを画策し、それに対抗して労働者がゼネストを行ない、農民は道路封鎖でたたかう――という一九八〇年前後の政治・社会状況をドキュメンタリーで記録したものだ。ホルヘ・サンヒンスと共にベアトリス・パラシオスも共同監督となっていると いう意味でも、ウカマウ集団にとっては画期をなす重要な作品だ。他方、ホルヘはどちらかといえばフィクションの作品においてこそその力が発揮され、ドキュメンタリーはその本分ではないという印象を、この作品を見て強く思った。そんなこともあって、のびのびとなってしまったのだ。

そんななかで、インパクト出版会の深田卓は、『ボリビア・ウカマウ集団シナリオ集　ただひとつの拳のごとく』を編集・刊行してくれた（一九八五年）。巻末には、ウカマウからすでに送られてきていた次回作『地下の民』のあらすじを挿入した。これを刊行してまもなく、思いがけない内容の手紙をホルヘから受け取った。次回作を共同制作しないかというのだ。一九八五年一一月三日付けラパス発のホルヘへの手紙はいう。——「君たちの連帯に心から感謝する。君たちは、我らの作品が持ちたいと模索している価値を、われわれの作品の中に認めてくれる数少ない人びとのなかにいる。いま検討中の新しい作品に、君たちが共同制作者として加わってくれるなら、うれしい。撮影時には君たちがボリビアへ来れるなら、それはわれわれにとってとても刺激になる！君たちは、撮影のための生フイルムを手に入れて援助してくれようとしているのだから、それだけでも共同制作者の任務をすでにして果たしているようなものだ。でも、参加が正式なものにできたら、どんなにか名誉なことか。それが可能なら、ほんとうにうれしいのだが。新作の台本を送る。意見をくれないか。この新作は、我が国固有の現代史に素材を得ているとはいえ、世界に普遍的なメッセージを発しているというわれわれの思いが的を射ているかどうか、言ってくれないか。ほんとうの意見が欲しい。もちろん、作品をヨリよいものにする示唆とかもね。八六年三月末にもボリビアへ来れないかな。撮影は四五日ほど続く。誰にとっても重要な経験になるだろう。もちろん、我が国の雨季のことを思えばいま考えている時期が最適なのだが、その前に、懸案の財政問題を解決しておかなければならないのだけどね。」

共同制作の模索

この提案を受けて、私たちはこれに賛同することにした。ひとつめは制作費の捻出である。「ウカマウ次回作へのフイルム・カンパを！」というリーフレットを作り、上映会場への来場者に配布し、従来の上映会場でアンケートに回答し住所も書き残している人びとにはリーフレットを郵送した。カンパ一口二〇〇〇円とし、これに対し日本上映が実現したときの入場券一枚を送る、という形にした。高額のカンパもあったので、半年ほどのあいだに総額は五〇〇万円ほどになった。

ふたつめの共同制作態勢は、ウカマウから送られてくる台本などにこちらから意見を述べることなのだが、この段階では、私たちにはそれだけの力はなく、次回の課題として残った。三つ目はホルヘが言ってきているように、日本側のスタッフが撮影に参加することである。もちろん自費参加だが、三人の候補者がいた。ウカマウ上映の初期からの強力な協働者であった法大「シアターゼロ」のメンバーだった坂口一直は、卒業後のこの年、映写技師派遣会社、スタンス・カンパニーを設立した。一九八二年の第五回ぴあフィルムフェスティバル出品作品で、八ミリ映画「RARE－TSU」の監督でもある彼をボリビア行きに誘うと、すぐ応じた。仙台には、『第一の敵』以来、熱心にウカマウ作品を上映し続けているグループの軸に羽倉正人がいた。上映前後の資料作りにも熱心だった。仙台で講演すると、数週間後には必ずテープ起こし原稿が送られてきた。言い淀んだ箇所も、「あー」とか「うー」とかいう繋ぎ言葉もすべて正確に起こしている原稿が送られてくることが私には恐怖だった。おれはこんな喋り方しかできていないのか、なんというまどろっこしい物言いをしているのか！　校正するにも、気が重すぎる。ただただ羽倉の無私の熱心さに応えるために、無理をしてでも校正すべき原稿に向かった。難行苦行とは、これを言うのか、といった心境ではあった。そんな彼にもボリビア行きの声をかけた。もちろん、行くと言った。残る三人めは私である。

その後、計画の実現に向けてウカマウとの連絡を密にした。資金難で、予定していた撮影時期がズレ始めた。加えて、ボリビアの政治・社会情勢の不安定さが増し、これに抗議する農民・労働者が、この国に顕著な方法で、つまりは道路封鎖を頻繁に行なうようになった。さまざまなやり取りを行なったうえで、最終的に出た結論は「日本人スタッフが撮影に参加することは取り止める」ということになった。この社会情勢の中では四五日間集中して撮影を行なうことができる可能性が低いこと、ロードムービー的な要素が高い映画なのに、道路封鎖が行なわれると撮影の長期中断が余儀なくされる可能性もあること、身の安全上の問題などが理由であった。止むを得ない、残念ながら、私たちの撮影参加は諦めた。

その間のウカマウ作品の自主上映については、新しい動きがあった。一九八六年五月から一年間、「ラテンアメリカ映画の会」を名乗る大木有子、小林茂樹のふたりが、当時中野にあった「庄すぺーす」などを会場に、定期的にウカマウ作品の上映会を開いた。ふたりは、当時私たちが住んでいたと同じ埼玉県新座市の住人だった。無党派革新系の女性議員を市議会に送り出す住民運動の中で知り合ったのだったか。この映画会では、ふたりの独自の交友関係の力もあって、私たちでは手が届かない人びとへの広がりが見られた。こぢんまりとした、気持ちのよい企画だった。

大木、小林のふたりはその後「ＫＯ‐ＯＫ小林大木企画」を立ち上げ、映画の自主輸入・自主上映、さらには自分たちの映像作品制作に取り組み始めた。その活動の全貌は、http://www.ko-okfilm.com で知ることができる。因みに彼らが会場として使った「庄すぺーす」は、建設業を営み、市民運動の担い手でもあった故・庄幸司郎が運営していたものだった。庄は出版社・記録社も運営していて、当時出ていた月刊誌『記録』には私もウカマウ上映運動についての報告を寄稿したり、私の最初の著書『鏡としての異境』（一九八七年）の版元になってもらったりした。この本には、初期のウカマウ論を収めてある。なお、大木、小林のふたり以外にも、新座市に住む隣人たち、住民運動に関わる仲間たちの存在には大いに助けられた。もともとは、新興団地での保育園設置運動や行政が提案した学校給食のセンター方式に反対し自校方式を要求する運動から始まったが、市政に住民の意思を反映させるためには女性議員が必要だとの声が上がり、女性議員を議会に送る「みずの会」が結成された。一定の活動を共にする中で、かの女たちがウカマウの自主上映を支援してくれるようになった。公民館の職員にも積極的なひとがいて、ごく初期の段階で『第一の敵』の上映が実現し、大勢の人びとが集まって、上映後の質疑も活発に行なわれたりもした。当時、私たちの家にはテレビがなかった。ある隣人は、家族が出払っている日中に家を開放してくれて、テレビを自由に使わせてくれた。字幕翻訳を進めるうえでとても役立った。上映会の前売り券を買ってくれるひと、売り捌いてくれるひと、定期的にカンパを寄せてくれるひと、上映会場のスタッフ用にお重に入れたお弁当を届けてくれるひと——さまざまな手助けをしてくれる「みずの会」のメンバーが周囲にはいた。物理的だけではなく、精神的な意味での大いなる協働・援助だった。

友人・山岡強一の死

一九八六年は、別な一件でも、いまなお忘れがたい年だ。東京・山谷、日雇い労働者の労働組合「日雇全協」の活動家で、友人の山岡強一が新年早々、幾人かの友人たちと共に私を訪ねてきた。一年がかりで進めてきた山谷労働者の映画が完成し、いよいよ上映運動を始めるので、ついてはウカマウ映画の自主上映を成功裡に進めてきたという太田の助言を聞きたいというのだった。五年間の蓄積をあれこれ話した。山岡らは、ある程度のイメージを掴んだようだった。

それから一週間と経たぬ一月一三日早朝、私を叩き起こした電話は、山岡がピストルで射殺されたことを告げた。山谷に入り込んでいる右翼・日本国粋会金町一家に属するメンバーが、山岡を日雇全協の実質的な指導者として付け狙ったものだった。この映画は最終的には『山谷　やられたらやりかえせ』と題して完成した。監督は、佐藤満夫・山岡強一の連名となっている。佐藤とも因縁がある。一九八〇年代初頭、東アジア反日武装戦線への死刑・重刑判決に反対する集会とデモがよく開かれていた。ある日のデモ行進で、それまで未知だった佐藤と隣合わせになった。佐藤は「ウカマウの上映をしている太田さんですよね？」と問いかけてきた。彼は『第一の敵』をすでに観ており、とても感動したようだった。その後は、集会やデモで顔を合わせると、何ごとかの会話を交わすようになった。映画関係の仕事をしているようだった。その後、彼は、日雇全協と右翼・金町一家との対立が激しくなる山谷に出入りするようになり、「山谷越冬闘争を支援する有志の会」の中心メンバーとなった。山谷の労働者は、当時、まずは右翼政治結社の「皇誠会」との、やがては日雇労働者の就労過程に関わって利権を漁ろうとする右翼暴力団「西戸組」との熾烈な闘いの只中にあった。佐藤はやがて、その闘いを写し出すためにカメラを回すようになった。その「介入」が右翼には嫌だったのだろう。一九八四年一二月二二日、佐藤は、「西戸組」が雇った人間に柳刃包丁で刺殺された。山谷の路上で起こった出来事だった。

撮影途中で放り出されたフイルムを前にした山岡らが、素人であることに狼狽えながら引き継ぎ、その映画を完成させたのだった。そして、佐藤の死から一三ヶ月後、山岡もまた、同じ集団の者によって斃された。

佐藤は、『第一の敵』論を書いて、映画関係の雑誌に投稿か、応募かをしたという噂を聞いた。お連れ合いに原稿を探してもらったが、見つからなかった。未だ読むことのできない佐藤満夫の『第一の敵』論である。他方、山岡が何度も入れられた獄中で書いた論文と書簡、労働の合間に書いた論文は、仲間の手によって編集され、私が働いていた現代企画室から出版できた。山岡強一著『山谷　やられたらやりかえせ』である（一九九六年一月）。死後一〇年を期しての出版だった。

同じ年、一九八六年の自主上映活動の中でも想い出深いことがあった。『地下の民』制作のためのカンパも集めることを目的にして、東京・三軒茶屋のスタジオａｍｓで「ウカマウ集団の軌跡」

と題する四日間の上映企画を行なった。そこに、メルセス会のシスターとしてボリビア東部サンタクルス近郊にある日本人移住地サン・フアンにしばらく住んでいたというシスター・ヒロ(弘田しずえ)が現われた。彼女に誘われて、サン・フアン生まれの日系二世の若者たちも来た。ボリビアでも高校生のころ『ただひとつの拳のごとく』だけは観ており、軍事政権とたたかう人びとの姿に拍手喝采の大騒ぎを他の観衆ともどもしていたが、他の作品も日本で観られるなんて、と興奮していた。それから四年後の一九九〇年には、日系人だけは単純労働に従事する形でも入国できるようになって、ボリビア、ペルー、ブラジルなど日本人移住者の多い国々から多数の日系二世、三世が来日し始める。政府の在り方としては、単一民族国家論に基づいた姑息な方針と言わなければならないが、こうして一九九〇年代以降は、ウカマウ作品の上映会場に少しずつボリビア人の姿が見られるようになるのである。

『地下の民』ようやく完成

一九八九年――この年にも、内外ともにいろいろな動きがあった。一月、坂口一直がボリビアへ行った。『地下の民』の撮影はほぼ終わっていたが、若いスタッフがホルへやベアトリスと会って、相互の信頼感を深める機会となった。七月には、新潟・市民映画館「シネ・ウインド」で、『ワールド・メモリアル・フィルム――ドキュメンタリー映画の古典から最新作まで』と題する上映会が開かれ、『ただひとつの拳のごとく』が上映された。この企画の軸となったのは、映画監督の佐藤真だった。彼の名は、『無辜なる海――1982年水俣』（香取直孝監督、一九八三年）の制作スタッフとして聞き知っていた。新潟出身の佐藤は当時、「新潟水俣病」の発生地に生きる人びとの日常を記録する『阿賀に生きる』を撮影中だった。『第一の敵』を観て思うところがあったようで、私に『阿賀に生きる』製作支援カンパ活動の呼びかけ人になってほしいとの依頼があった。「皆さんのお志に共感し、ささやかなお手伝いをさせていただきます。ウカマウも今年は新作の完成予定で、皆さんにも年内にはご覧いただけるか、と思います。見えざる糸に結ばれた二つの動き――と勝手に解釈しています。」というメッセージを送った。『阿賀に生きる』は一九九二年に完成・公開された。その後二〇〇〇年にホルヘ・サンヒネスが来日すると、佐藤は講師を務めていた映画美学校の学生を相手に、『地下の民』を上映しホルヘが講演するプログラムを実現してくれた。

ウカマウに戻る。その後も、『地下の民』の完成には時間がかかった。一九八九年一月二一日、私たちが、制作資金カンパをしてくれた人びとなどの関係者に送った報告書がファイルされている。ボリビアでの撮影は終わり、現在編集中だと書いてある。

やがてようやく完成した『地下の民』は、毎年九月下旬に開催されるスペインはバスク地方、サンセバスティン国際映画祭でグランプリ（黄金の貝殻賞）を獲得した。その第一報は、バルセロナに住む、私たちの友人のカタルーニャ人アーティストが教えてくれた。エステル・アルバルダネという名の彼女は画家・彫刻家で、彼女の彫刻作品は、ファーレ立川、越後妻有の大地の芸術祭、横浜ミナトミライ、大宮スキップシティなど日本各地に展示されている。日本にも何度も来ているから、とりわけ唐澤は親しく、ウカマウと私たちの協働関係もよく知っていたのだ。サンセバスティアン映画祭からボリビアへ帰国したベアトリスからも、受賞の喜びに満ちた連絡があった。ホルへは帰途アルゼンチンへ寄り、同地の現像所から私たちに16ミリと35ミリのフイルムを送る手続きをしているという。

まもなく、待望のフイルムが届いた。急いで、内部試写をする。冒頭、製作者は当然にもウカマウ集団なのだが、制作協力とでもいうのか、チャンネル4(イギリス)、スペインTV放送(スペイン)、AZF(西ドイツ)——三つの公共テレビ放送機関の名と共にOTA MASAKUNI (JAPON)というクレジットが出てきた時には驚いた。これはちょっと大袈裟だし、私個人がしたことではないのだから、日本からの貢献を記したいなら、もっと集合的な名称を提案したのに、と思った。それでも鑑賞後の満足度は高かった。それはどういうことだったのか。上映後しばらく経ってから書いた私の対話風の文章をここに挿入しておこう。

ウカマウ最新作『地下の民』が語ること

——ボリビア・ウカマウ集団の最新作『地下の民』が昨秋から日本で上映され始めて評判になっています。久しぶりの新作上映ではありませんか。

そうです。前回は、一九八五年末から上映し始めた『ただひとつの拳のごとく』でしたから、五年ぶりの新作です。これで、この十年間で、長篇七本・短篇二本におよぶ彼らの作品がすべて上映されることになります。

——自主上映でそこまでやるのには、いろいろと苦労があったのではないか、と思いますが……。

好きでやっているんだから、苦労と表現すると、実感から離れますね。要するに、ぼくらにとってないがしろには出来ない表現をもっている映画だったから、未経験を顧みず『第一の敵』の上映から始めたわけだけど、観にきてくれた人びとの反応が良かったし、そうなるとやる気がでるというのが自然の気分ではないでしょうか。一緒にやってきた人びとのなかには、もともと映画を自分で作ったり、自主上映を長年やってきた人もいるけれど、ぼくなんかはまるっきり映画とは無関係な人間ですが、この活動で自分の世界がずいぶんと広がったな、と考えているし、実にやりがいのあることでした。

——今回の『地下の民』については、もう何年か前から制作資金のカンパを呼びかけていたことを記憶していますが。

一九八〇年に始めた自主上映が四、五年続いた段階で、ウカマウとぼくらとの間の信頼感がかなり形成されたと思います。彼らは、当初こそ欧米でもしっかりした受け皿があって、いい形での上映が続いていたけど、だんだんフィルムの、いわゆる海賊版が出回り、上映収入の還元もすっきりと行なわれないという事態も生じていたので、新たな気持ちで体制を作り直したいと考えていました。ぼくらは、中南米に滞在していた間に、彼らと長いこと付き合っているし、その間に培った関係もあります。それに、資金的には、豊かな社会に住むぼくらは出来る限りのことをやるべきだと考えているけど、作品評とかスケジュール問題とかの面では言うべきことをきちんと言ってきてるから、時に国際電話でケンカをしながら深まった信頼感というものもあります。そこで、次回作は共同制作にしないか、という彼らの呼びかけがあったわけです。それまでウカマウの映画を観た人にカンパの訴えをして、資金の一部を提供しました。同時に、送られてきたシナリオの検討もして、いくつかの意見を出しました。最後に、二ヵ月間の現地ロケに参加できれば、共同制作の入り口までいったかもしれないけど、それは実現できなかったから、まあ制作協力という表現が妥当ですね。

――ロケには、なぜ参加できなかったんですか。

軍事政権下の一九七〇年代をずっと亡命していたウカマウは、八〇年代初頭の民主化の過程で帰国しました。確かに文民政権になって、今までのような弾圧政策は終わり、彼らの作品の上映も認められるようにはなった。ところが、かわって勢力をふるい始めたのが、麻薬マフィアです。軍隊や経済界の大物とさまざまなコネクションをもつマフィアが暗躍し始めた。ボリビアの支配体制と密接な関係にある麻薬マフィアが、日本のぼくらにはなかなか窺い知れないけれど、反対派の暗殺などにも関わり始めた。外国人も含めて何人ものスタッフが二ヵ月間の行動を共にするのは危険が大きいと彼らが最終判断した。ぼくらは、外国人の参加こそが安全を保証すると主張したけど、こういう問題は、現地にいる人の判断を基準にしないと、間違えるからね。残念だったけど。

——わたしは、『革命』『落盤』の短篇をはじめ『ウカマウ』『コンドルの血』『人民の勇気』『第一の敵』『ここから出ていけ！』『ただひとつの拳のごとく』と全作品を観てきているけど、今回の『地下の民』はずいぶんと作風が変わりましたね。

「映画になってしまったね」という或る人の評が面白かったね。これまでは何だったたんだろう？　それはともかく、ウカマウの意図するところは「映像による帝国主義論」だとぼくは言ってきました。アンデス、広くは第三世界で帝国主義が何をしてきたか、また何をしているか。そのことをアンデスの人びとばかりではなく、帝国内で物事が見えなくさせられているわたしたちにも明らかにする作品群だと。一九六〇年代と七〇年代に並走しながら作られたものとしては、『コンドルの血』から『ここから出ていけ！』までの作品は同時代の帝国主義の相貌を、実によく捉えた作品になっていますよね。敵の顔もきっちりと描いたうえで、それと闘う人びとの表情も従来の欧米や日本のカメラでは見られない視点で描いた。ところが八〇年代に入り、ボリビアで言えば、軍事政権も終わり民衆運動の真価があらためて問われる時期になった。これは、世界状況の反映でもありますが、社会変革の運動自体も重大な壁に直面している。いわゆる社会主義圏の混迷は深まるばかりであり、欧米的価値とは別な価値を体現してきた第三世界も、主体内部の腐敗と世界資本主義システムの全面的包囲で経済的に疲れきっていく。このことは、やはり、個々の国や指導部の問題には終わることのない、全体としての社会変革運動の、疲弊感と無力感をもたらしているのではないでしょうか。つまり、帝国主義という外部の問題に対峙しつつ、みずからを見つめる「内部への目」があらためて問われているのです。

『地下の民』の問題意識は、この状況へのひとつの切実な回答です。

――この映画のテーマであると思われる「民族的アイデンティティ」の喪失と再生という問題には、それほどの状況的必然性があるのでしょうか。

この映画は一九八五年ころにシナリオ第一案がまとまり、その後の四年の歳月を費やして、一九八九年暮れに完成しました。東ヨーロッパの激動のさなかです。その後のソ連・東欧圏では、民族の問題が根底的に問われています。これは、未だこの問題が顕在化してはいない地域にも決定的な影響を及ぼしていくでしょう。つまり、一五世紀末以降のヨーロッパが、現在のアジア・アフリカ・ラテンアメリカ諸地域を侵略していく過程をともなった近代・現代の歴史のなかにあって、ヨーロッパ近代国家の原理によって、いいように切り裂かれたり統合されてきた「民族」が世界じゅうにあるのです。否応なしに「ボーダーレス」の社会が到来しているわけですが、強圧的な国家の力のカセがとれた時に、今までその下に蹂躙されてきた「民族」が、いったんは必然性をもったテーマとして浮かびあがってくるのは避けられないのだと思います。この映画は、結果として、このような世界状況の到来を予言的に表現しました。

日本のような、「民族」の問題で大きな間違いを積み重ねてきた国に住む者としては、心中複雑です。ぼくらにとっては、民族的アイデンティティなどというものは、意識的に排除していくものとしてあります。冗談じゃないぜ、という感じなわけです。でも、ここが、「民族」を、他者を抑圧し自己を肥大させるテーマとしてきた帝国本国と、その逆であった第三世界との決定的な違いではないでしょうか。

――荒野を彷徨って、インディオと心を通わせることのないまま、ついに軍隊に射殺される学生運動のリーダーに、作者は何を投影しようとしたのでしょうか。

ウカマウ集団や監督のホルヘ・サンヒネスは、今までも、自分たち白人がいかに、民族問題に無知であるかを語ってきました。アンデス地域では、人口の圧倒的多数が先住民であるインディオの人びとなのに、この人びとの存在を無視し、価値なきものとしてきた、白人社会の人種差別主義の克服をみずからの課題としてきたのです。これは、いわばヨーロッパ社会内部、白人社会内部からの自己批判です。

だが、状況はいっこうに変わらない。圧倒的多数者の心も知らず、その歴史や文化にも無関心で無知な者が、相変わらず「左翼」を自称している。今までの作品では、たとえば『第一の敵』のように、都市からきたゲリラが農民との出会いのなかで、彼らの文化・農耕のあり方・信仰などを、自分たちのそれとは異なるけれど受け入れていくような形で、両者のコミュニケーションのあり方を描いてきた。他の作品でも、先住民社会におけるコカの用いられ方がさまざまな形でさり気なく描かれていた。これは、先住民文化の称揚なのです。白人の意識を変えるための、かなり意図的な(悪い意味で言っているわけではありませんが)映像だったわけです。だがそのような、心かよいあうロマンティックな描き方ではもはや済まない、とウカマウは考えたのでしょうね。このことも、世界状況のなかにおいてみれば、きわめて暗示的なことだと思いますよ。

――リアリズムの枠を超えた、きわめて神話的で幻想的な表現も見られますが、これも今まで見られなかったことではありませんか。

ラテンアメリカは、夢と現実の境目がよくはわからぬ、渾然一体となった世界ですから、文学でも、映画でも、ごく自然にシュールな表現が出てきます。今回の作品のように、いわば「未来からの目」をもって描くという方法も取り入れた場合には、どうしてもあの方法は避けられなかったのだと思います。セバスチャンの再生が暗示されるラストシーンには、アンケートを見ても、賛否両論ですが。神話的な世界の登場は、先ほど触れた民族的アイデンティティの問題の連関で出てくるわけですから、これも必然的ですが、描かれる世界の枠が一挙に広がるという効果を発揮しているように思います。

――今後はどういう展望をもっていますか。

『地下の民』については、これから全国各地での自主公開が続きます。各地の上映希望者からの連絡を期待しています。また、これはかなりの資金的裏付けが必要なので時期的な約束はできないのですが、旧作品のプリントも、はや五年から十年のあいだ一本で全国を巡回していますから、そろそろ寿命です。プリントの生命としては、今までもったことが奇跡なほどですから。そこで、ニュー・プリントを入れたいという希望をもっています。フィルム上映が難しい地域の人びとのために、ビデオ化も考えています。来年は一九九二年で、コロンブスのアメリカ大陸到達から五世紀の歳月が経つわけですから、さっきも言った世界の近代・現代の成立の問題を考えるうえで有効なウカマウの作品は、これを契機に新たな形で見られるべきだという考えからすれば、ニュー・プリントの購入とビデオ化は来年までに出来ると理想的ですが。

いずれにせよ、今回の「湾岸戦争」の過程を見ても、帝国と周辺国の問題というのは、いっそう深刻な問題です。植民地支配を行なった国々というのは、ついに、自らが責任をもって作ってきた近代と現代の総括が出来ていない。自己批判がないまま、ますます居丈高になるばかりです。擬制の反対派としての「社会主義」圏総崩れのなかで、日本・米国・ヨーロッパの増長は深化する傾向にあります。間違っているこの傾向と闘うには、自分たちを世界のなかに相対化する方法をもつことが必要です。第三世界の歴史と文化を知ることの意味はここにあります。ぼくらの活動は、帝国内部におけるこのような「知の方法の自己変革」、ことばを換えると「意識化作業」の一環であることをめざします。

『記録』一九九一年二月号（第一四三号）掲載

大勢のカンパ者への報告をできるだけ早く行ないたいから、字幕の翻訳作業を急いだ。他にも、チラシの制作、パンフレット用の原稿依頼・執筆・編集などの作業があるから、報告上映会ができたのは、一九九〇年八月だった。東京・赤坂の草月ホールを使った。カンパをしてくれた多数の方々が来られた。唐澤が付き合いの深いフォルクローレ・グループ「アルボ」の皆さんにアンデスのフォルクローレの演奏をしてもらった。劇場上映は、同年一〇月下旬から一一月上旬にかけての一五日間行なった。場所は、渋谷・道元坂のTANK2を使用した。これは、山本政志監督の新作『てなもんやコネクション』をロードショウ公開するために作られた特製劇場で、スケジュールを終えたら取り壊すものだった。それが上映されている中間時点の一五日間を借りたのだ。『地下の民』評はメディアにも多数出て、前評判もよかったから、来場者は多かった。TANK2は有名なラブホテル街の一角にあった。現在は対面にユーロスペースがあって、「芸術・文化」の香りもする。だが当時は、東横デパートと前年に開業したばかりのBunkamuraのすぐそばとはいえ、角を曲がると「別世界」になる。そのコントラストが激しくもおもしろい。そこに次回上映待ちの長い行列が常時できた。あんな場所だったから、どうやって歩いてよいか、恥ずかしかったという女性たちの声を後日になってから聞いた。或る日、外の受付け付近にいると、山本監督がやってきた。『てなもんやコネクション』の不入りに悩んでいた彼は言った。「太田さん、どうすれば、こんなに客が入るんですか」。

(15) 国の内外で民族・植民地問題が迫り上がる一九九〇年代

元ボリビア駐在大使夫妻が訪ねてくる

その頃、ボリビア駐在大使の任期を終えて帰国されたひとが現代企画室に訪ねてこられた。伊藤武好／百合子夫妻である。私たちが出版したボリビア関連書籍を現地で読み、関心を持たれたので、帰国を機に会いに来られたという。それまでに私たちが出版したボリビア関連書籍は、ウカマウ集団／ホルヘ・サンヒネス＝著『革命映画の創造』(三一書房、太田昌国訳、一九八一年)、ドミティーラ／M・ヴィーゼル＝著『私にも話させて』(現代企画室、唐澤秀子訳、一九八四年)、石田甚太郎＝著『ボリビア移民聞書―アンデスの彼方の沖縄と日本』(現代企画室、一九八六年)、それと二冊の『ボリビア・ウカマウ集団シナリオ集』(インパクト出版会、一九八一年と一九八五年)だった。伊藤夫妻は、仕事との関連上から、とりわけ『ボリビア移民聞書』への関心が深く、編集の姿勢に好感を持たれたようだった。

それまで外交官との付き合いはまったくなかった。ただ、伊藤夫妻の名は、エクアドルの作家、

TANK2における『地下の民』上映時の劇場内外の光景。若いスタッフが手作りしたアイマラ民族の旗など装飾物が、外壁いっぱいを覆い尽くしている。渋谷区道玄坂、1990年10月～11月。

ホルヘ・イカサの『ワシプンゴ』の紹介者として記憶にあった（朝日新聞社、伊藤武好訳／伊藤百合子解説、一九七四年）。この翻訳書は、私たちのラテンアメリカ旅行中に出版されたのだから、帰国後に読んだのだが、エクアドルに滞在中にはこの高名な作家に会いたいと思い居所を探した。だが、作家はその頃ソ連大使の任にあり、エクアドルにはいないことが分かって、希望は叶わなかった。翻って夫妻には、さらに、ヒメネス＝著『プラテーロとわたし』（理論社、一九六五年）および『ヒメネス詩集』（彌生書房、一九六八年）という共訳書もあることは知っていた。私たちにまで会いに来られるというフットワークの軽さ、文化的・歴史的な関心の高さに共感を覚え、おふたりがそれぞれ亡くなられるまで、親密な付き合いがあった。夫妻は、コロンビアが任地だった時に、ひとり息子をなくされていた。息子の客死の地でもあるコロンビアに対する思いはことさらに深く、息子の名を冠した財団をつくって、彼が学んでいたコロンビアの大学の留学生の費用を援助する活動を行なおうとしていた。母親がその思いを綴った文章を書き、出版を希望された。私はそれを読み、『百年の孤独の国に眠るフミオに』というタイトルを提案した。夫妻は喜び、伊藤百合子著のその本（現代企画室、一九九二年）を持ってコロンビアへ向かい、財団のお披露目の会を開いた。同書はその後スペイン語版も出版された。

夫妻には、親しくしているボリビアの画家もいて、その展覧会を開きたいという。画廊も経営している北川フラムに相談して、代官山のヒルサイド・ギャラリーでの個展が実現できた。二〇〇二年に夫をなくした後、百合子はもう一冊書き残したいものがあると言い、迫りくる老いや病とたたかいつつ、途切れ途切れながらも私に原稿を送り続けてきた。いっとき入院した病室でも執筆を続けた執念の書き物がまとまると、私は急いでそれを一冊に仕立てた。『すばらしき出会いの50年――昭和の一外交官一家の内外生活史』(現代企画室、二〇一〇年)は、こうして、出来上がった。帯には、こう記した。「一九五二年「講和条約」発効直前の日々から、一九八九年「昭和」が終わる日々まで――激動の時代に、スペイン語圏諸国で外交官一家として暮らした著者は克明な記憶力をもって、自らの生活史と異邦の人びととの交流史を綴った。そこから浮かび上る、貴重な戦後史のひとこま!」。

夫妻は、官の仲間よりは市井の民間人との付き合いを好んでいるように思えた。ひとを招いては、ホームコンサート、ポーカー遊び、オペラ鑑賞などを楽しんだ。ボリビアを最後の任地とした元外交官夫妻との交流は、私の、世の中を見る目を広く拡大してくれた。

ボリビア行きが実現

その後、私たちは「『第一の敵』上映委員会」という名称を変えた。映画『第一の敵』には十分な役割を果たしてもらったが、これほどの数の作品を抱えるようになっているのだから、もはやふさわしくない。そこで、「シネマテーク・インディアス」とすることにした。

一九九二年一〇月、私は、仲間と語らって、「五〇〇年後のコロンブス裁判」という企画を東京で二日間にわたって行なった。1492→1992と書けば明らかなように、一四九二年の「コロンブスの大航海と地理上の発見」の年からちょうど五〇〇年目を迎えたのだ。ヨーロッパ中心史観に基づいてもっぱら「偉業」と讃えられてきたこの出来事は、実はヨーロッパが異世界を植民地化するきっかけとなったものだったことを、この模擬裁判を通して語り合った。同じような趣旨に基づいたシンポジウム、集会、デモ行進などが世界各地で同時多発的に行なわれていたことを後日知った。近代ヨーロッパの繁栄が実現されるために、誰が、どの地域が犠牲にされたのかという歴史的課題を解釈・分析するうえで、世界は同時代的に変革の時期を掴んでいたのである。

この集会を終えた後の一九九二年一二月末、私は一七年ぶりにボリビアへ行く機会に恵まれた。関係していたPARC（アジア太平洋資料センター）が一九九二年末から九三年初頭にかけて、キューバへのスタディ・ツアーを計画し、私にガイドを依頼してきたのである。この機会を活かして、事前にボリビアへ行き、ウカマウとの諸々の課題を直接話し合う計画を立てた。その頃、ウカマウは新作『鳥の歌を授かるために』の撮影中だった（完成後、邦題は『鳥の歌』とした）。これは、まさに、五〇〇年前の征服の時代を現代との絡み合いで振り返る物語だった。『地下の民』のときには実現できなかったロケ現場への参加を果たしたいという希望もあった。小学校六年の二学期以降、故あって学校へ行くことを止め、中学へもまったく行かずにフリースクールへ通い、一五歳になっていた息子を連れて行くことにした。

私たちがボリビアへ着いたのは、『地下の民』に出演していたジェラルディン・チャップリンが出番を終えて、そこを離れた直後だった。ロケはなお続いており、或る夜、ラパス郊外の現場へ同行した。ホルヘは車の中で、ボリビアの人間は、いままで外部から受けてきた仕打ちの記憶があるから、見知らぬ外部の人間をとても警戒する。演技を前に不安を持たれても困る。着いたら、まず僕が君たちとのこれまでの関係を説明する。その後で、君が挨拶してほしい。そうすれば大丈夫だと思うから。

現場には、俳優と撮影スタッフを含めて数十人はいただろうか。ホルヘが、私たちとの関係を手短に説明した。私たちに対する信頼感が溢れた言葉だった。私は私で、ウカマウの映画が日本でどれだけの反響を獲得しているか、広くはアンデス地域に対する認識を大きく変えつつあることを語った。その夜の撮影は、ちょうど、『鳥の歌』でももっとも緊迫したシーンだった。物語は、五〇〇年前のコロンブスの「偉業」を引き継いで続々と「新大陸」にやってきた征服者たちが、いかにひどい仕打ちを先住民に対して行なったかというものだ。その映画を撮ろうとする現代の撮影隊自身が、先住民の文化への無理解から村人の不信と反感を買い、松明をかざしたインディオ農民に宿舎を包囲される。石で壊された窓の隙間から、小鳥の死骸を放り込まれる。それは、撮影チームのふたりが昼間に銃で射落とした鳥だ。「鳥から歌を授かる」文化をもつ先住民には許すべからざる行為だ。一〇人以上もいる撮影チームは浮足立ち、激しい言葉が飛び交う内部抗争が果てしなく続く。もともとの人種差別主義者ならともかく、日頃は人種差別に反対しているはずの革命派・左翼の本音が意外な形で顕になる瞬間だ。

撮影隊宿舎の内部での撮影、外での撮影と続き、終わったのは深夜だった。ホルヘたちが実践してきた映画造りの真髄がそこに凝縮して表れていると思えた。
他にも諸々の打ち合わせをして、私と息子はボリビアを去り、キューバ・ツアー一行十数人との合流地・メキシコへ向かった。キューバでは、ホルヘに依頼されてキューバの映画人ふたりに連絡した。『鳥の歌』の撮影に参加したスタッフだったが、支払いが済んでいなかったのだろう、ホルヘから託されていた金子入りの封筒を手渡した。

アイヌ民族との関わりが深まる

一九九二年の「五〇〇年後のコロンブス裁判」開催以降、私たちの周辺では、民族・植民地問題の観点から見て、重要な動きが相次いだ。優れたアイヌ刺繍家、チカップ美恵子が提起した「アイヌ肖像権裁判」を支援するうちに、私は、関東地域を生活・労働の場とするアイヌの女性たち（主として私より一回り年上のひとたちが多いが、釧路の小学校で同級だった女性もひとりいた）との付き合いが増えていた。彼女たちから、みんなが気楽に集まる場所がほしい、北海道ではアイヌ民族のための「生活館」があるが、東京では行政と掛け合っても、アイヌ民族に特化した予算措置を講じるのは無理だと断られる。中央政府も地方自治体も、「日本は単一民族から成る」という国家論に基づいて考えているから、変わりようがない。寄り合いの場所づくりを一緒に考えてほしい、との要望があった。さまざまな社会運動に関わっている中でも、民族間の関係の在り方に深い関心を持つ友人・知人と共に当該のアイヌのひとたちとの相談・討論の場をもった。料理店をつくれば、食を介しての文化伝承、アイヌの人びとが働く場と憩いの場の確保――などが達成できるのではないか。私が対外的な責任者になって「東京にアイヌ料理店を！」というカンパ運動を始めた。目標は早々に達成されて、一九九四年五月に、東京・早稲田に、アイヌ料理店「レラ・チセ（風の家）」が誕生した。十数年間にわたって、この店は、とても重要な役割を果たしたと思う。

この活動の過程から、二冊の本が生まれた。現代企画室編集部＝編『アイヌ肖像権裁判・全記録』（現代企画室、一九八八年）と、レラの会＝著『レラ・チセへの道――こうして東京にアイヌ料理店ができた』（同、一九九七年）である。前者は、アイヌ民族の死滅を宣言する研究書に幼い頃の自分の写真を無断で掲載されたのは、民族としての誇りを傷つけるものだとして、チカップ美恵子が起こした肖像権訴訟の裁判記録である。被告は、北海道時代の若い私が親しむような文章を書いていた、当時は革新派・進歩的知識人と思えた詩人と歴史家だった。原告側弁護人の鋭い追及を前に、ふたりの「革新性」「進歩性」の皮が剥がされてゆく過程は、読むに堪え難いものがあった。ホルヘ・サンヒネスは、先住民族に対してラテンアメリカ左翼がもつ差別性と偏見を我が身を撃つように強調していたが、ここ日本でも同じ問題を抱えているのだと改めて実感した。後者は、開店後三年目の時点で、お店の在り方を、そこで働き、また運営に関わる人びとの立場から振り返ったものだ。今になって読み返しても、関わる人たちの開店後数年間の溌剌たる動き、柔軟な物事の捉え方が印象的だ。民族にこだわってつくられた場が、民族の壁を超えて「類的存在」としての人間が形づくるであろう「未来」が可視できる場であるということ――一瞬だったかもしれないが、そう思ったときもあったような……。大袈裟な喩えと言われそうだが、歴史上で「パリ・コンミューン」を思う時の感情に似ている。

さて、レラ・チセは経営難から閉店したが、そこで働いていた宇佐照代は、母や連れ合いと組み、第二のアイヌ料理店「ハルコロ」を新大久保に作った。二〇一一年のことである。宇佐照代は、ムックリ（口琴）やトンコリ（弦楽器）の演奏を行ない、歌を歌い、踊りを舞い、アイヌ刺繍をこなし、公民館や大学での講演も行なうなど、広くアイヌ文化の発信者でもあるから、お店はよく繁盛している。

二〇二五年には「ハルコロ」を軸とする宇佐照代と家族の日常を記録したドキュメンタリー映画が公開された。私にとっては旧知の大宮浩一監督が撮った『そして、アイヌ』だ（二〇二四年、日本）。私もインタビューを受けて出演しているのだが、「レラ・チセ」をつくった頃からの三〇年間の過程のなかに「ハルコロ」の現在を据えてみると、人間の社会も捨てたものではない、との思いが強く残る。周囲に否定的な現実を目にすることの多い現代にあっては、視点をどこに据えて見るか、が大事な問題だ。政治・社会の大枠は驚くほどに停滞しているが、「小さな」ところで変わっていることを実感できれば、世の中の見え方が変わる。

メキシコでサパティスタ蜂起

「レラ・チセ」が開店した一九九四年五月初旬に先立つこと四ヵ月前の一月一日、遠くメキシコ南東部チァパス州で、先住民族解放組織が武装蜂起した。サパティスタ民族解放軍（ＥＺＬＮ）である。メキシコは想い出深い地で、とりわけチァパスは先住民族の人びとの衣服、市場での人びとの様子、町の真ん中に鎮座するキリスト教会の内部を土着の様式に作り変えてしまうような文化の独自性——などが深く印象に刻み込まれている土地だ。そこの先住民族の人びとが、米国が主導する新自由主義的経済秩序を唯々諾々と受け入れる中央政府の方針に抗議し、ひとが生きる基本としての衣食住の条件整備を行なわない地方行政府を批判する、心に響く声明文を発表しつつ、武装蜂起を行なったのだった。

メキシコ国内はもとより世界じゅうから大きな共感を得たサパティスタ蜂起だった。とりわけ、世界を席巻する新自由主義的原理に基づくグローバリゼーション（全球化）の趨勢に、生きづらさや息苦しさを感じている人びとの共感が多かった。サパティスタは、軍事至上主義に陥ることなく、蜂起後直ちに政府との和平交渉を呼びかけてそれを実現した。交渉自体は実を結ばなかったが、自分たちはチアパスの山深い居住地で、自主・自立の共同体づくりに専念するようになった。蜂起から二年後の一九九六年には、メキシコ・チアパスの彼ら／彼女らの自治管理地域で、「人類のために、新自由主義に反対する大陸間会議」を開くので、参加するよう、全世界に呼びかけた。唐澤と私は、一〇人ほどの人びととともに日本からこれに参加した。この時の経験は、私の『〈異世界・同時代〉乱反射』（現代企画室、一九九六年）に「国家の中のもうひとつの〈くに〉への旅」に詳しく記した。また、サパティスタ関連書籍も、マルコス／イボン・ル・ボ＝著『サパティスタの夢——たくさんの世界から成る世界を求めて』（現代企画室、佐々木真一訳、インディアス群書第5巻、二〇〇五年）など五冊を現代企画室から出版してきた。詳しくはそれらを見ていただきたいが、本書のこれまでの記述と関連することにだけは触れておきたい。チアパスの会議では、一九六〇年代から七〇年代にかけて、『世界革命運動情報』でも取り上げたラテンアメリカの伝説的なゲリラ運動指導者たちとの出会いがあった。ベネズエラ民族解放軍の指導者だったダグラス・ブラボーや、すでに触れたペルーの先住民農民の土地占拠闘争を指揮したウーゴ・ブランコなどである。彼らはいずれも四半世紀前の自分たちの闘いを振り返り、軍事の捉え方や内部民主主義の在り方に誤りがあったこと、サパティスタはそれらの点を自覚していて、社会運動に新たな問題提起を行なっていると強調した。サパティスタ蜂起の直後から、そのメッセージを読みながら同じことを考えていた私は、ダグラス・ブラボーやウーゴ・ブランコの捉え方に大いに共感した。

国の内にあっても外にあっても、民族・植民地問題が焦眉の課題として浮かび上がってきた。

一九九〇年代後半、その後映画配給会社ムヴィオラを立ち上げることになる武井みゆきと知り合った。武井が「メキシコ映画祭」を企画したのは一九九七年だった。企画発表会が、日比谷のメキシコ大使館で開かれた。プログラムの内容も知りたかったし、そこにはメキシコの女優、オフェリア・メディーナが来る予定で、彼女にも会いたかった。それが、武井との初めての出会いだ。ある程度はメキシコ映画の実情を知っている者として、その組織力に深い印象を受けた。オフェリアは、ポール・レデュク監督の『フリーダ』（メキシコ、一九八三年）で、かの画家、フリーダ・カーロの役を演じていた。メキシコに住んでいたころ、フリーダがディエゴ・リベラと暮らしたコヨアカンの「青の家」には何度も通った。彼女のベッドの上の天井には、小さいものではあったが、スターリンの写真があったことを覚えている。スターリンに追われてとうとうメキシコまで亡命したトロツキーも含めて、一九三〇年代にメキシコでさまざまな個性的な人びとが織りなす交流図は、なかなか興味深いものでもあった。そのフリーダの役を、オフェリアは美しく演じた。オフェリアは、また、先に触れたサパティスタ民族解放軍の主張を理解し、彼らの管轄区を政府軍の攻撃から防衛するために行なわれていたキャンペーン(援助品をもって、管轄区を訪問するなど)にも参加していた。

大使館には、確かに、オフェリアの姿があった。しばらく話をする機会にも恵まれたが、そこには、女優であるだけではなく、社会的・政治的な問題に関しても明解な意志をもつ「個人」が、いた。オフェリアの人選も含めて、この時上映されたメキシコ映画の選び方に、あるセンスを感じた。

武井は、狭い映画界の人間の関係性の密度からいって、当然にも、坂口一直とも知り合いだった。或る日、三人で話しているうちに、『地下の民』上映の成功にも勢いを得て、ラテンアメリカの映画をまとめて上映する機会をつくろうか、という話になった。それが「ラテンアメリカン・スタディーズ」という名称で、草月ホールを使って開催したのが、一九九九年一一月下旬の四日間だ。ラテンアメリカにまつわる映画一五本を上映し、それらに必ずレクチャーをつけた。ウカマウの『地下の民』と『鳥の歌』も、もちろん、プログラムには入れたのだが、今思えば、よくぞここまで集めたというラインナップになっている。ソラナスの『ラテンアメリカ　光と影の詩』、カウリスマキの『ティグレロ　撮られなかった映画』、エイゼンシュテインの『メキシコ万歳！』、リプステインの『夜の女王』、さらには、アルメンドロスの『ノーボディ・リスンド』（これは、キューバの刑務所の状況や亡命者・反体制派の声を伝えた稀有な記録だ）などである。思い出してもおかしいのは、ここへ「日活ラテン」と称して、宍戸錠主演の『メキシコ無宿』（蔵原惟繕監督）と小林旭主演の『赤道を駈ける男』（斎藤武市監督）の二本を組み入れたことだ。

ゲストもなかなかの人選だった。すでに知り合っていた吉田喜重、四方田犬彦、デビューしたばかりだろうか星野智幸、当時ウカマウの映画に入れ込んでいたあがた森魚、細川周平などである（しかし、いま思うと、ゲスト一七人のうち女性が野々山真輝帆ひとりだったことを、主催者のひとりとして恥じる。ジェンダー・バイアスがひどい）。草月ホールを借り切って四日間もやっている。フイルム代もあるし、ゲストへの謝礼もあるし、経済的にいったいどうやってやりくりしたものか――当時は切実だったに違いないことも、いまとなっては茫漠としてしまっているのが「過去」のよいところだと思えてくる。

キューバ大使館との関係が変化

この企画はやって楽しかったが、私には思いがけない副産物が生まれた。それまで良好な関係だった在日キューバ大使館との関係が微妙になったのである。アルメンドロスの『ノーボディ・リスンド』を上映したからである。キューバに友好的な人間である太田が関わっていながら、なぜ、こんな反キューバの映画を上映したのか、大使館のキューバ人高官が訝っている、というのだ。私は答えた――アメリカ帝国主義による攻撃を受けているキューバとは連帯する。だから、ハリケーンの甚大な被害を受けたときには、仲間と共にカンパを送るキャンペーンにも取り組んできた。キューバ革命の意義を明らかにする文章を書き、講演も行なってきた。これからもそれはやる。だが、もし革命内部で起こっている、何かおかしなこと、間違ったことに気づいたら、それを指摘する。キューバの刑務所の状況には、その負の側面が現われていると思うから、それに目を塞ぐことはできない。革命の意義は根本的なところでは押さえた上でのことだ、と。

だが、それ以降、私に対してキューバ大使館から随時あった連絡は途絶えた。一九八〇年代には、大使館の倉庫からマヌエル・オクタビオ・ゴメス監督の『水の日』(一九七一年)という映画の35ミリ・フイルムが見つかったといって、上映できないかという依頼を受け、法大の「シアターゼロ」に属していた坂口一直と相談した。フイルムを傷つけない、スライド字幕という方法があるという。字幕翻訳を行ない、法大学生会館でのなにかの機会に上映したこともあった。おもしろい映画で、やった甲斐があった。岩波ホールの高野悦子、作家の村上龍などにも参加を呼びかけてのキューバ連帯集会、キューバ文学・映画・音楽の紹介――魅力に溢れていたこの国、この革命の真髄に迫ることは、できるかぎりやってきた。だが、党と政府と大使館の中枢にひたすら忠義を尽くし、自らの頭で考えないつまらない中堅官僚がいると、こうして関係が途絶える場合もある。残念なことだ。

⑯ホルへ・サンヒネス監督が来日する

自主上映開始二〇周年記念

翌年二〇〇〇年の秋には、ホルヘ・サンヒネス監督を日本に招いて、ウカマウ作品の特別上映を行なった。自主上映開始二〇周年を記念したものである。これまでは、自分たちの身の丈に合う形での上映企画を考えて、やってきた。特に、経済的な面においては。だが、このときだけは、国際交流基金の映画監督招請プログラムに応募した。ホルヘの往復の飛行機料金くらいはこれに頼ってよいだろうと考えたからだ。幸い審査を通り、一〇〇万円の助成を得ることができた。ホルヘは一〇月一日に来日し、一六日まで滞在した。最初は、プロデューサーのベアトリス・パラシオスも同行する予定だったが、以前から彼女はリューマチの持病に苦しんでおり、健康上の問題を配慮して、同行を諦めた。

この時にも、坂口一直のスタンス・カンパニー、武井みゆきのムヴィオラの全面的な協力を得た。最初の三日間はホテルに缶詰にして、新聞・雑誌の記者と批評家の取材に応じてもらった。

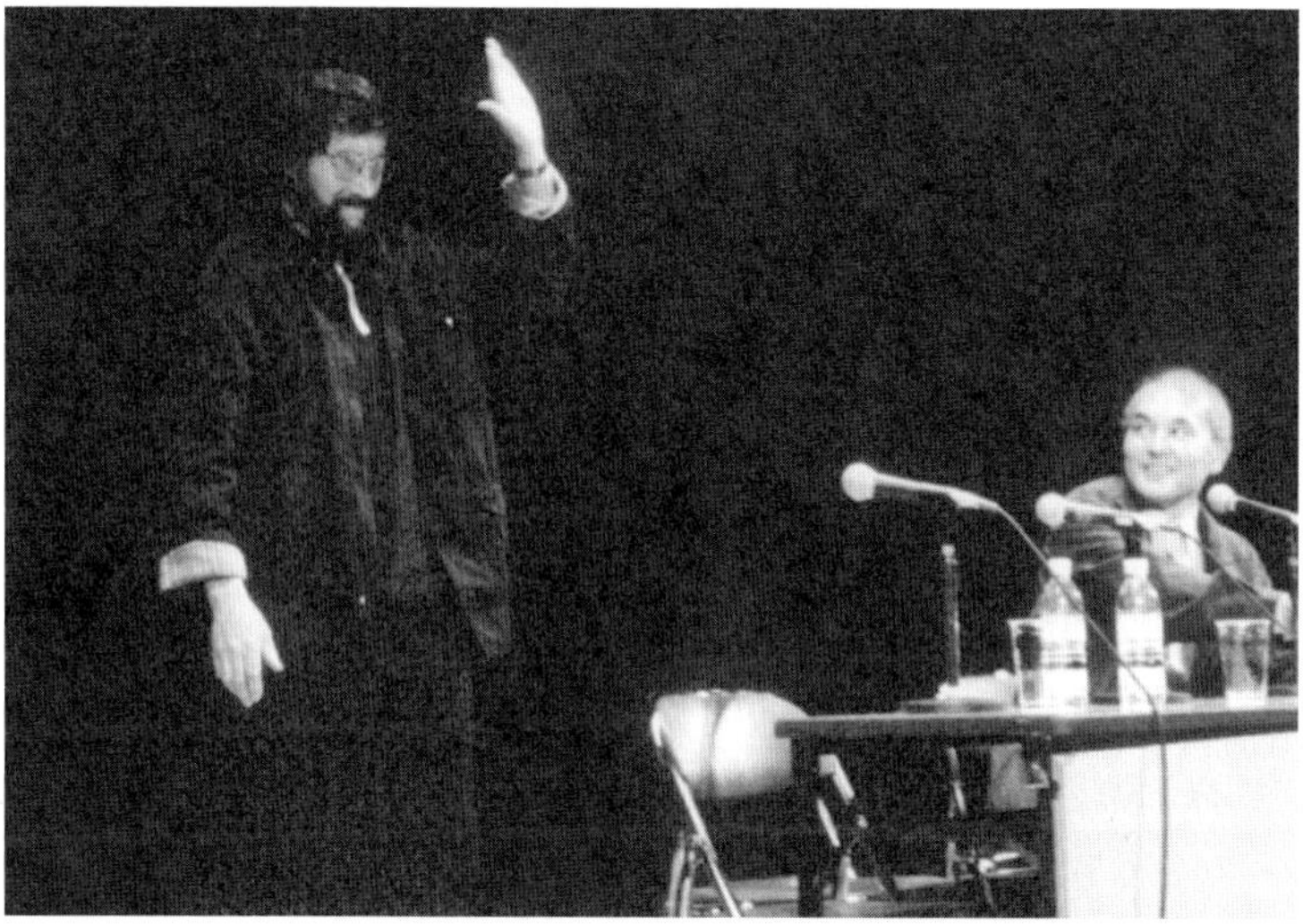

名古屋シネマテークで観客に挨拶するホルヘ・サンヒネス。2000年10月11日。

その後の名古屋、大阪での取材を含めると、三〇件以上もの取材があった。その間、東京ではソニーのショールームに撮影機材の見学に行った。今後の撮影自体はデジタルで行なうつもりでいたから、ホルヘは情報収集に熱心だった。後日大阪へ向かう途中でもパナソニック本社のショールームへ寄ることを希望し、機材を熱心に見ていた。

東京、木曽福島、名古屋、大阪で、ホルヘを交えての上映+討論が行なわれた。ここでは、長野県は木曽福島での上映・討論の夕べに同行した松田政男が遺した長文の記録がある。それがホルヘの日本滞在の意義をとてもよく書き表しているので、ここですべてを引用したい。

■「ウカマウ集団」とホルヘ・サンヒネスの映画

松田政男

◎若干のコメント

木曽福島の夜は寒く、かつ熱かったと形容矛盾を承知で書き起こそう。映写機材を満載した大型ワゴンと乗用車とに分乗した私たち「ウカマウ上映隊」一行が太田昌国隊長の良きパートナーたる唐澤秀子さんの実家の肝煎りで、その名も唐澤山荘に着いた時は途上の葡萄園や漆器店への寄り道が崇って日はとっぷりと暮れ、まだ十月九日とはいえここ信濃の山中は早くも寒気が忍び寄っていたのである。石油ストーブが、轟々と燃えた。

だがしかし山荘内の熱気は決してストーブのせいではなく、遠来のホルヘ・サンヒネス客人のスペイン語を軸に片言の英語と日本語が飛び交って、まさにその場の議論そのものから発せられていたのであった。事の成り行きで料理番を相務めていた私が調理場との往復をようやく終えて、トリ鍋をつつきながらの宴席に加わったころ太田夫妻の愛息マルク君、スタンス・カンパニーの坂口一直、平沢剛の両君をも加えて白熱していたのだ。

私の記憶ではその時ホルヘ自身が話題にしていたのはアンデス先住民の二つの共同体で、定期的に交わされる死をも辞さぬ激しく熱い争闘の慣習であった。私は直ちにポトラッチを想起しバタイユの蕩尽の経済学を援用して、生産＝消費をキー概念とする経済学との差異についてー席ぶちつつ、若き文化人類学者である兒島峰さんのウンチクに耳を傾けるうちに、それぞれ酒のせいか否かは知らず再び三たびホルヘ自身の先導で話題は思いもよらぬ方向に流れて行ったのである。

——以下敬称を略するとして、ホルヘが唐突に言い出したことを言葉の障壁と録音の不備を承知で乱暴に要約すれば、「アマゾンの緑を守れ」とでも俗流化しうるようなエコロジストまがいの言説なのであった。次なる世紀の新しい世代へこのかけがえのない地球を、よりクリーンな姿で引き継いで行くのがわれわれ先行世代の責務ではないのか——とホルヘは言う。四十年近くもアンデス先住民の只中にあって、ラテンアメリカの階級闘争の最前線に居たホルヘは一体どこへ行ったのか？

民政移管下のボリビアでホルヘにいかなる新しい屈折が訪れたのかといぶかりながら、若い世代の代表と指名された平沢剛と共に私もまたホルヘに若干の反論を試みざるをえなかった。ホルヘよ、ウカマウ集団よ、天を仰いで南極上空のオゾン層の穴について心配することなかれ。ウカマウ集団がアンデスの大地へ、ヨリ下方へヨリ深く掘進した時、何よりもダメなこの日本の映画＝運動者は魂の奥底で確かに共鳴しうる音を聴いたのだ、と。

——地球の未来なんざグローバリゼーションとやらを誇号する資本家どもに責任を取らせろ！　と喚き立てるうちに陽は昇り、時は過ぎて翌十日夜の郡民会館での上映が始まった。当然にも以下に掲げる私によるインタビューは前夜の議論をも受け、しかし私自身は自戒をこめてあえて「映画＝内」での対話に禁欲した。ボリビアをめぐる「映画＝外」の事どもについては木曽福島の観客たちが、自ら参加した質疑応答で十分に補えるだろう。

◎「世界意志」としてのカメラワーク　　ホルヘ・サンヒネス　聞き手／松田政男

——昨夜の話を受けて、日本のわれわれは、ウカマウ映画が切り拓いた道——それはラテンアメリカの大地へ、その下方へ向かって進む道だと思うんですが、それがどんなに細くて困難な道であろうとも、その道をこそ通り抜けてこのかけがいのない世界へと到達する方向を探りたいと、いま改めて考えていますとまずは決意表明したところで、先日からの映画美学校と神田パンセホールでの観客との対話では『地下の民』についての話が中心だったので、今夜は最新作の『鳥の歌』に即しながら映画の具体的な内容に踏み込んで幾つかお伺いして行きたいと思います。

まず非常に印象的だったのは、ジェラルディン・チャップリンが最初に登場する時、画面の向こうからこちらへ向かって歩いてきますね。そのシーンを見て思い出したのは、彼女の父親であるチャーリー・チャップリンが、『キッド』（一九二一）で子供の手を引いて画面の彼方に去って行ったラストシーンでした。七十年余の時を隔てて、チャーリーの娘が画面の向こうから一人で帰ってくるように見えたんですね。チャーリーが去り、ジェラルディンが帰ってくるのは、まさに映画史の「記憶の反復」です。

ホルヘ　非常に興味深いのは、チャーリーとジェラルディン——二人のチャップリンとも、貧しいながら誠実に生きる人として画面に現れるということです。

——映画の演出としては映画史における「記憶の反復」というのを意図されたのでしょうか？

ホルヘ　そのように考えたわけではなくて、偶然ですね。

——偶然にしろ、そう見えてしまった私の見方については、どう思われますか？

ホルヘ　映画の様々なシーンというのは、人の心のなかに印象深く、また常に新鮮なかたちで残ることがあるもので、娘ジェラルディンのなかには特に、父親であるチャーリー・チャップリンの精神が非常に強く生きている。そのような理由であなたがそれを結びつけられたであろうということはわかります。チャップリンの映画はコミカルで喜劇的だったりするわけですけれども、しかし何よりも、その背後には人の心を動かすような要素を常に持っていた。それがチャップリンだったと私は思っています。

——彼女は最後のシーンで、再び画面の向こうへ去って行きますね。もちろん一人で去って行くんですが、彼女は見えない子供たちというか、抑圧された先住民たちの手を引いていたようにも思えるんです。

ホルヘ　確かにそのシーンについてはまったくの偶然の一致というよりも、そう考えて演出したということがあります。チャップリンの映画では、画面から歩いて去って行くことが頻繁にあるわけで、多少は考えていたかもしれません。

――なるほど！　ジェラルディンの登場シーンに象徴されるように、あなたの映画には、人間が歩いたり行進したりするシーンがとても多いですね。

ホルヘ　確かに、たとえば『第一の敵』でも長老が話をし終えたあと、袋を担いで未来に向かって歩いて行きます。

――私は『鳥の歌』についての小さな批評のなかで、「ウカマウの映画は行進の映画である」と書きました。

ホルヘ　非常に興味深い意見だと思います。私たちにとって一番重要なことは、もちろん社会が現在抱えている様々な問題・課題を提起することですが、この社会が今後それに対してどのような対応をして行くのか、どのように未来に向けて進んで行くのか、それが私たちが最も心配していることでもある。なので、『鳥の歌』でも他の作品においても、人々が歩く場面、行進する場面があるわけです。

――特に『鳥の歌』では、肯定的な登場人物たちは、縦に道を歩くように見えました。ところが一ヵ所だけ否定的な登場人物たちが、横に並ぶシーンが記憶に残っています。丘の上で十六世紀の征服者たちが横に並んで先住民たちを見下ろすシーンがある。

ホルヘ　それは非常にインテリジェントで興味深く、これまでになかった観察だと思います。他にそのような批評は記憶していません。

――ウカマウの映画、とりわけ『鳥の歌』は縦に歩く人々と、それを横に並んで高い所から見下ろす人々の「闘争の映画」だというふうに見えました。

ホルヘ　この映画の第一の目的は、ボリビアの支配階級を批判することですが、しかし同時に私たち自身も、映画人として、あるいは知識人として、その階級の一部を構成しているわけですから、まったくの完全な人間として社会に対する批判をするという姿勢をとるわけには行かない。ですから自分たちの経験を批判的に表現するという手法を取ったわけです。そのような手法によってのみ、他の人々を批判する資格を得ることができると思うからです。

――ウカマウの映画の複雑な構図をこのように単純化する失礼をお許し頂くとして、縦の長い行進と、それを横に並んで俯瞰する側との闘争する映画という構図のなかには、必然的に「自己言及」という別の問題が出てきますね。征服者と先住民が対峙しているシーンの後ろには、必ずクレーンとカメラがある。映画内映画の監督が「カット」と言うと、クレーンとカメラが画面に写し出されます。さらにその後ろに現実の撮影チームのクレーンとカメラがいるはずですが、それは映画には写りません。フィクションとしての歴史の再現を映像化するという作業がまずあって、それを映画のなかの撮影隊が写している、さらにそれをウカマウ集団が写している――つまり、三つの次元がここにはありますね。しかしこの三層構造をさらに追求すると、ウカマウ集団の撮影隊の後ろにはさらに目に見えないもう一つのクレーンやカメラがあるのではないかとさえ思えてきます。

ホルヘ　それは何故でしょう？

――「世界意志」としてのカメラとクレーンとが、実はさらにその後ろにあるのではないか。
ホルへ　ある意味ではその通りです。あなたは批評家としてそこにいるわけですから。
――さらにその後ろにも、また別の撮影隊がいるかもしれない。私はそれを「世界意志」としてのカメラワークと考えてみたい。自己言及する映画にとっての問題は、一つの箱の中に箱があり、またその箱の中に箱があるという何重もの入れ子になっていることを解決しなければならない。われわれは、見えない手に操られて映画を撮っている――いや実は撮らされているのではないか。
ホルへ　ロシア人形のようにね。
――ただしロシア人形の入れ子構造はどんどん小さくなって行くんだけど、自己言及する映画の場合はステージごとにどんどん大きくなって行く。『鳥の歌』を見た時、われわれは実は世界権力に操作されて映画を撮っているのではないか、あるいはこの世に存在させられているんではないかとさえ考えさせられました。日本の俗謡では「後ろの正面だあれ？」と常に自分の後ろに誰かがいると警告していますが、われわれが戦うべき相手は後ろの正面にいる「鬼」ではないでしょうか？
ホルへ　ひょっとして神かもしれない（笑）。というのも『地下の民』は経済的に非常に厳しい状態のなかで製作していて、途中で製作を断念しなければならないかとも思ったほどだったんですが、自分でもまったく訳のわからないかたちで常に問題が解決されて行ったんです。私とベアトリスは、私たちの背後に神がいるんではないかと話していました。とにかく私たちは悪い意図があって、映画を撮っていたわけではないのですから。

――後ろの正面にいる何者かは鬼かもしれないが神かもしれない、それはベアトリスが言うように、手を組むべき相手かもしれない。ウカマウ映画における「自己言及」の問題が思いがけない結論に達したんで、ここでガラリと質問を変えましょう。というのも『鳥の歌』で先住民たちの祝祭に様々な鳥たちが集まってきますが、そのデフォルメされた形がとても目を引いたからです。再びチャーリー・チャップリンの話になりますが、『黄金狂時代』(一九二五)でチャップリンが留置所のなかで悪夢にうなされる……

ホルヘ　巨大な鳥のシーンだ!

――そう! あれは本物のニワトリの張りぼてでしたが、『鳥の歌』ではまったくナチュラルでないたくさんの鳥たちが出てきました。

ホルヘ　『鳥の歌』に出てくる鳥の姿は、先住民が作る織物のデザインのなかから取り出してそれを形にしたものです。

――もちろんそうでしょうが、私には機械仕掛けの人力飛行機のようにも見えた。私の乏しい知識で言いますと、ナスカの地上絵にある巨大な鳥のようにも思える。

ホルヘ　先住民たちの織物の鳥の絵というのは、当然ナスカの地上絵の鳥と共通する点がありますからそうでしょうね。それはある種のアンデス的な文化であると言えるでしょう。

——先ほど「世界意志」としてのカメラワークという言い方をしましたが、鳥の姿を見ていると、今度は「宇宙意志」の発現としての鳥というように見えました。つまりあのシーンで、インディオたちには聴こえて撮影隊には聴こえなかった「鳥の歌」というのは、宇宙から聴こえてくる声ならぬ声ではないかと感じました。

ホルヘ　『鳥の歌』に託されたメッセージは、一般に野蛮・未開と言われる文化の側は受け取ることができて、逆に一般に文明と言われる文化の側には受け取ることができないものです。

——それは「宇宙の啓示」でしょうか？

ホルヘ　アンデス先住民の文化は、先住民自身が住んでる村、あるいはその地域一帯から発生したにもかかわらず、非常にユニバーサルな普遍的で宇宙的な現れ方をするものでもあり、だからこそ〈母なる大地〉といったコンセプトが出てくるわけです。たとえば〈パチャカマの神〉というのは、宇宙も含めて非常に広い視野を持った神なんです。だからこそ普通の農民でも空や星からメッセージを受け取る能力を持っています。農業のために天候を読むことのできる力さえ持っている。

——先ほど『地下の民』を撮っている時に、困難にぶちあたるとどこからか救いの手がやってくるという話を伺いましたが、それこそ宇宙からの力だったんではないでしょうか。冗談半分に聞きますと、あの『鳥の歌』の祝祭の時に、サンヒネスさんには天空からの「鳥の歌」が聴こえましたか？

ホルヘ　私が少しはそれを聴き取ることができるようなったのは、この映画を作り始めたからだろうと思います。

――ベアトリスさんはどうでしたか?

ホルヘ　彼女にはよく聴こえたようです。彼女の場合は私よりも恵まれた条件を持っていて、彼女は未来に何が起こるかということを知っているんですね。何かの作業をしている時に、彼女は夢を見る。その夢に見たことがまったくの現実になる。恐らく彼女がアイマラ人であるからそういう能力を持っているんでしょうね。

――新しい映画について伺いましょう。

ホルヘ　次に製作するのはベアトリスが監督する映画で、ボリビアの子供たちが置かれた現在の生き方を未来に託した『悪なき大地』です。ストリート・チルドレンの映画なんですが、非常に詩的で美しい物語です。

路上で靴磨きなんかの仕事をしている七~九歳の子供たちのなかに、ボリビアのアマゾン地帯から来た子供がいて、非常に厳しい事態に直面して行く時に、この子供が一つの伝説を物語ります。〈美しい丘〉という名前の場所があり、そこには悪が存在しない。その場所では誰一人として苦しむ人はいない。誰も盗みをしない、嘘をつくこともない、誰かを悪さに利用することもない、殺しに手を貸すこともない……。この伝説を聞いた子供たちは、その場所を探しに、ボリビアの熱帯地域まで大変な旅をします。その場所は汚れなき土地です。私たちはこの物語を通して、ボリビア社会の現状を描こうとしています。極めて悲劇的で悲惨な状況に置かれたなかで、子供たちがより良き世界を求めて旅に出るんですね。

――ここでもまた、長い行進が描かれるわけです。

ホルヘ　まさしくこの映画は五人の子供たちが歩いて行く、一団となって去って行くというシーンで終わるんですが、それは五人だけでなく、十人、二十人、あるいは世界中の子供たちになるでしょう。

――この映画についてベアトリスはすでに夢を見て、夢の中ではもうできあがってるのですか(笑)。

ホルヘ　ええ、彼女の夢によるとこの映画は非常に良い映画になるそうです(笑)。だから非常に満足してます。もう一本は『遥かなる鳥・コンドル』というタイトルです。この映画はパラグアイとボリビアの間で一九三二〜三五年にかけて戦われたチャコ戦争の映画で、同時にボリビア現代史への出発点となる出来事を扱っています。ボリビア社会が関わった様々な問題が、この戦争を通じて非常にはっきりと見えるようになったからです。

――歴史映画なのですか？

ホルヘ　映画のなかに現れるすべてのエピソードは実際に存在したものですが、その組み合わせ方はフィクションです。この映画の最後にも、やはり行進が出てきます。ただこれは非常に特別な行進で、戦争が終わった時、ボリビアとパラグアイ両軍の兵士たちが塹壕のなかから出て、お互いに行進して、出会って、抱き合うでしょう。

――なるほど。現在と一九三〇年代の往復の作業はないのですか？ これまでのウカマウの映画は過去と現在が交錯するように作られてきたと思うんですけど、この新作は歴史という枠組みのなかで展開されるのでしょうか？

ホルヘ もちろん現代との関係はあります。映画自体は現代から始まるのですから。

――最後の質問ですが、きのうからわれわれは木曽福島に来てるわけですけど、日本の農村を見てどのように感じられました？

ホルヘ 日本の農民が非常に裕福であるということに、まず驚かされました。

――われわれも驚いてます（笑）。

ホルヘ 都会よりも裕福に見えます（笑）。

――その通りですね。

ホルヘ 非常に気に入ったのは、日本において人々が自然をとても大切にしているということです。木々の緑に囲まれた形で建っている農村の家が非常に気に入りました。

――「木曽」という地名には「トゥリー」という意味が含まれてるんですよ。先祖代々から木々に包まれてきた。

ホルヘ なるほど。今日訪ねた家は二百年以上前に建てられたものでしたね。

――では、上映会場へ戻りましょう。

◎ティーチイン「ボリビアの大地に生きて」　　ホルヘ・サンヒネス
二〇〇〇年一〇月一〇日　　聞き手／木曽福島の観客たち　　場所／木曽福島町郡民会館
上映作品『ウカマウ』

――映画のタイトルの意味を教えて下さい。

ホルヘ　『ウカマウ』とはアイマラ語の言葉で、〝物事はこういう状況である〟〝真実は、そういったことだ〟という意味です。ですから、この映画の内容も映画を見た人が現在の状況について考えること、また考えるようにと呼びかける映画なのです。

非常に古い作品でして、三十四年前に撮られました。当時ボリビアという国には映画産業が存在していなかったので、ここに出演しているのは素人の俳優です。この映画の公開は、ボリビア社会に非常に大きな影響を与えました。何よりもアイマラ語で作られた初めての映画だったからです。当初は、中産階級や経済的に恵まれた人たちはこの映画を見ることはありませんでした。彼らは初めてのボリビア映画ということで、良くないものとみなしていたからです。しかし、カンヌ映画祭で新人監督賞を受賞したので、多くの人がこの映画を見にくるようになったのです。日本でそのようなことが起きているかどうかわかりませんが、海外で評価されて初めて映画が多くの人に広まると言えます。もちろんボリビアの貧しい人たち、農村の人たちもこの映画を見ました。私たちは小さな映写機をもって小さな村、小さな町でたくさんの上映をしてきました。そこで、人々とボリビアの置かれている状況について、一緒に考えたい、議論したいと思ったからです。彼らはこの映画に現れているように、自分たちの手で正義の実現を起こさなければならなかった、そのような人たちです。ボリビアの支配階級は彼らの問題を解決しようとしないし、非常に不当な行為をしてきたからです。

――先住民の人々は、今も三十五年前と同じように厳しい状況なのでしょうか。

ホルへ　大きくは変わっていないと言えます。ボリビアでは非常に強い人種的、社会的差別が存在しているからです。ボリビア社会の大多数の、六五％の人々が先住民であるわけですが、そのような多くの人々が正当な扱いを受けられず、人種差別の対象となっています。とはいえ活発な社会なので、ここ数週間ですが、農民たちによる非常に大きな行動が起きています。彼らは団結して、国中の道路を封鎖したのです。政府がボリビアの水利権を外国の多国籍企業に売り渡すことに強く反対しているのです。世界銀行やＩＭＦの圧力によって、政府は議会でアメリカの多国籍企業にそれを売り渡す法案を提出してしまいました。農民にとって水というのは空気と同じぐらい重要なものです。そのため彼らは政府の政策に反対し、それを断固阻止しようとしたのです。

ここ三週間ほどの間、首都ラパスは国中から集まった農民によって包囲されました。軍隊と集まった農民との衝突のなかで十人以上の人々が亡くなり、百人以上の負傷者も出ています。しかし、何日か前に政府は敗北を認めました。農民と政府の合意が成立して、法案は撤回されました。このことから言えることは、ボリビアの農民運動というのが非常に大きな力を持っているということです。いつの日か、彼らの置かれている状況を正当なものに変える力を持っていると私は思います。

——感想なのですが、こんなに真剣に映画を見たのは初めてです。特に、部分的に目や口や足のクローズアップが、今までのサンヒネス監督の話を強烈に表していると思いました。地球は一つと安易に口にしますが、海一つ隔てた向こうには、そういう人々が生活し、生きているんだということ、また彼らが泣き寝入りしないで闘っているんだということを知り、本当に感動しました。

ホルヘ　非常に良い意見を頂きましたけど、これまで様々な場所や国でこの映画を上映してきました。そこで私たちは、どんな人々にも通じる、わかる、そのようなメッセージがあることを確信しました。たとえば、今年の四月にフランスのマルセイユで『ウカマウ』を字幕なしで公開しましたが、観客は映画を見るだけで内容を理解することができました。というのもこの映画が言葉ではなくて、映画全体で発するメッセージを持っているからです。

——先住民の割合が、六五％というお話でしたが、彼らは政治にどういう形で関わっているのですか。また、映画が撮られた時代から現在に到るまで、その関わり方にどのような変化があったのでしょうか。

ホルヘ　一九五二年からボリビアでは政治的、社会的に様々な変化が起きています。それ以降、農民層も教育を受ける機会を手にしました。多くの人々が学校に行くことができるようになり、そのなかの一部は大学にまで進学しています。しかし大学においては別の文化、西洋の文化による教育を受けていました。その結果、教育を受けた多くの人々が、自分たちの文化に対するある種の軽蔑の感情を抱くようになりました。わずか二年ほど前になって、ようやく多言語教育が始められました。そこでは彼らの独自の言語の授業が認められたわけです。彼らの政治への参加は非常に重要な力を持っています。五二年以降は、先住民も選挙権を持っています。しかし、政治家たちは農村に出て様々な嘘を言って彼らの票を集め、当選した後はまったく彼らのことを気にかけないという問題があります。そのような結果、現在では先住民の人々は伝統的な政治家のいうことを一切信用しない状況になっています。だが、ここ三週間に起きている出来事はボリビアの政治状況を徹底的に変えるだろうと思います。この間において農民は組織することの力を知ったわけです。

——議会で発言することはできるのでしょうか。

ホルヘ　議会では非常に少数ですが、先住民を代表する先住民の議員がいます。でも政治的意味のある数ではありません。三、四%というところでしょうか。

——義務教育は何年なのですか。

ホルヘ　完全に無償の教育は存在しています。農村部では六年間の教育——日本で言うと小学校があります。都市部では中学も含めた九年間の公教育が行なわれています。しかし問題がありまして、自分たち自身の文化の重要性について一切教えていません。アンデスの人々の社会というのは非常に興味深く、重要で進んだ部分を持った文化です。

先ほどの水利権をめぐる出来事もアンデス社会の持っている様々な進んだ面の現れだと思うのですが、個人ではなくて集団のなかでどのような進路を取るのかを考え、集団を大切にする文化なのです。ボリビア社会のなかでは、農民の人たちが持っている共同行動の力が様々な出来事を可能にしてきました。投票権や土地所有、これまで彼らが獲得してきた事柄は、人々が団結して集団的に行動する力を持ってきたからこそ達成されたのです。

主に白人や、混血（メスティーソ）によって構成されるボリビア社会は、大多数である農民を何も知らない無知な状態に留めておくように努力してきたわけです。これは支配階級が、大多数の人々を恐れている現れなのです。水利権をめぐるこの間の出来事は、その恐れが当然だったことを明らかにしました。少数の支配者にとっては、大多数の農民が意識や知識をもって行動するということが困るのです。大多数の人々が政治的な一体性、独自性を回復することを恐れているのです。たとえば南アフリカで起きたようなことです。ボリビアの現状もある意味ではまったく同じではありませんが、アパルトヘイトのような人種隔離的状況であると思います。先住民の一人の青年が、軍隊とか警察に入ろうとしても、最初に自分の苗字を変えなければならない。そのことを説明するだけで、彼らがどんな状況に置かれているかわかるでしょう。アイマラの人間が社会で生きて行くには、まず自分を否定しなければならないのです。

――監督がこの映画を撮ろうとなさった契機は何ですか。

ホルヘ　私は非常に小さな頃から自分の国の先住民の文化に対して、尊敬の念を抱いてきました。というのも、彼らは様々な分野について深い進んだ知識を持っている人々であったからです。このことを一つ例を挙げて説明しますと、首都ラパスの北にカヤワヤという村があります。そこには三千種類以上もの薬草の使い方を知っている人々がいるのです。現在、世界中で使われている医薬品には、カヤワヤの人々の薬草に関する知識が多く生かされています。彼らの知識なくしては、パナマ運河の建設はなかったでしょう。何故なら、労働者がマラリアでたくさん死んで行くという事態を解決したからです。ボリビアの先住民の持った進んだ知識を、ここですべてお話しすることはできませんが、その偉大さに尊敬の念を抱いているからこそ、彼らの存在について考え、それを人々に呼びかける、そのような映画製作を始めたのです。

（通訳／太田マルク）

『映画芸術』二〇〇一年新春号（第三九四号）掲載

⒄ベアトリス・パラシオスの客死

「9・11」とアフガニスタン

自主上映としては成功例の一つに挙げられながらも、ウカマウ作品を観る機会を得られない人も多い。そういう環境にあるひとからのビデオ化の要望は強かった。ウカマウの承諾を得て、二〇〇一年、『第一の敵』『地下の民』『鳥の歌』の三作品をビデオ化した。手応えのある需要に恵まれた。

ここで、再度、武井みゆきに登場してもらう。二〇〇一年のいつか、いまはなき東京・千石の三百人劇場で再会した。イランのモフセン・マフマルバフ監督の『カンダハール』の試写会が行なわれた。三百人劇場の配給部門「オフィス・サンマルサン」が配給したのだと思う。試写会の月日までは思い出せない。前後の事情からすると、八月頃だったろう。タリバーンによるアフガニスタンはバーミヤンの仏像爆破は、この年の三月頃に行なわれていた。武井はそのとき、『カンダハール』の日本公開に備えて、監督のマフマルバフから、参考になるテクストが届いている、と語った。それは、アフガニスタンは監督にとっての隣国だが、仏像の破壊には関心を寄せる世界が、ふだんはアフガニスタンの「悲劇」には見向きもしない事実を、静かに語りかけるものだった。その場で緊急出版しようということになった。

その直後、あの「9・11」事件は起こった。米国大統領ブッシュの、過てる政策ゆえに、米軍がアフガニスタンへの攻撃に出ることは必至の情勢となった。世界一貧しい国に、パンや書物をではなく、ミサイルを飛ばしたり爆弾の雨を降らせたりすることの愚かしさを訴えたマフマルバフの本は、今こそ出版されなければならなかった。『カンダハール』の公開も、一一月に迫っている。武井と、イラン・イスラーム史を専攻する渡部良子の翻訳のための協働作業が始まった。出版まで二ヵ月間もない。編集者としての私の本づくりには、ふだんは、めっぽう時間がかかる。この時だけは違った。通勤に要する時間を節約するために、近所の韓国YMCAに宿まで取って、編集作業を急いだ。二〇〇一年一一月中旬、本が出来上がった。『アフガニスタンの仏像は破壊されたのではない　恥辱のあまり崩れ落ちたのだ』(現代企画室)と題した。東京フィルメックス映画祭で『カンダハール』の特別上映が行なわれた。その会場に、百冊以上もの、出来立ての本を持ち込んだ。それこそ、飛ぶように売れた。いまは亡き、俳優で詩人の天本英世がロビーにおられて、本を見ながら、米国の戦争政策を心底の怒りをもって語られていた様子をいまも思い出す。

二〇〇二年一二月には、福岡市総合図書館映像ホール・シネラで「アンデス先住民の映画史――ウカマウ集団特集」が企画された。同館はアジア圏との文化交流を積極的に展開してきたことで名高い。アジア圏の映画のフイルム・ライブラリーも充実している。図書館に併設されていることから、どなたか作家との対談も企画したいという。旧知の津島佑子にお願いし、私と対談していただいた。題して「国家の中のもうひとつの『くに』―先住民の世界観に触れて」について語り合った。時は、ちょうど、当時の小泉首相が朝鮮を訪問し日朝首脳会談が実現してから二ヵ月半後だった。拉致問題をめぐって朝鮮民主主義人民共和国に対する反感と憎悪で国中が沸騰しているさなかだった。この風潮に危機感を覚えていた私は、博多行きを機にどうしても行きたい場所があった。一六世紀末、秀吉が朝鮮出兵を二度にわたって行なった時の出兵根拠地、唐津市の名護屋城跡と、飯塚市にある強制連行され無縁仏となった朝鮮人の遺骨を収める「無窮花堂」である。名護屋城跡の小高い丘から、玄界灘を目にし、さらにその先には対馬、釜山を幻視しながら、朝鮮半島に出兵するによくも恰好な場所を見つけたものだと思った。城跡そばの県立名護屋城博物館は、韓国の歴史研究者の参画も得て、出兵・侵略・虐殺という不幸な歴史を批判的に振り返る視点を明確に示していて、感銘を受けた。この小旅行は、翌年二〇〇三年七月、私が『「拉致」異論』（太田出版）を刊行する際にも大いに役立った。

翌二〇〇三年も慌ただしかった。一九八〇年の『第一の敵』上映以来、何かと縁が深い東京・御茶ノ水のアテネ・フランセ文化センターが主催し、一二月に「特集　ホルヘ・サンヒネスとウカマウ集団」と題する九日間のプログラムが組まれた。これは後続して三月に開催された「ネルソン・ペレイラ・ドス・サントス監督特集２００３」とのセット企画であった。ラテンアメリカに生まれた映画を、長い射程をとって鑑賞できる時代が来ていた。

ベアトリス、機中で急逝

他方、ウカマウは二〇〇〇年にラパスに「アンデス映画学院」を設立していた。映画の上映をするのはもちろん（子どもたちには、無料で自作の映画を上映した）、講師による映画講座の開催、関連資料の整備など、いくつもの課題を担おうとしていた。上映機材の整備も大事な課題だった。彼らは、日本の機材メーカー「エイキ」の映写機が気に入っていた。打ち合わせを重ねると、価格が八〇万円程度の機材が最適ということになった。私たちには、これを贈呈する気持ちも条件もあったが、これほどの価格のものを「贈与」で輸入するのはボリビアの国内法規の規制に抵触して、不可能だった。だから、ウカマウから八〇万円相当の送金を受けた。そんなやり取りをしているさなか、驚くべき、そして哀しい知らせが届いた。二〇〇三年七月二〇日、ベアトリス・パラシオスが急逝したのだ。ホルヘへのメールによれば、病気治療のために、長年診てもらってきたキューバ人医師の治療を受けるために、彼女はホルヘと一緒にボリビアからキューバへ向かっていた。機中のひとである。その機中で亡くなったというのだ。そばにはホルヘが座っており、ホルヘはベアトリスの遺体とともにハバナに降り立ったことになる。想像するだに、あまりに痛ましい話だ。

ベアトリスの思い出は尽きない。私たちは翌年二〇〇四年二月に、ベアトリス・パラシオス追悼の意味を込めて、冊子『ウカマウ映画の現在／グローバリゼーションに抵抗するボリビア』を刊行した。そこに収めた二つの文章を以下に紹介しておきたい。

まずは、ベアトリス・パラシオスが私たちに宛てた手紙である。

■「初監督作品『悪なき大地』の準備は順調です」

ベアトリス・パラシオス

ベアトリス・パラシオスが日本に宛てた最後の手紙から
ラパス　二〇〇二年九月一〇日

親愛なる唐澤秀子

Eメールをもらって、感動と喜びでいっぱいです。心の底から、ありがとう！　こんなに胸にグッーとくると、ますます元気に仕事に精を出さなければ、と思っています。この国はいま、歴史的に重大な時期なので、なすべき仕事がたくさんあります。

ホルへは、いまの民衆のたたかいを映像化するという考えをもっていて、それに集中しています。これを緊急の仕事としてやり遂げる一方【これが、二〇〇三年製作「最後の庭の息子たち」として実現することになる】、子どもたちを描く私の映画【『悪なき大地』】も、順調に準備が進んでいます。

「演じる」とはどういうことかなどを試行錯誤している子どもたちの、テスト撮影の様子を写した写真を同封しますね。現実の生活では街頭で靴磨きをして働いている子どもたちですが、この子たちの訓練の結果と応え方には、私はとても満足しています。とっても熱心で、レッスンの時間は守るし、クラスに出るのも楽しみらしく、何よりも創造的です。

来月には、キャストも決まっているので、大人の役づくりに入ります。ロードムービーなので、今月の撮影は無理なの。政府の政策に反対して、人びとが絶え間なく道路封鎖をしてたたかっているから。技術スタッフは外国から5人来てもらうのですが、撮影のメドもつかないままにホテルに泊めることは経済的にきついし、とにかくいまは、撮影が可能になる程度の情勢になる時期を待つしかありません。ということで、仕事上の大きな問題を抱えているわけではなく、製作計画を完遂するまで着々と続けるだけです。

当地で知り合った日本の映画人が、あなたたちの託してくれた薬【木曽で生産されている「檜油」。リウマチで痛むところに塗りこむと、痛みが消えるといってベアトリスは喜んでいたので、送ったり、ボリビアへ行く人に託したりしていた】を持ってきてくれました。とても効きます。ありがとう。とても痛みが強い病気で、いまのところ、これを止める術はありません。来年の七月には、イギリスでとてもよい薬が出ると聞いています。効き目があるといいなあ、と思っています。この苦しみを止めてくれるものであれば、言うことはありません。

それじゃ、親愛なる同志たち、きょうはこれまでね。子どもたちの写真を送ります。

強い、心からの抱擁を。

(唐澤秀子訳)

『悪なき大地』出演予定の子どもたちへ演技指導する。

映画『ウカマウ』をテーマに開かれた子どもたちの絵画展コンクールの参加者たちと共に。左端がベアトリス。

ベアトリスがここで書いている「当地で知り合った日本の映画人」とは、当時ニューヨークに在住していた映像作家、松下俊文のことである。彼は二〇〇一年九月一一日、米国で起きた同時多発攻撃に衝撃を受け、何か新たな課題に取り組まなければならないと思い詰めていたようだ。日本に一時帰国し、仕事に関連する映像関連書を手当たり次第に買い求めていたところ、二年前のホルヘの来日に合わせて私たちが出版した『アンデスで先住民の映画を撮る』に出会った。こんなふうに映画づくりをしているひとがいるのか。驚いた松下は、米国へ戻る前に私たちに会いに来た。ボリビアへ行きたい。すでにして彼のこころは疾っていた。こういうひとは必ず行くに違いない。そう考えた唐澤は、ベアトリスがリウマチの痛みを軽くすると頼りにしていた檜油を松下に託したのである。松下には、後で再び登場してもらおう。

続けて、唐澤秀子が書いたベアトリス追悼の文章をここに挿入しておきたい。

■『鳥の歌』のなかのベアトリス

唐澤秀子

映画『鳥の歌』の最初に献辞が出てくる。「我が人生の優しい同志、ベアトリスへ」と。私たちがラテンアメリカの旅の途中で出会い、親しくなっていったころ、ベアトリスとホルヘから、彼らの映画製作時のエピソードをいくつも聞いた。とりわけ、『コンドルの血』を撮った時の体験は、彼らには忘れがたいまでに重く深いものだったらしい。繰り返し聞いたおぼえがあるのだが、そのときに彼らが語ってくれた体験は、ほとんどその後『鳥の歌』となって完成する作品のストーリーそのものだった。自分たちの「善意」を確信した映画スタッフがロケ地の住民(都市出身で西欧的価値観の中で育つスタッフと違って、先住民族社会の価値観をもつ人びと)との間に、果てしのない軋轢を生み出してしまうと点において。

どちらかというと口の重いホルヘに対し、気軽にエピソードを語るのはベアトリスだった。ちょっと笑いながら、重い、重い何巻もある映画のフィルムをいかにも軽い荷物のように見せかけて、飛行機に乗る際の重量検査を免れた話だの、先住民の村のお祭りでホルヘが村人にきついアルコール度の高いお酒をがんがん飲まされて、翌日死んだようになっていただのというエピソードを次から次へと語る彼女を、ホルヘは、先住民の村では人びとは自分にはなかなか心を開いてくれないけれど、ベアトリスには話をするのだ、彼女はメスティーサ(白人と先住民の混血)ということがあるのだろうけれどね、と、すこし羨ましげに言うのだった。

日本へ帰って、自主上映が始まり、ウカマウとのやりとりはほとんど、ベアトリスが受け持っていた。ただでさえ費用がかかる映画製作にくわえ、亡命していたり、ボリビアへ戻っても国内に現像所がなかったり、機材が手に入りにくいなど、困難な問題は次から次へと起きてきた。ベアトリスは、もし可能だったら、と付け加えながら解決方法を探ってくるのが常だった。どんなに大変な状況だろうかと察するに余りあることがしばしばだった。そんなとき彼女はその折々のボリビアの状況と、自分たちのいま作ろうとしている映画の意味をあっさりと明快に述べて、軽やかだった。上映の収入を送ることができたときには、これでようやく息がつけると、そんなことを書いてきても、どこか明るく、楽天的でさえあった。

いま、あらためて思う。『鳥の歌』はウカマウの活動を可能にしてきたベアトリスに捧げられたものであることを。外に向かって心を開いているプロデューサー役のヒメナはベアトリスそのものだ。困難な状況に陥った時、客観的に自分たちのしていることを省みて、他者への共感を持って事態を切り開いていくひと。こうした彼女の存在はホルヘに先住民の世界を生き生きとした矛盾をはらんだ人間の社会として捉えさせ、また女性にたいしても生きた個性を持った人間として捉えさせる大きなきっかけとなったのではないだろうか。

プロジェクターをボリビアへ届ける

二〇〇三年末には、先に触れた映画学院のために購入したプロジェクター機材を坂口一直がラパスまで運んだ。ボリビア税関で問題が起こらぬように、ウカマウからはあらかじめ、その購入資金の出どころや携行者の身分を保証する証明書を送ってもらい、坂口はそれを携えていった。ホルヘたちは、二〇〇四年一月一日、そのプロジェクターを使って、完成したばかりの新作『最後の庭の息子たち』をラパスの劇場で初上映した。二〇〇三年に住まいのある静岡でウカマウ映画の上映を実現したばかりの佐藤友紀は、仕事の関係でその直後にボリビアへ転居していた。彼女は元日に、その新作映画をラパスの劇場を鑑賞した時の気持ちの高揚感や、劇場が満席であったこと、現職大統領が護衛も付けずに私服で来場していた様子などを生き生きと描いて書き送ってくれた。

坂口は、亡くなったベアトリスが九〇パーセントまで制作に関わることができたという『最後の庭の息子たち』の出演者の若者たちにインタビューした映像記録を撮るなどして帰国した。

初めて演技をすることとなった若者たちは、ベアトリスがいかに懇切丁寧に、かつ積極的に、若者たちを導いてくれたかを異口同音に語っていた。その映像は、二〇〇四年二月一四日に開いた「ベアトリス・パラシオス追悼上映　新たなウカマウ集団の創造に向けて」（アテネ・フランセ文化センター）で来場した皆さんに観てもらえた。このときは、ボリビアに縁の深いフォルクローレ音楽家で、旧知の木下尊惇と菱本幸二にライブ演奏をお願いした。彼らは「ボリビアに捧ぐ」というコンサート名を考えてくれたが、私はそれを「ベアトリスに捧ぐ」と読み替えて、木下のギター、チャランゴ、ボーカル、菱本のケーナとシークに耳を傾けていた。ホルヘ・サンヒネスから半年前に受け取ったメールの文面も思い出しながら——「私は、ベアトリスがいなくなったことの哀しみや恐るべき空白感とたたかっている。以前は光に満ちていた家が、今はすっぽりと暗く感じられる。あなたたちが知っているように、われわれは三〇年間、同じ夢を夢見てきた。日々同じ目的のために働いてきた。しっかりと人生を送っていくためには、ベアトリスが持っていたあの信じがたい、屈することのないエネルギーを持たなければ！　彼女を思い出しながら、自らを奮い立たせ、生きようとしている」(二〇〇三年一〇月三一日付メール)。

二〇〇五年六月〜七月の四日間を使って、旧作とともに『最後の庭の息子たち』を公開した(アテネ・フランセ文化センター)。続けて七月〜八月の一週間、『最後の庭の息子たち』の期間限定モーニングショーを行なった(渋谷、ユーロスペース)。このあたりから、駐日ボリビア大使館からの接触が始まった。上映運動を始めた頃は、ウカマウの映画は歴代政権および背後にいる北アメリカ帝国主義に対する批判が厳しいので、そんな政府の出先機関である大使館にこちらから連絡を取るという発想はあり得なかった。一九八〇年代初頭の民政化以降二〇年以上も経ち、いくらかでも政治的・社会的に落ち着きを得たのか、大使館から連絡があった。もとより新自由主義が世界を制覇している状況下にあっては、ボリビアでは例えば二〇〇〇年には、木曽福島でのホルヘの話に出てきたように、水道事業の民営化や天然ガスの外国資本への売り渡しに反対する大規模なデモや集会が組織されている。その闘いは、弾圧による犠牲者を出しながらも、政府・地方自治体の目論見を阻止するだけの結果を生み出してもいる。基本的にはそのような政策を遂行している政府のもとでの大使館であると弁えつつも、折角の申し出ではあるから、大使とも会い、二〇数年間に制作したチラシ、ポスター、パンフレット、単行本などを持参し、活動の内容を説明した。後日、ホルヘから聞いたところによると、当時の駐日日本大使の姓は、ボリビアの或る地域の「名家」の家系のもので、有力な民族ブルジョアジーを形成している一族という。大使自身は威張ることもない、よき人物ではあった。だが、話していても、ウカマウやホルヘ・サンヒネスの名を知るどころか、映画を一本も観ていないことは、歴然としていた。あの差別社会の中で、生きる場所が決定的に違っていたのだろう。出会うはずもなかったのだ。

勲章と国章

しばらく経って、大使館から再び連絡があった。大使に会いに行った。貴方たちの活動を知って、ボリビアのためにこれほどまでに献身的にやってきてくださったことに心から感謝している。ついては、ボリビアには、外国人で、ボリビアのために貢献してくれたひとに重要な勲章を授ける制度がある。本国の担当官庁に対して、貴方に叙勲するよう申請したいのだが、受けてもらえるか。私は答えた。お気持ちはありがとうございます。でも、私は、それがどこの国であれ国家が授けるどんな勲章も決してもらわないという考え方をもって生きている。申し訳ないが、それは困る。絶対にしないでほしい。

大使は、それで諦めたようだった。それから数ヵ月も経ったか。再度大使館から連絡があった。大使がお渡ししたいものがあると言っています、申し訳ありませんが、いらしていただけませんか。まさか、勲章を否応なく押しつけてくる?……。大きな箱が用意されていた。大使が中から取り出したのは、ボリビア国章だった。一辺九〇センチ四方、真ん中の国章の部分を飾り立てる盾(シールド)、マスケット銃、カノン砲、月桂樹の枝、アンデスの頂上、コンドル、アルパカ、ポトシ銀山などは、盛り上がったタペストリーとなっている。おそらく国章としては最高級品なのだろう。国旗にも国章にも、本当は、関心はないのだが、これまで受け取りを拒んでは大使の顔を潰すだろう。ここまで関係を持ってしまった国の歴史資料として預かろう。かくして、日の丸旗も持たない我が家の部屋の壁には、ボリビア国章が壁に掛けられている。

他ならぬそのボリビア国はラパス市でも、同じ年二〇〇五年一一月の或る日、有意義な催し物が開かれた。「ウカマウ映画上映会」である。当時、仕事の関係でボリビアにいた佐藤真司、佐藤友紀、藤田護、落合裕梨の四人の日本人が開いた。いずれも日本にいた時にウカマウの映画を観たり、字幕制作に協力してくれたひとたちだった。ボリビアに住む日本人・日系人を対象としつつも、それに限定したわけではない。『鳥の歌』と『地下の民』を上映し、ホルヘ・サンヒネスとの対話の時間も設定した。会場は、ホルヘたちのアンデス映画学院だった。二五年前、『第一の敵』自主上映を始めた時には想像もしなかった事態の展開ぶりには、深い感慨をもった。

四半世紀が経って、ウカマウと日本の私たちの関係を振り返るには、ちょうどよい時期だったのかもしれない。私たちの活動をさりげない距離を保ちつつ支援し見守ってくれてきた太田出版の高瀬幸途(彼は、二〇〇三年に私が太田出版から『「拉致」異論』を出版する企画の立案者でもあった)が、当時関わっていた季刊雑誌『ａｔ』(編集＝パラグラフ＋オルター・トレード・ジャパン、発行＝太田出版)で「オルタナティブをはじめよう!」という特集を組むに当たって、ウカマウとの関わりを書くよう依頼してきた。以下の文章を寄稿した。

■ウカマウ映画自主上映の台所事情

　ボリビア映画集団ウカマウとの出会いから自主上映・共同製作へ至る二五年間の過程については、いままで何回も述べる機会はあった。関心のある方は、『アンデスで先住民の映画を撮る――ウカマウの実践四〇年と日本からの協働二〇年』（太田昌国編、現代企画室、二〇〇〇年）を読んでいただければ、二〇年目段階での全体像をほぼ掴むことができる。ところで、その経済的な側面については、詳しくは語ってこなかった。ここでは、それが主要なテーマとなる。

　前提的なことに、ごく簡潔に触れておこう。私と唐澤秀子がエクアドルに滞在していた一九七五年、そこで偶然に観たウカマウ映画『コンドルの血』との出会いがすべての始まりであった。軍事政権下のボリビアから政治亡命し、ラテンアメリカ各国で映画を製作・上映していた監督のホルヘ・サンヒネス、プロデューサーのベアトリス・パラシオスともそこで出会い、話し合い、かつ旧作をすべて観せてもらった後に、私たちが日本に帰国後、彼らの作品を日本で公開する可能性を探る約束をした。私たちは映画好きではあっても映画人ではなかった。しかし、作品がもつ世界観・歴史像に深い衝撃を受け、日本公開の意味が十分にあると考えたのだ。ちょうど彼らの手元にあった『第一の敵』の一六ミリ・フィルムを持ち帰った。アンデス農村部における貧農と、都市からやってきた反帝国主義ゲリラとの出会いから共同闘争の過程を描いた、一九七四年製作の作品である。ボリビアのゲリラ戦で亡くなったチェ・ゲバラのたたかいを彷彿させる印象的な作品である。

数年ぶりに帰国したのは一九七六年末であった。伝手をたどって映画配給会社の人と相談したが、ボリビア映画の無名性・タイトルの厳しさ・内容の激しさ――否定的な三拍子がそろい、商業公開の可能性はまったくないとのことであった。やむを得ず、すぐに自主上映の準備を始めた。ウカマウと私たち相互の信頼感からすれば、それ以外の選択肢はなかった。

さて、自主上映に取り組むことになって、早速、ウカマウとの協定、とくに費用処理の問題が生じた。ウカマウは次のような条件を提示してきた。
一、非商業的な公開とする。別途商業的な公開を行なうものが現れることを妨げるものではない。
二、フィルム購入のための現像所への支払いおよび日本語字幕入れの費用は、日本側で工面して、即支払う。これらの費用は、上映収入によって優先的に補填する。
三、第二項目にいう支払い終了後の上映収入残金は、日本側六〇パーセント、ウカマウ四〇パーセントで分ける。
四、労働者・農民の入場料は無料とする。
第四項目など、日本の実情に合わないものは採用しないことにした。

ところで、総支出額は見積もりを取ったので、大体の見当はついた。だが、収入は観客数次第だから、皆目予測もつかない。しかし、観客数をどんなに控えめに見積もったとしても、赤字は一〇〇万円以下に抑えられるだろうと踏んだ。月々一〇万円返却するとして、一年以内に全額を返すことができよう。不可能な話ではない。また、私たちの生業は別なところにある。それで暮らしていける展望があるからには、ウカマウ映画の配給でメシを食うことはしまいと決めた。少し大仰な言い方を許してほしいが、きついことばで言えば、帝国主義本国が近現代の歴史過程の中で第三世界地域と交わしてきた不平等な経済的関係を配慮して、ささやかなりともその「負債」を返還するための、私たちにとっての「意識化」作業と捉えればよい、と考えたのだ。それは、「映像による帝国主義論」を作品ごとに積み上げてきているウカマウとの関係のあり方として、ごく自然で、ふさわしいもののように思えた。

経済的な採算を度外視した活動は、主体に無理がかかって、永続きしないものであるという一般論は理解できる。私たちが、上に述べたような「意識化作業」だと論理的に考えたところで、上映回数・観客数・上映収入などの諸点から見て、活動の成果がしかるべき水準で得られなかったならば、それはもちろん、最良でも数年間の試行錯誤で終わっただろう。結論から言えば、上の原則に基づいた活動をしながら二五年間持続できたことは、共に活動してきた歴代スタッフの気持ちのありようがその中心をなすのだが、きわめて幸運に恵まれていたと言える。

さて、出発点に戻る。自主上映開始は一九八〇年のことである。皮切りは東京だった。数年間に及ぶラテンアメリカ放浪で蓄えもなかった私たちは、友人から二〇〇万円を借りた。かかった経費は次表のとおりである(資料は押し入れの奥深くにあって、取り出すことができない。記憶に頼って、近似値で示してある)。

日本語字幕入れ	三〇〇、〇〇〇(単位:円)
会場費(四日間)	四五〇、〇〇〇
宣伝費(チラシ・ポスター)	五〇〇、〇〇〇
試写会会場費	五〇、〇〇〇
事務通信費	一〇〇、〇〇〇
合計	一、四〇〇、〇〇〇

宣伝・受付・会場整理などのスタッフはすべて、友人にボランティアで頼んだ。お金を貸してくれた上に、受付で働いてくれた友人が数人いた。映写技師への謝礼は会場費に含まれている。

結果的に上映収入は二五〇万円ちかくまで達した。前売り一〇〇〇円、当日一二〇〇円の入場料だったが、観客数は四日間で二〇〇〇人だったからである。自主上映の何たるかにまったく無知であった私は、根拠もなく、もう少し入るものかと「予想」していた。だが、その道の人に聞けば、当時四日間の自主上映で二〇〇〇人もの観客を集めるというのは、途方もない「事件」だったのである。当時の自主上映運動の多くは、赤字にならないことのほうが不思議だったらしい。

私たちは一九八〇年当時はまだ現代企画室には関わっておらず、自前の出版物は少なかった。そこで、ラテンアメリカ関係の本を出している出版社に声をかけ、関連書籍をロビーで販売した。けっこう売れた。二割の販売手数料は、予算規模の小さな自主的活動の中では、無視できないものとなる。さて、第一回上映の収支決算では、一一〇万円の黒字である。一九八〇年八月、この結果を伝えるべき相手のウカマウ・スタッフは、軍政下のボリビア現地における民主化運動の高揚と軍部クーデタの応酬の中で連絡がとれなくなった。亡命地から戻り、民主化運動の様子をドキュメンタリーで撮っていた時に、再びクーデタが起こった。逮捕令が出て、地下に潜行せざるを得なくなり、その後再度外国へ亡命するまでの期間、音信不通になったのである。八〇年末、連絡が再開されてはじめて、私たちは半年間の上映運動の結果を、上映地域を示す地図、観客数、収入、各地のチラシ・写真、アンケートに寄せられた観客の声などの資料を添えて、知らせることができた。

送金も開始した。ウカマウとの通信資料は、積み重ねの上で常時使うので、初回のものから机上ファイルにある。当時は米一ドルが二〇四円のころであるが、八一年一月四一万円、同二月五〇万円、同四月二六万円などの送金告知表が残っている。それにしても、二五年の歳月の間に、通信手段は激変した。手紙、テレックス、電報、電話、ファクス……と変遷して、この六年間は電子メールである。すべての交信記録はパソコンのフォルダーにあり、最近机上にはプリントして熟読しなければ処理できない案件のメールと銀行送金表のみがファイルされていくだけである。為替相場も大きく変動した。円高の最高時には、対米一ドル・レートが八〇円台前半にまで至った時期もあった。ドル建て送金なので、以前と同じ額の円が二倍以上の価値となって送金できるのだから、為替差益に一喜一憂する投資家の心境(?)を、ささやかなりとも味わっていたのであろうか。

さて、以後一作品輸入ごとに、上に記したと同程度の費用がかかることになる。もっとも、初回上映作品『第一の敵』はフイルムを持って帰ってきたので、現像所への支払いは発生しなかったが、以後は現像所および送料・通関手数料費用として平均四〇万円程度が加算されることになる。字幕費用は、台詞数によって可変的だが、ウカマウの映画はいずれも集団劇で、群集がいっせいに喋り出したり、論争し合ったりしていて、平均台詞数が一二〇〇回くらいだ。多いほうだと言えよう。翻訳代は、自分たちで翻訳しているから、一貫して経費に入れていない。

当時わたしは、国際映画祭上映作品の字幕翻訳をアルバイト仕事で何本かしたことがあるが、謝礼は一本平均一五万円から二〇万円だった。数日間で仕上げる仕事だから、割は悪くない。いずれにせよ、この分の費用が浮く。会場費と試写会会場費は、当然にも、上映日数によって大きく可変的である。上映期間を長くするようにとの要望は、その後も途絶えることはないが、所詮は短期日に集中してお客が押し寄せる自主上映の場合には、無理な話だ。東京では会場費が異常に高いことが、どんな時にもつきまとう悩みの種だ。だが、試写会はできる限り丁寧に開くことが必要だ。映画記者・評論家・映画関係者を待ち受ける試写会は、日にいくつもある。行きやすい、場所の知られた会場を使うことが鉄則だ。『第一の敵』の成功は、試写会に来てくれた記者や評論家が、日本で初のボリビア映画公開のニュースをこぞって書いてくれたことにある。宣伝力の小さな自主上映にとっての、大きな力だ。したがって、試写会場経費は、第二回目以降上昇する。また、一九九〇年上映の『地下の民』以降は、パンフレットも作成しているから、その経費二〇～三〇万円が加算されている。

以上を総合すると、二回目以降の費用は一作品につき二〇〇万円前後ということになる。複数の作品を同時上映したこともあったし、一九八〇年代初頭にはエルサルバドル解放区のドキュメンタリー作品も二本輸入して、ウカマウ集団の作品と同じ条件で自主上映に取り組み併映も行なったから、その場合の経費規模は、厳密に言えば、少しちがってくる。ここでは、大まかなことがわかればよいだろう。

さて、東京初回上映の反響が大きかったので、各地の上映グループが次々と声をかけてくれた。現在は「名古屋シネマテーク」という常設館をもつに至っている名古屋の自主上映グループの人びとが東京上映の直後に取り組み、よい結果を残した。その後も関西（京都・大阪・神戸）・沖縄・九州各地・広島と上映は続き、私は一本の一六ミリ・フィルムを背負って一ヵ月間をかけて各地に足を運んだ。同年末には札幌へも行った。当時はまだ、学生の自主的な活動が行なわれていた時代で、半分近くは、学生からの自主上映の申し込みだった。一回上映につき二万円を最低保証金とする条件だったが、各地の人びとはほぼ例外なく、この自主上映活動の趣旨を理解したうえで、十分な協働体制をつくってくれた。ボリビアに送金できる金額は徐々に蓄積されていった。

こうして、自主上映開始後三年を経た一九八三年中ごろまでに、ウカマウの既成の作品(短篇二本、長篇六本)はすべて輸入して、公開できた。その段階で、総額二五〇万円を送ることができた。日本とボリビアの貨幣価値の違いを考慮に入れると、ボリビアでは日本円のほぼ一〇倍の価値になるのではないかと言われていた時代だった。ウカマウの創造活動にいくばくかの寄与はできているかという思いと、新たな作品に接するごとに私たち自身の世界認識に広がりと深さが獲得されていく満足感とが、この活動を支えている根拠だと思えてくるのだった。

転機は五年目にしてやって来た。一九八五年になって、一九八三年製作の新作『ただひとつの拳のごとく』の上映準備にかかっているときに、私たちが次回作『地下の民』の共同製作者として加わらないかという誘いがウカマウ側からなされたのだ。条件は、シナリオを共同検討すること、日本側スタッフもロケに参加すること、資金を作ること——だった。ウカマウ側もこの五年間に実現されてきた協働性を大事に思っている証拠だと思い、受け入れることにした。まず資金の準備に取り掛かった。全国的な巡回上映も一段落したいま、上映収入を飛躍的に上げることは不可能にちかい。新しい資金の作り方を考えたい。そこで、「製作資金カンパ」を募ることにした。常時の活動があるわけではない東京でのスタッフは、その時々の必要性に基づいてアメーバー状に形成されるが、開始から五年も経てば、当初は学生だった若者も卒業し、なかには映画関係の仕事（輸入・配給・上映技師・字幕入れなど）に関わる会社を自力で立ち上げる人も出てくる。学生も、当時はまだ、この種の自主的な活動を支える基盤をなしていた。当初は貸しスペースを借りて自主上映していた各地のグループがこのころから常設館をもって、恒常的な上映活動に取り組むという実例も現れ始めた。これらの人びとが、カンパ運動を展開するときにも、主軸となった。

一口二〇〇〇円で、新作完成上映時の入場券を送る。それだけを条件とした、きわめて簡潔明瞭なカンパである。大口カンパもあったが、一五〇人ほどの人びとから五〇〇万円以上のカンパが集まった。カラーで撮る今回の撮影には、コダックよりもアンデスの色合いがよく出る富士フイルムを使いたいという希望がウカマウから寄せられ、この五〇〇万円を元手に安く入手する方法も模索した。使わず仕舞いに終わっているフイルムの提供者も現われたが、フイルムの劣化状態がわかって、諦めた。結局五〇〇万円は、何回かに分けて現金で送った。ボリビアの社会情勢が不安定で、継続的なロケができず、日本側スタッフの参加は諦めた。最初のことゆえ、シナリオの検討という点についても、十分なことはできなかった。したがって、私たちから見て「共同製作」という表現は、いささか面映い。やがて完成して送られてきた『地下の民』の冒頭には、「製作協力」のクレジット場面に、イギリス、西ドイツ、スペインの有名テレビ局の名と共に日本から私の個人名があり、驚きとともに気恥ずかしさを覚えた。五年間に上映収入として送ってきた金額も含めて、ある程度の「製作資金」の体をなすものになっていたのであろう。

『地下の民』は一九八九年サンセバスティアン映画祭でグランプリを受賞した。カンパを募ってから四年後の一九九〇年に『地下の民』東京上映は実現した。渋谷で、ある監督の新作を上映するために作られた特設劇場を一〇日間だけ借りた。二〇〇〇人の入場者があった。あるカンパ者が言ったことばが、いまも鮮明である。「カンパは出したけれど、まさか実現するとは思っていなかった」。私もこんなことに手をつけ始めてから分かってきたが、映画制作企画というものは、途中で挫折するケースがあまりにも多い。資金に乏しい映画企画は、そう簡単に実現するものではないという「断念」が、あれだけのカンパ額を支えていたのだとすれば——という思いが生まれ、今までとも違う感慨をもった。

この二五年間を振り返ると、いくつかの思いが浮かぶ。

映画製作の仕事が産業として成立していないボリビアには、現像所はない。欧米諸国やブラジルの現像所にオリジナルのネガ・フィルムは保管されている。私たちが注文を出すと、当該作品をもつ現像所からフィルムが送られてくる。しかも、亡命時代も一〇年間続いた。ウカマウの活動条件は厳しいものだなという思いが募り、何とかしなければ、とその度に考える。送金場所もずいぶんと多様だった。ウカマウが借金を背負っている現像所をはじめ、いろいろなところに送金した。この二五年間での送金総額は二七〇〇万円くらいになっていると思う。これには、一九九九年にラパスに開校した「アンデス映画学院」に設置するための日本製プロジェクターなども含まれている。前述した富士フイルムに限らず、プロジェクター機材を中心に彼らには日本製品が魅力的らしく、日本で現物を購入して送った例もけっこうある。送金額は、もちろん、上映収入によって八割強がまかなわれている。だが、私たちが管理している「ウカマウ基金」がまったく底をついているときに緊急の送金要請が届くときもある。そのようなときにも例外なく、何とか工面して送金した。それは個人的に処理しなければならないことであった。私は、この上映運動を開始する以前は、人前で話したり文章を書いて公にしたりすることはほとんどなかった。必要に迫られてそれを始め、気がついた時にはさまざまなテーマについて講演したり文章を書いたりしていた。この二五年間の講演謝礼や稀に支払われる原稿料はほとんど、ウカマウのための不意の出費に使ってきていると思う。それ以外の持ち出しは、以下に触れる上映時のスタッフの食費以外は、あまりない。

上映経費削減の道はいろいろある。若いころは、スタッフ用の昼夜の弁当一〇人分以上を唐澤が自宅で作り、ふたりで手分けして運んだ。近所の親しい友人が、重箱に詰めた食べ物を差し入れてくれたこともあった。いまは重いものの持ち運びに耐えられなくなったが、それでもフランスパンと中身を幾種類か用意すれば、現場でサンドイッチをつくることはできる。つい先日の二〇〇五年六〜七月上映の際のスタッフ一〇人分の食糧は、こうして用意した。誰もがやっていることだが、このような工夫を試みることは、小規模の自主的活動を可能にする、大事な基盤のひとつだ。

もちろん、もっとも大事な要素は「ひと」だろう。二五年の間に上映会場に足を運んでくれた七万人の人びと、各時期・各地での無数の上映スタッフ、記事を書いてくれた記者と評論家、その他ありとあらゆる形での協働を惜しまなかった人びと――これらの人びとなくしては、精神的な刺激の意味でも、経済的な意味でも、二五年間の持続は不可能であった。

公的な資金は二回使った。自主上映開始直後の一九八一年秋、川崎市で開かれた「アジア・アフリカ・ラテンアメリカ文化会議」でウカマウの四作品を上映した。監督のホルヘ・サンヒネスもシンポジウムに出席する予定だったが、亡命中の難儀があって来日できず、作品上映のみ行なった。「会議」費用枠から、字幕費用の一部が出たので、四作品を同時輸入した当時の事情からすれば、大きな助けとなった。

二度目は、二〇〇〇年にホルヘ・サンヒネスを招請したときのことである。国際交流基金の映画監督招請費用枠を申請し、それが認められたのである。一〇〇万円であった。二五年の間には時代も変わり、郵便貯金のボランティア貯金がNGO活動を助成する制度も始まったが、それとは関わり合いをもたないできた。例外的な事情でもない限りは、自分たちの活動力に見合ったことを、自分たちが用意できる資金内で、あるいは上映収入の枠内で処理するという原則を貫きたかったからだ。

さて、二〇〇五年八月の現在、ボリビアのホルヘ・サンヒネスは次回作のシナリオ執筆に余念がない。ウカマウからの呼びかけで、私たちはこの作品についても共同製作者として関わることにした。さて、今度はどんな方法で？　思案中である。

『ａｔ』第一号（二〇〇五年九月発行）掲載

（18）ボリビアに先住民大統領が誕生した

画期的な出来事

二〇〇五年末に行なわれたボリビア大統領選挙で、先住民を出自とするエボ・モラレスが当選し、翌二〇〇六年一月に大統領に就任した。この画期的な出来事が何を意味するかについて、私は二〇〇六年に三点の文章を書いた。モラレス政権成立の意義、ウカマウ映画を通して検討した「民衆の対抗暴力」像の変遷、同時代のラテンアメリカ情勢の一望——をめぐる三つの文章である。ボリビアの政治・社会過程に現われた同時代的な劇的な変化を見据えながら行なった、当時の私としては精一杯の分析であった。それから、およそ二〇年が経った現在から見れば、私の見通し通りに展開したこともあれば、その分析を裏切るような変遷も逆流もあった。二〇〇六年の時点をどう捉えたかを振り返る意味で、ここにこれら三点の文章を挿入しておきたい。

ボリビアの先住民族大統領誕生の意義

M　「ボリビア体験」とも言うべき君のボリビアとの付き合いは、いつ、何から始まったの？
O　一九六七年、チェ・ゲバラのボリビアにおける死からだね。
M　そんなに深い衝撃だったのか、ゲバラの死は。それなら、映画『明日に向かって撃て』でブッチ・キャシディとサンダンス・キッドが流れ着いた果てがボリビアだったという結末には、万感の思いがあったろうな。
O　ゲバラの死からわずか二年後の一九六九年の、これまた忘れがたい映画だったからな。
M　いずれにしても、ボリビアに住む肝心のボリビア人が不在の「外部の目」だな。
O　その通りさ、情けないが。内部のボリビアに気づいたのは、ウカマウの映画『コンドルの血』を観てからだった。一九七五年のことだ。先住民族ケチュアの人びとの演技に見入り、その生活・文明観・宇宙観を知り、母語ケチュア語の音を聞いて初めて、かの地における先住民族の「実在」を感じた。もちろん、その一年半前から住んでいたメキシコの生活で、ラテンアメリカ地域に普遍的なものとして、それに気づいてはいたのだが。
M　「遅れてきた」覚醒か。
O　別に弁解するつもりはない。「征服」以来の西洋中心主義の歴史観と世界観に縛られて育った者が、植民地主義が生み出した「先住民族問題」の本質に気づくのには、どうしても時間がかかる。

M だから、ウカマウも一九八九年製作の『地下の民』において、インディオに対して温情主義的な言葉を吐いていた左翼学生が、窮地に陥ったとたんに「くそインディオめ!」と毒づく場面を取り入れたというわけか。人権や平等の原理を当然にも身につけていなければならない左翼でさえもが、民族差別問題には意外と無自覚だという自戒が、ウカマウにはあるね。こんないくつかのエピソードを思い起こすだけでも、昨年末のボリビア大統領選挙で、先住民族アイマラのエボ・モラレスが選出されたことには、重大な歴史的意義があるな。一九九二年の「コロンブス航海五百年」の年に、近代以降の世界を南北に分かつ一四九二年の決定的意味を強調して「五百年史観」を唱え始めた君には、深い思いがあるんじゃないか。

O もちろん、そうさ。一月に行なわれた大統領就任式の様子を収めたビデオがボリビアから届いて、四、五時間の長尺だったが、丁寧に観て、いっそうその思いを深めた。ラテンアメリカ各地の先住民族代表を含めて数万人の人びとが、ティティカカ湖南方のティワナコ遺跡に集まって行なった先住民族スタイルの就任儀式が一日目、周辺各国首脳も参列して議会で行なわれた公的就任式が二日目。大統領の就任式なんて普通なら何の関心ももたず、面白いはずもない行事なのに、どんな人びとが集まっているかとか、儀式の様子とか、エボ・モラレスがどんな演説をするかなど興味深かった。

二日目だって、カメラは議会内だけを映すわけではない。画面をふたつに割って、エボの演説の様子と、議会外の広場に集まっている民衆（先住民が圧倒的に多い）の様子を映し出すのだ。エボの演説の内容に反応する人びとの表情がおもしろかった。クリオージョ（現地生まれの白人）の価値観が支配してきた人種差別社会＝ボリビアの過去を思えば、こんな現実自体が、ひとつの「革命」とすら言えるのだ。

M　エボ・モラレスの演説は、どんな内容だったんだい？　話した言葉は？

O　大半はスペイン語で話したが、ティワナコ遺跡でも議会でも何度かアイマラ語を使った。ウカマウの映画でアイマラ語の響きはわかっているから、懐かしかった。一九九〇年代半ばに参議院議員を務めていたアイヌの萱野茂さんが、国会での質問のときにアイヌ語を使ったことがあったが、こんなひとつひとつのことが現実を変えていくのだとあらためて実感した。

M　それで、内容は？　一九九二年前後からの全ラテンアメリカ規模の運動である「先住民族、黒人の民衆的抵抗の五百年」の成果を強調する部分もあったというが。

O　確かにね。ボリビアでは「全人口の六二％を占める先住民族が周縁化され、侮蔑され、排除されることを運命づけられてきた」という言葉もあれば、「もはや涙の五百年が続くことはない。今は、勝利と歓喜と祭りの時なのだ」と語って、植民地状況に終止符を打つことを強調した。同時に「私たちは復讐を求めない」と繰り返し言及して、議会内反対勢力・知識人・中産階級に対して協調を呼びかける点が目立ったな。「罪と赦し」の問題は、報復と粛清に明け暮れた二〇世紀的社会革命の無惨な失敗を見届けた者からすれば、避けることは出来ない重要なことだ。その自覚をエボも共有していると思ったね。

M チェ・ゲバラの名に何度か触れたと聞いているが。旧来の支配層から見れば、かつてボリビアに潜入して、反政府のゲリラ戦争を展開しようとした異国の人間は、決して許すべからざる存在だと思うが、エボはどんな文脈で触れたんだろう? もっとも、ゲバラが「観光資源」になると踏んだボリビア前政権はすでに、ゲリラ・ルートを舗装し観光バスも走らせて、全長二五〇キロの「チェ街道」を作ったというから、もう「時効」なのかな? 旧支配層にしてみれば、「赦し」の時期が到来していたのかな?

O ティワナコでは「正義と平等を求めたゲバラの夢が実現する」という文脈で触れた。議会では、演説の冒頭で、たたかいの途上で倒れた人びとに対しての一分間の黙祷を呼びかけたんだ。反植民地闘争の先住民指導者たち、コカ栽培農民、鉱山労働者——その真ん中にさり気なくチェ・ゲバラの名前を入れていた。東西冷戦時代の人びとの意識を支配していた敵対的な報復感情は、もはや機能しない場合が多くなったことが実感される。世界中どこを見ても。

M まあ、誰でもそうだが、言葉である限りは、美しいことも、奇麗事も言っていられるから。たとえば、コカ栽培農民と言えば、コカインの根を絶ちたい米国との対立は決定的だろう?

O エボも議会演説では「コカインをゼロに」と語っていた。しかし、コカの葉自体は、アンデス先住民の生活と伝統と文化に根ざした用い方がされている大事な植物だという立場は変えていない。しかも、現状では代替作物もないコカ栽培で生活している農民がいる以上、それを止めて飢えて死ね、という権利は誰にもない。それを主張している米国は、ここでも大国のエゴ丸出しだ。栽培を非合法化したってコカインの需要がある以上は、製造したい奴はどんなふうにでも生き延びるよ。禁酒法時代の米国マフィアのように、とウカマウのホルヘ・サンヒネス監督もかつて語っていたよ。

M　大統領就任直後にエボ・モラレスは、コカ栽培農民が要求していた「米国の麻薬対策要員の国外追放」を認めなかった。「ボリビアの主権を侵害するな」という条件は付けたがね。エボにとっての問題は、大統領の任ではすぐに実現できないことが積み重なり、それが支持基盤の民衆との乖離や矛盾を広げるという事態じゃないかな。

O　それは当然にもありうる事態だろう。「政府」や「国家」を体現せざるを得ないエボは、自らが出身した社会運動をすべて「権力」のほうへ引き寄せる、あるいは吸収するという誘惑を絶つ必要があるだろう。社会運動の側も、よりましな政権が成立したとしても、政府や国家なるものから距離をとって、自律性を保持するという原則を曲げてはいけない。緊張した関係の中で、このような困難な課題に向き合うなら、エボが依拠する「先住民性」が、思いがけない力を発揮するのではないか、と密かに期待しているのだが。メキシコ・サパティスタが世界中の社会運動に影響を与えた場合のように。

M　エボはティワナコか議会の演説でサパティスタにも言及したんだって？

O　議会演説の最後に自らの政治姿勢に触れて、こう言った。（サパティスタの）「マルコス副司令が言うように『民衆に従いつつ、統治する』という原則に立つ」と。それを聞きながら、「時代の感性」とでも言うべきものをつくづく感じたよ。

M　「権力」を手にしたエボが、「権力を目指さない」という原則を最初からもっているサパティスタ言語を盗用した？　でも、面白いな。甘い幻想は慎むべきだろうが、両者の試行錯誤はいずれも、社会運動にとって大いなる遺産を遺すことになるだろうな。ところで、エボが最初に出した方針は自分の給与を半分に切り下げることだったというが。

O　従来の半分に当たる二三〇〇ドルにしてしまった。議会もそれに倣って、議員給与を従来の半額の一三一〇ドルにしたそうだ。サンヒネスが数年前に言っていたが、先住民族出身の議員が増えて、平均給与水準をはるかに飛びぬけた分の額は自分で使わないそうだ。具体的にどう生かしているのかまでは知らないが、いずれにせよ、何らかの形で公共化するのだろう。政治家といえばイコール腐敗を意味するボリビア社会で、（いやこれは日本も同じかな）この新しいモラルの影響力は計り知れないと、サンヒネスは言っていた。決して意想外とは言えない選挙結果や新大統領を迎えたボリビア民衆の落ち着きぶりには、こんな範例を通して徐々に変容を遂げている社会のあり方が反映しているのかもしれない。

M　外部の俺たちがお節介にも言わなくたって、エボ政権を待ち受ける困難な現実はいくつもある。大国・多国籍企業・国際金融機関との関係如何、天然資源の開発と利用の方法、一旦緩急の際はクーデタなどお手の物だった軍部との関係、コカイン問題、急進的社会運動との軋轢、地域格差――気の遠くなるような問題が山積している。そんなことは当たり前の前提として、きょうは、前向きに見えてくるものを整理したという感じかな？

○「先住民性」は、マルクス主義も含めた西洋思想やそれに基づく社会システムを相対化し、その限界を凌駕していく可能性があるとは思うが、これとて「神の手」でも「魔法の手」でもない。未踏の境界に進み出ようとするボリビア民衆の上に幸多かれ、と思うだけだ。外部世界の重圧がこの試行を叩き潰すことのないように、せめて力を尽くしたい、と思うだけだ。「新自由主義反対」はエボが強調した重要な論点のひとつだから、G7の一国に住むわれわれには、その課題を共に担う責任があるという意味において。

（二〇〇六年二月二八日記）

『先住民族の10年NEWS』一二二号（二〇〇六年第二号）掲載

〈民衆の対抗暴力〉像の変遷――ボリビアの映画集団ウカマウの作品群を通して

1

状況の中にすっくと立って、或る時代の政治・社会の只中に生きる民衆の姿を描くということ――それに四〇年有余のあいだ賭けてきた映画集団がある。私(たち)が自主上映・共同製作という形で、四半世紀に及ぶ協働作業をしてきている相手であるから、以下の叙述で身贔屓の感情がはたらくことのないよう、自戒する。

2

ここで取り上げるテーマは、状況の中での表現、とりわけ「民衆と共にある映画」を目指してきた彼らの映画作品のなかでは、民衆側の対抗暴力という問題が、どのような文脈で描かれてきたかということがらに関わっている。時間幅は、二〇世紀後半から二一世紀初頭にかけて、である。周知のように、このかん時代状況は、世界的に見て、激変に激変を重ねている。それぞれの地域・国にあっても、尋常一様ではない社会的・政治的な変化と科学技術的な革新を経験している。二〇代の若さであった製作主体も、老いの境界にまで年齢を刻んだ。かつて――二〇世紀初頭から中盤にかけてなら――現実の世界に力強く存在していたかに見えた「変革の思想と実践」が、あえなくも、無残な形で潰えていくのを目撃してしまった時代にあって、よくもわるくもそれに「同伴」してきた映像表現のあり方を通して、過去の「栄光の」時代をふりかえる作業には、必然的に苦さと痛みを伴う。身贔屓が通用するような問題ではない。

一九六〇年代初頭から製作活動を開始したボリビアの映画集団ウカマウ（ホルヘ・サンヒネス監督（一九三七〜））の一連の作品は、背後にある時代状況をよく反映していて、歴史的なふりかえりを行なうときに、参照するにふさわしい。きわめてローカルな（一地域的な）問題が、グローバルな（世界規模の）視野を失わずに取り扱われているだけに、その表現には普遍性も顕著である。その物語が、現実に起こった出来事から採られている場合が多いからといって、描かれていることは、もちろん、現実そのものではない。だが、表現者が、そしてその背景にある一般社会が、或る特定の時代を、どのように捉えていたかをそこから読み取ることはできる。

本稿のテーマは、先に触れたように、民衆側の対抗暴力の問題を考えることにあるから、まず関連する四つの作品をふりかえることから始めたい。『革命』、『コンドルの血』、『人民の勇気』、『第一の敵』の四作品である。

『革命』（一九六二年製作）は、ホルヘ・サンヒネスの最初の作品で、わずか一〇分間の短篇である。ボリビア民衆の貧窮の実態がモンタージュを基本に描かれる。抵抗する民衆の集会とデモ。それに対する容赦ない弾圧・銃殺。哀しみにあふれた視線で物問いかける子どもたちの面前に、機関銃が浮かび上がる。製作者はシノプシス（物語の概要）にこう書き記す。「こうして、現在を変革し、裸足の子どもたちの未来を保証する手段としての武装闘争の不可避性が示される」と。この作品が、キューバ革命（一九五九年）からわずか三年後に製作されていることに注目したい。今から三年後の二〇〇九年には半世紀の歴史を刻み込むことになるキューバ革命の全過程を、いかに批判的に評価するかということは、おのずと別個な課題である。ここでは、革命成就の時点およびその後米国からの自立と社会主義をめざして、キューバ革命初期の数年間の試行錯誤がもちえた巨大な意義について考察しておきたい。

「アメリカをアメリカ人の手に」と謳ったモンロー宣言(一八二三年)は、ヨーロッパ列強をアメリカ大陸から排除して、米国のみがこの大陸に君臨するという宣言であった。以降一世紀以上にわたって、ラテンアメリカ諸地域は米国による政治的・経済的な支配下に従属させられた。独自の、自律的な道を探ろうとする試みは、米国によってことごとく潰された。したがって、キューバにおいては、武装ゲリラを主軸とした闘争によって米国に庇護された独裁体制を打倒し得たこと、さらには、その後の、米国による政治的・軍事的・経済的な敵対行為に耐えて自立の道を模索し続けていること自体が、他のラテンアメリカ諸国民衆にとっての励まし・範例となったのである。

キューバ革命の勝利は、武器を手にした武装闘争だけによってかち取られたものではないし、その道が「容易」だったわけでもない。だが、勝利への可能性を映像的に端的に表わそうとする場合、『革命』のようなラストシーンが選ばれることには、観客としても何の不自然さも違和感もない時代状況があった、とふりかえることができる。世の中では、つい十数年前に勝利したばかりの中国革命をはじめ、キューバ革命、アルジェリア革命などをめぐって、悲痛なエピソードもあるにせよ、同時にロマンあふれる物語にも満ちた現実を、人びとは見聞きしていたからである。武器や戦争が本質的に好きではない者であっても、「解放闘争」や「革命闘争」という現実に孕まれるロマンティシズムを全面的に否定することなどは到底できないという心情を持ち得た時代とでも言おうか。人びとが、そのように感じ得たということは、そこで言われている「解放」や「革命」に心を寄せることが可能だったからである。

『コンドルの血』(一九六九年製作)は、先進国(明らかに米国であろう)からアンデスの一寒村に、低開発国援助の名の下に派遣されてきた医療チームが、現地の女性に不妊化手術を行なっていたことをテーマとしている。ここでも、援助プロジェクトの背景には、キューバ革命の影響を見ることができよう。米国当局ですらが、キューバ革命勝利の要因として、この地域での適切な社会政策がないままに放置されてきた絶対的貧困を挙げずにはいられず、取繕うように「進歩のための同盟計画」なる低開発国援助計画がケネディ政権下で立案されたからである。この計画の下でアンデスに派遣された医療チームのなかに、本人の同意を得ないまま、強制的な不妊化手術を施した者たちがいたということなのだ。産児制限を行なおうとしない第三世界地域においては人口爆発が必至であり、したがって食糧危機も目前に迫っているという「危機」意識に駆られての行為であった。この身勝手な理屈に基づいた「暴力」に対して、住民(もちろん、当該地域のアンデス先住民である)が示した対抗暴力は、仄めかし表現も含めてふたつの形で描かれる。

ひとつには、不妊化手術の事実を知った村人たちが、医療チームを襲う場面である。シラを切る医療チームのメンバーに対して村人たちは「お前たちがやったことと同じことをしてやる」と言って、襲いかかる。男たちを去勢するというのである。場面はこの台詞の後すぐにフェードアウト〔溶暗〕して消えるので、行く末は描かれていない。ただ台詞としては「やられたら、やりかえせ」の行為が、暗示されているだけである。いかなる行為にせよ、その主体である条件を常に奪われ続けてきた先住民が、自己の暴力を通じて自己回復を遂げることを示すこの描写は、フランツ・ファノンが『地に呪われたる者』(一九六一年。日本語訳は、みすず書房、鈴木道彦・浦野衣子訳、一九六九年)の「暴力」論で展開した分析・論理と見事なまでに呼応しており、その意味でも忘れがたい印象を残している。つまり、そこでは、強制的な不妊化手術を受けざるを得ないほどに痛めつけられている先住民(ファノンの翻訳書では「原住民」の訳語が採用されている)が、自らがおかれている非人間的な状況を自覚して、自己のうちに内面化されてきた他者(=植民者)の暴力を反転させ、攻撃性(対抗暴力)へと向かう運動が――すなわち、非植民地化の運動が活写されたシーンだったのである。

いまひとつは、抵抗して重傷を負った村人の弟にあたる人物の描き方に表われる。村を離れ、都会に生きる弟は、インディオである出自を隠して、差別社会にひっそりと暮らそうとしていた。蜂起し、兵士の発砲で大怪我をして都会の病院に運ばれてきた兄の治療のためにあれこれと動くうちに、弟は、最下層のインディオには冷淡な社会の現実に、身をもって直面することになる。兄の死後、弟は民族衣装をまとって、いったんは捨てた先住民村へ帰るのだが、彼がアンデスの山なみに向かっていくラストシーンには、いくつもの機関銃が突き立つのである。『コンドルの血』のこのエンディングは、『革命』と同じく、武装闘争によってこそこの現状は打開されるということを暗示しているのであるが、この表現を支える現実的な背景としては、『革命』に関して述べたと同じ状況があったと言えるだろう。

加えて、社会的に広く浸透したイメージの影響もあろう。当時のキューバに生まれていた、美的センスにあふれたポスター表現には、『コンドルの血』のエンディングと同じようなデザインのものが目立った。各地のゲリラ根拠地では、ゲリラ兵士が森や山岳部で一斉に機関銃を掲げている写真が撮られ、それが外部社会へと流れ出て、宣伝活動の一環をなしていた。世の中には、二年前の一九六七年一〇月、ゲリラ兵士として死んだチェ・ゲバラの顔写真もあふれていたのである。

3

『人民の勇気』（一九七一年製作）は、チェ・ゲバラが指揮したゲリラ部隊が敗北して四年後につくられている。ゲバラはその『ボリビア日記』の中で、農民の支持が得られないことを繰り返し書き、嘆いている。他方、鉱山労働者や都市部の学生などの間には、密かにボリビアに潜入したゲバラの指揮下でゲリラ闘争が始まっていることを知って、資金カンパや仲間の派遣によってこの闘争に連帯しようとした動きがあったことを、この映画は幾人もの経験者の証言を再構成することによって明らかにしようとする。主要に描かれているのは、鉱山労働者や鉱山主婦会などの大衆運動の動きであって、その後景にあった農村部ゲリラ闘争は描かれていない。リアリティを大事な要素とするセミ・ドキュメンタリー映画においては、必然的な方法だったろう。試みられながら、弾圧によって未然に防がれてしまった大衆運動とゲリラとの「共闘」に、何らかの可能性はあったのだと伝えようとしている作品ではあるが、その「可能性」がどの程度のものであったかは誰にもわからない。ボリビアにおけるチェ・ゲバラ部隊の敗北をはじめとして、ラテンアメリカ各地の農村部ゲリラ闘争が次々と敗退していく現実が背中合わせにあった以上、目には見えない「憧れ」としてのゲリラではなく、目の前にある、あるがままの大衆運動の現実を描くことに力点がおかれたことは当然であったと言えよう。

『第一の敵』(一九七四年製作)は、農園主の横暴な行為に我慢できなくなった先住民貧農と、都市部からやってきた学生・知識人から成る反帝国主義ゲリラとの出会いと共同闘争の試みを主題としている。シナリオには下敷きがある。六〇年代ペルーの農村部でゲリラ闘争を展開した民族解放軍(ELN)の指導者、エクトル・ベハールが逮捕されたのち獄中で著わした総括文書『一九六五年:ペルーにおけるゲリラの経験』である。作品中のいくつものエピソードがここから採られている。だが、それだけではない。この作品は一九七四年にペルー・

アンデスで撮影された。監督のホルヘ・サンヒネスらは、一九七一年のボリビア軍事クーデタ以後、チリに亡命していた。チリでは、七〇年に世界史上初の選挙による社会主義政権（サルバドール・アジェンデを首班とする）が成立していたから、軍事独裁下のラテンアメリカ諸国から多数の政治家、左派活動家、芸術家たちが亡命していたのである。ところが、そのチリで一九七三年九月一一日にピノチェト将軍を主導者とする軍事クーデタが起こった。もっとも手酷い弾圧を受けたのはチリの人びとではあったが、他国からの亡命者にも逮捕命令は出された。

亡命芸術家たちの多くは、文学・美術・映画・演劇など諸ジャンルで意欲的な試行が行なわれていたチリ革命の過程に積極的に参加して表現活動を行なっていたから、クーデタの首謀者たちにも知られる存在だったのである。

祖国におけるチェ・ゲバラの敗北、亡命先のチリ革命の挫折——ホルヘ・サンヒネスにとっては、相次いだ深刻な事態をどう受け止めるかという課題が、この作品では課されていた。約めて言えば、ゲリラ兵士が突き立てる機関銃に象徴されるエンディングでは立ち行かなくなった時代状況ということである。『第一の敵』には、アンデスの精神的支柱とも言うべき古老が随所に登場して、次に展開する物語の事と次第を説明する。アンデス先住民が慣れ親しんでいる話術文化である。古老は、最後に、「抵抗の組織化が欠けていた」と語って、映画に登場する、架空の存在としてのゲリラ兵士をも批判の俎上にのせる。一個の表現作品として、そこまで踏み込むことが逸脱感を与えているかといえば、私には、そうは思えない。現実の出来事との間でのギリギリの緊迫感をもって表現しようという切実さを、むしろそこに感じとることができるからである。

4

こうして一九六〇年代初頭から七〇年代半ばにかけてのウカマウ作品を一望してみると、「映像による帝国主義論」の構築を企図していた彼らは、帝国主義と国内におけるその代理人たちが揮う暴力を描くと同時に、それに抵抗する民衆の対抗暴力をも積極的に描くという地点に、自らをおいていたことが明らかになる。それは、繰り返し言うように、歴史創造の主体としての位置を、他者の暴力によって奪われてきた人びとが、自らの攻撃性にめざめることを通して、自己決定しうる主体として確立していく過程であった。それは、眼前に展開している反植民地闘争や民族解放闘争として、具体的な裏づけをもっていたのである。日本社会に生きる私たちの主体の位置が、もちろん、そこからずれた地点にあることは自明のことだが、客観的な目から見ても、「解放」や「革命」に人びとが夢やロマンを託し得た時代だからこそ生まれた状況的な表現であった、と言うことができよう。

さて、一九七四年以降も、ウカマウ集団は着実に映画製作を続け、二〇〇三年までの三〇年間に五本の長篇作品が生み出される。この三〇年間は、冒頭で述べたように、政治・社会的な意味において、世界的な激動に見舞われた歳月であった。「解放」と「革命」の夢は大きな岐路に立たされ、それを目標してたたかう主体のあり方こそが問われる日々であった。ウカマウは、したがって、『地下の民』（一九八九年）や『鳥の歌』（一九九五年）に典型的なように、主体の（前者においては先住民自身の、後者においては「良心派」の白人・メスティーソ〈混血者〉自身の）危機を描くことに力点をおいた。「敵」は相変わらず強大な存在として外部にいるのだが、それへの「民衆の対抗暴力」などという問題意識の水準では対応できなくなった時代を迎えていたのである。それは、ソ連崩壊・左翼イデオロギーの没落という状況を前に、私自身が模索し始めていた問題意識と深く重なるところがあった。

対抗暴力の問題をめぐって、ウカマウはどこへ行くのか。それに答えるのが、最新作『最後の庭の息子たち』（二〇〇三年）であろう。製作者が、理想的な人物として設定している大学教師ロベルトは先住民出身であるが、彼は、白人やメスティーソと対等な立場に立ち、かつそれらと先住民世界の橋渡しの役割も果たせるという存在である。ウカマウは、ボリビアが抱える深刻な問題のひとつが人種差別であると捉えているが、その観点からすれば、ロベルト的な存在は、これを解決するうえできわめて重要な役割を果たし得るのである。

そのロベルトは大学の講義で次のように言う。「きょうは暴力について学ぼう。民衆は抗議する権利をもつ。要求する権利もある。暴力に拠らずに、だ。君たちはガンディーを知っているだろう？　暴力を用いずにイギリス帝国を屈服させた人物だ。（「対話を信じますか？」という一学生の問いに答えて、ロベルトは続ける)。正しい対話をするためには、双方が共に主体的に決定する力をもった対話者であることが必要だ。もし片方が、その場にいない権力に操られているのであれば、正しい対話というものは成立しない。いいかな。暴力が生まれるのは、そうした場合だ」。

ロベルトは、単純な非暴力主義者として描かれているのではない。暴力が生まれざるを得ない根拠を見きわめているという意味では、現実世界で起きている「9・11」の由来や、対話なき「反テロ戦争」がもたらすにちがいない結果を凝視していると言えるだろう。それでいてなお、ロベルトたちのたたかいの根拠は「非暴力」志向へと向かっている。この作品は、ボリビアの情勢に即応して急遽製作されたために、『地下の民』や『鳥の歌』と違って、日本の私たちは製作過程に関わっていない。だが、私は、自分自身の問題意識に照らして、ウカマウの意図を推測することができる。

二〇世紀の終わりに、私たちは、社会的公正と平等を求めるという「ユートピア主義者」の魅惑的な夢が潰えるのを見た。ユートピア主義者は、私の外部にいたのではない。それは、ウカマウ自身であり私自身であった。「力弱き者の立場に立ち、体制を批判する」という、当然の立場を選択した人びと(それは、「私たち」の謂いだ)が、「暴力の行使」を通して作り出した恐るべき世界を見てしまったのだ。暴力の行使が、夢が潰えたことの唯一絶対の理由ではない。だが、日本だけではない、世界のどこを見ても、それが重大な理由をなすことは、「解放」や「革命」の過程で、そしてそれが成就して後の過程で、軍隊（闘争の過程にあっては、それが、ゲリラ、人民軍、解放軍、革命軍などと呼ばれていようと）が果たした役割を全体として総括したときに、見えてくるのである。

そのようなふりかえり（内省）の過程で、ガンディーとの出会いがあったことを『最後の庭の息子たち』は示唆した。私にとっては、それは、シモーヌ・ヴェイユであり、サパティスタであり、独立を控えた東ティモールの来るべき大統領シャナナ・グスマンたちであったことについては、ここ数年来の論考で繰り返し触れてきた。いずれも、「解放」や「革命」の理想を手離すことなく、革命派が有する軍事機構を廃絶することの意味に関して、萌芽的であるにせよ継承するに値するイメージを提出してきた人びとである。

一九三〇年代のシモーヌ・ヴェイユは、ロシア・ボリシェヴィキが主導するロシア革命の現実の展開過程を見ながら、重大な懸念をもった。いかに革命的な要因をもった戦争であろうとも、そこで不可避的な役割を果し得た行政・警察・軍事機構などは、役目を終えたら本来打倒されるべき抑圧機構である。だが、「正しい」目的をもった戦争そのものが、自らの内部において、それらを強化せずにはおかないという、パラドックスが生じる。そのことに無自覚であったならば、どうなる？——ヴェイユが抱いた危惧の正しさは、その後のロシア革命の歩みと無残な敗北によって証明されていると言えるだろう。ヴェイユは、しかも、指導部の側の人間にのみ問題を感じ取ったのではない。その後のスペイン内戦において、彼女が、共和国派でたたかった底辺の民衆や犠牲的な精神に溢れた義勇兵への共感を持ったことはよく知られている。火傷を負ってわずか二ヵ月の現地滞在に終わったとはいえ、彼女自身が共和国派の義勇兵として内戦勃発直後のスペインへ赴いているほどである。だが、彼女はそこで、味方の軍勢の中にも蔓延《まんえん》する「血と恐怖のにおい」を吸い込んだのだ。それは、敵兵に残虐な行為の数々をくわえ、同じく民衆である敵兵に対して示すべき思いやりを喪《うしな》っていく、仲間の貧しい兵士たちの姿であった。不可避的な戦争に赴かざるを得ない場合もある解放(革命)主体が抱え込むであろう問題の本質は、ヴェィユにおいて、明確に把握されていたといえる。

ここで留意しておくべきことは、眼に見えない関係性に導かれて、そのバトンを受け継ぐ者は生まれ出るという点にある。ロシア革命が潰えた後の二〇世紀末になって歴史に登場したメキシコ先住民族運動のサパティスタは、自ら反政府的武装蜂起を行なうことを通して要求を鮮明に打ち出しながら、その思想と行動においては、軍事優先主義を自覚的に拒否している。そして、軍隊がない社会、ゲリラ兵士といえども兵士であることをやめ、人を殺すのではなく生かす仕事に就くことのできる「未来」社会像との緊張関係において、現在の選択肢を定めるという試みを現実に行なっている。同じく二〇世紀末に東ティモール独立の見通しをようやく手にしたグスマンは、武装闘争組織の指導者として囚われていたインドネシアの獄中にあって、国軍を持たない国家像を「夢想」した。現実には、それは夢に終わったけれども、彼もまた、時代状況に規定されつつもそれに積極的にはたらきかけて、新たな地平を切り開いていくべき「解放の思想」の役割を十分に弁《わきま》えていた人物だと思える。

私は、このように、「いま、ここで、ただちに」実現するわけではない理想や夢のもつ力が、私たちの意識にはたらきかけ、やがて現実そのものを変えていくという、人類の「長い歩み」に対する信頼感をもつことができると実感している。

ウカマウ映画を通して検討してきた〈民衆の対抗暴力〉像の変遷過程と、現実の社会変革運動を担ってきている、右に挙げた人びとの問題意識は、このように、時代状況の激変という試練に耐えて、呼応し合っている。ここを出発点にして、さらに課題を掘り進めることには、十分な根拠があると思える。

オルター・トレード・ジャパン＋ａｔ編集室編『ａｔ』五号〈太田出版、二〇〇六年一〇月〉掲載

グローバリズムか、「抵抗の五〇〇年運動」か

1

二〇〇五年一二月、「良き枢軸：キューバ・ベネズエラ・ボリビア」という用語が国際政治に登場した。年末のボリビア大統領選挙で当選した「社会主義運動（ＭＡＳ）」のエボ・モラレスは、正式就任前にただちにキューバとベネズエラを訪れ、それぞれの最高指導者フィデ

ル・カストロおよびウーゴ・チャベスと会談したが、その際にモラレス自身によって語られた言葉である。この用語は、これら三国が存在しているカリブ海・ラテンアメリカ地域に政治的・経済的・軍事的に「君臨」してきている米国から見れば、もちろん、「危険な三国同盟」と言い換えられるだろう。

私は、一九五九年キューバ革命の勝利とその後の展開過程に深い衝撃を受けた。とりわけ革命初期の八年間を特徴づけていた「第三世界主義」と「キューバ型社会主義」の試行錯誤に大きな関心を持ち始め、その後もこの地域全体の同時代史を見つめてきた。多様な形での、現地の人びととの交流も続けてきている。そのような私から見ても、ラテンアメリカ全域で、見過ごすことのできない大きな変化が二〇世紀末に至ってから起こっている。この変化の意味を、歴史的な展望と、同時代史的な視野で捉えておこうとするのが、この小さな文章の目的である。

2

事態をまず歴史的な展望でおさえておきたい。一四九二年の「征服」、すなわちコロンブスのアメリカ大陸到達の年から数えて今日までの、五一四年間におよぶことになるラテンアメリカ史上でも、もっとも意義深い出来事のひとつが、二〇〇六年一月に生まれた。ボリビアに、この地の先住民族アイマラ人を出自とする大統領が、一般選挙を通じて選出され就任したのである。これが、なぜ、それほどまでに歴史的な事態なのか。そのことから考えていきたい。

ラテンアメリカの歴史、文学、映画、音楽などに親しんだ人にとっては明らかなことだが、この地においては先住民族の存在そのものが、そして彼(女)らが体現する歴史・文化・言語・習慣などのすべてが、「黙殺と忘却と侮蔑」の対象である。「黙殺と忘却と侮蔑」を行なうのは、五世紀前に行なわれた「征服」の精神を疑うことのない、この地域における政治的・文化的・経済的勝者としての白人層(クリオージョ)である。大半の混血層(メスティーソ)は、先住民と白人の双方の血を引き継いでいるという意味で複雑な心境を抱えながらも、社会的な規範力に規定されて、上の価値観に追随する。「征服」事業にも同伴したスペインのカトリック僧ラス・カサスが、一六世紀半ばに書き著わした『インディアス破壊を弾劾する簡略なる陳述』という小さな書物が、「征服」を可能にした精神を知るうえでもっとも大事な、痛憤の書であるということは、私たちの間でもようやく定着し始めている。詳しくは、同書に譲る。

私が、キューバ革命を介してこの地域に関心を持ち始めた一九六〇年代以降になされたいくつかの表現を通して、「征服」時のこの価値観がいかに根強く現代にまで生き続けているかを検証してみよう。一九六〇年代前半、ペルー農村部でケチュア人先住民(インディオ)農民を主体とした反地主闘争の指導者であったウーゴ・ブランコは述べている。「インディオは酔っぱらった時でさえ決して歩道を歩こうとはせず、頭を高くもたげて大声でケチュア語を話そうともしなかった」。だが、闘争がこの状況を変える。「コカの匂いとケチュア語が満ちた。大声で話されるケチュア語。叫ばれ、脅かし、何世紀もの抑圧を引き裂くケチュア語」。ウーゴは結論する。「インディオ的なものを称揚することだけでも、それはすでに革命なのである。それは世界に、またインディオ自身に、インディオが人間であると示すことである」。

一九六六〜六七年、反帝国主義ゲリラ闘争の展開を目指してボリビアのゲリラ根拠地にいたチェ・ゲバラは、周囲の先住民農民の目に兆す、刺すような不信の視線を前に「インディオは他人が入り込めない目つきをしている」と語ったと伝えられている。この言葉自体は、差別意識の現われではない。だが、ゲバラが医学生時代の無銭旅行の様子を得がたい表現で綴った『モーターサイクル南米旅行日記』には、白人国＝アルゼンチンに生まれ育ったゲバラが、アンデス諸地域で先住民とその生活実態に触れて、深い怒りと悲しみを抱く場面が何度か出てくる。上の表現は、その彼にして、「民族の壁」を乗り越えることができずに感じざるを得なかった孤立感を物語っている。

アンデス先住民の世界観と価値観から深く学ぶことが、人びとが疎外されている欧米型差別社会の変革のために必須なことであるという立場から、一九六〇年代以降映画製作を続けてきているボリビア・ウカマウ集団のホルヘ・サンヒネス監督は、一九八九年製作の映画『地下の民』において、次のような挿話をあえて入れた。すなわち、インディオに対して「君たちの味方だ」と語る左翼学生が、窮地に陥ったとたんに「くそインディオめ！」と叫ぶのだ。そこには、先住民に対する差別意識をいまだに断ち切ることのできない左翼がアンデス世界に存在していることが暗示されている。しかも、それが世界に普遍的な現実であることを否定することは難しい。

このような支配的な歴史観を大きく揺り動かす出来事が、二〇世紀末を迎えた一九九〇年代に、ふたつ起こっている。ひとつ目は、一九九二年の「コロンブスのアメリカ大陸到達五〇〇年」にまつわる出来事である。スペインをはじめとするヨーロッパ世界と白人層にしても、この歴史上の出来事を、さすがにもはや「発見の偉業」とは称えることはできなかった。そこで「異民族同士の出会い」と表現した。だが、それは「征服」であって、対等な「出会い」ではなかったと考えるラテンアメリカの民衆運動組織は「先住民、黒人の民衆的抵抗の五〇〇年」キャンペーンを展開した。各地域で、先住民が新しい歴史を創造する主体として登場していることが、遠く日本で情報を得ているだけでも理解できた。日本でも、アイヌ民族・琉球民族との歴史的関係性の中で日本近代史を捉え直そうとする気運が、これを契機に深く醸成された。

これは世界的規模で展開されている歴史観の変革であることが実感できた。どんな否定的な現実が根強く残存しているとしても、確実に変革されていくことがらはあるのだ、と私が確信できた得難い機会であった。私はこの歴史過程を捉える視点を「五〇〇年史観」という言葉で表現するのが適切だと考えた。これによって、帝国が植民地を領有することによって世界を二分してゆく近代以降の過程を、総体として把握する歴史観・世界観が形成されるだろうと思えたのだ。

さて、ふたつ目の出来事は、一九九四年に起きたメキシコ・サパティスタ蜂起である。この蜂起が意味するところのものについても、私は蜂起の直後から何度にもわたって論じてきた。サパティスタ運動の、他に類を見ない特徴は「伝統的マルクス主義を頭いっぱいに詰め込んだ都会派知識人と、ヨーロッパ世界とはまったく無縁に形成されてきた世界観・歴史観を有するアメリカ大陸先住民とが出会い、相互浸透した」点にあると私は考えた。それを基盤に生まれたサパティスタ運動の理論と実践は、メキシコ国内はもとより世界的な注目と共感を呼び起こした。五世紀にわたって「黙殺と忘却と侮蔑」の対象としてきた先住民族なるものが、ここまで公然と自己主張を始めた現実に直面して、既存の世界秩序は少なからず揺さぶられ、変わらざるを得なかったのである。サパティスタ運動の来るべき未来は予断を許さないにしても、公然化して一二年間に及んでいるその運動が、既成秩序と概念に対して本質的にもっている創造的な破壊力は、もはや消去しようもないと思われる。

エボ・モラレスの大統領当選に見られるボリビア先住民運動の進展は、このようなラテンアメリカ的かつ世界的現代史のなかにこそ位置づけられるべきものだろう。モラレスは一九八〇年代に大衆的農民運動への関わりを始めている。コカ栽培農民(コカレロ)の権利獲得運動である。当時のボリビア政府は、コカイン根絶の責任をコカ葉の生産地であるアンデス諸国に転嫁する米国政府の押し付け政策に忠実に、コカ栽培農民に血の弾圧を加えていた。コカ葉は、アンデス民衆の生活と文化に深く根ざした使われ方をしている植物であって、代替しうる商品作物はなく、コカインには反対だが、悪用する者を取り締まる権限を自分たちが有しているわけではない、とするのがコカレロの言い分だ。モラレスは、常に政府の弾圧にさらされるコカレロスたちの運動の後ろ盾になる政党がいない現状を変革するために、既成の政党であった社会主義運動（ＭＡＳ）を通じて政治過程に登場した。サパティスタの場合ほどに明示的に語られてはいないが、ＭＡＳにおいては、この先住民運動と、ソ連崩壊後の新たな道を模索する旧左翼との合流が果たされているように思える。

因みに、エボ・モラレスは、キューバ革命勝利の年・一九五九年にボリビア・オルロの村に生まれている。キューバ首相フィデル・カストロは、一九六六年から六七年にかけて盟友チェ・ゲバラが大陸革命の根拠地として選んだボリビアにおけるゲリラ戦を側面的に支援した。モラレスが一〇歳にも満たないころのことである。ゲリラ地区の農民とオルロ地区の鉱山労働者との結合は成らず、ゲバラの試みは失敗して、彼も亡くなった。こうして、ボリビアの伝統的な支配層にとってキューバは仇敵であった。そしていま、モラレスは、当選直後にカストロが差し向けたキューバ航空機に乗って、いち早くキューバを訪問した。これらの事実をエピソード的に列挙するだけで、半世紀に及ぶ歳月の時代の流れ、その間に生起した民衆運動の戦い方の変化と国家間関係の激変——などがうかがわれて、感慨深いことだ。

3

次に、同時代史的な視野でこの間の事態を捉えておきたい。ラテンアメリカ地域は、ソ連邦社会主義圏が崩壊した一九九〇年前後からとみに世界を席巻しつつある新自由主義(ネオリベラリズム)の荒々しい洗礼を、世界に先駆けて一九七〇~八〇年代からすでに受けていた。キューバ革命の吸引力もあって、一九六〇年以降の同地域では、激しい反帝国主義・反政府の武装運動と大衆運動が起こり、東西対立(=冷戦)状況がきわめてくっきりと刻印されていた。米国は、ソ連=キューバ枢軸と対決するために、各国の親米政治勢力と軍部を支えた。キューバ革命直後のブラジル軍事クーデタ(一九六四年)、世界史上初めて選挙によって成立した社会主義政権を崩壊させたチリ軍事クーデタ(一九七三年)はその典型である。大国・多国籍企業・国際金融機関は、これらの軍事政権を積極的に利用して、新自由主義(ネオリベラリズム)改革を押し付けた。軍事政権の強権的な国内政治が、それに随伴した。それが、いかなる現実をラテンアメリカ地域に作り出したかについては、内橋克人+佐野誠=編『ラテンアメリカは警告する――「構造改革」日本の未来』(新評論、二〇〇五年)が大いに参考になる。

新自由主義改革がラテンアメリカにもたらした恐るべき結果が明らかになり始めたころ、ソ連型社会主義体制が無惨に崩壊した。新自由主義は余勢をかって、市場原理を唯一絶対の指標とする「グローバリゼーション」なる新たなる装いをもって、全世界を席捲し始めた。この状況を前に、資本主義の現代的表現としてのグローバリゼーションの起点を、ヨーロッパが異世界を征服し始めるきっかけとなった「コロンブスの航海」の時代に求めるべきだと私には思えた。コロンブスの航海とアメリカ「発見」は、多くの場合、コミュニケーション（交通形態）機能に注目して「世界をひとつにした」と表現されてきたが、これは「植民地化事業が開始されることによって、世界を南北に分断した」と表現するほうが適切だろう。先に触れた「五〇〇年史観」なる表現は、ここでも意味をもつだろう。「先住民族」を強制的に生み出したヨーロッパ近代の地理的膨張運動と、それによって可能になった経済的膨張運動（グローバリゼーション）の、双方の起源を明確にし、これを批判的に克服する道を模索するうえで、この問題設定が有効に作用するだろう。

グローバリゼーションに真っ向から抵抗したのが先住民主体の運動であることは、ここまで考えてきた問題を深めるうえで、きわめて示唆的なことだと思える。一九九四年のサパティスタ蜂起が主要に掲げた獲得目標のひとつは、当時発効した「北米自由貿易協定」（TLC）に抗議・反対するというものであった。サパティスタが蜂起直後に発した「自由貿易協定は、先住民に対する死亡宣告にひとしい」という言葉は、国家間の対等・公正な交易原則をもたない自由貿易が、誰を利するものであるかを端的に言い当てている。

ボリビアにおいては、かつては鉱山労働者の運動が民衆運動の要をなしていた。軍事クーデタが起こるたびに、銃を手にした鉱山労働者が何台ものトラックにぎっしりと乗って、クーデタ阻止のために首都に駆けつけるという映像を、まるで不思議な光景を見るかのように眺めた記憶が何度もある。だが鉱業は衰退し、鉱山労働者は激減した。多国籍企業は、今度は豊富なボリビアの水資源と天然ガス資源に着目し、これへの介入を試みてきた。二〇〇〇年の「水戦争」、二〇〇三年の「天然ガス戦争」はその現われである。これら資源の私企業への売り渡し反対闘争の前面に立った主体が先住民であった。

4

意識しながら、触れずに済ませてきた問題がある。上に述べてきた出来事が、歴史的に振り返りかつ同時代感覚で捉えた時にきわめて意義深い、重要な事柄であるということは繰り返し確認できることだ。そのうえで、以下のことにも触れておきたい。私はいままで、「先住民主体」に着目して、サパティスタ運動とエボ・モラレスの大統領就任とを並列的に論じてきた。しかし、前者は当初から「権力を取ることを目指さない」と公言している社会運動である。そのことが、権力を掌握することを疑いようもない当然の前提と捉えてきた旧来的な社会革命運動とサパティスタを分かつ、決定的な分岐点である。

サパティスタが活動するメキシコにおいても、今年六月には大統領選挙が行なわれるが、現時点では「左翼」政党・民主革命党（ＰＲＤ）のロペス・オブラドルが当選する確率がきわめて高いと予想されている。この事態を前に、サパティスタは二〇〇五年六月に「第６ラカンドン宣言」を発表した。来るべき大統領選挙との関係で注目すべき点は、何事にせよ「下からの」合意形成を大事にしていること、選挙などという一時的な国政スケジュールに縛られることなく、広範な諸組織・個人が協働できる場を創り出すこと（統一組織の形成を提案しているわけではない）をめざしていることであろう。サパティスタは、「左翼」政党候補者が大統領に選出される見通しが強い段階にあっても、現実の政党政治との間には適切な距離をとって相対しようとしていることが見てとれる。これは、サパティスタが一九九四年の蜂起以来一貫して、非前衛主義的な社会運動の自律性を保とうとしてきていることに繋がっている。

他方、コカ栽培農民の権利獲得運動から始まったエボ・モラレスたちの運動は、彼（女）らの政治・政党観とボリビア政治の独自なダイナミズムに規定されて、国家政治の前面に進み出る道を選択した。それが史上初の先住民大統領を生み出すに至った画期的な意味についてはすでに触れた。モラレスは大統領就任に当たって「民衆に従いつつ、統治する」という、サパティスタ独特の用語をそのまま用いてもいる。閣僚の人選にも周到な工夫が見られ、ボリビアの民衆はおそらく、「政治」というものがかくも大胆に変わっていくものかということを、現在のところは実感しているのではないかと思われる。モラレス政権が、歴代政権とは比較すべくもない「よりましな」政権であることに疑いはない。だが、同時に、国家権力を手中にしたことの困難さにモラレス政権がいかに「耐えて」いくかは、自ずと別な問題であろう。ボリビア政治にまとわりついてきた家父長的・縁故主義的な重用の誘惑、米国の妨害と揺さぶり、多国籍企業・国際金融機関との関係の如何、急進左派からの批判、軍部や寡頭勢カへの態度、コカ葉とコカイン問題——などをめぐる困難な諸課題が、「権力」の座にあるモラレスを待ちうけている。この未踏の領域で鍵を握るのは、サパティスタ的な問題意識、すなわち、「革命的」ないし「革新的」政府および政権党と、それを支える一翼でもある広範な社会運動の間に、いかに緊張に満ちた関係性が築かれるかということであると思える。言葉を換えれば、この厳しい状況のなかで、モラレスを大統領にまで押し上げた、現代ボリビアの多様な社会運動は、政府や政権党からの自律性をいかに保ちつつ、その活動を持続しうるだろうか、ということである。先住民性などの新しい要素をもって登場している社会運動は、「国家」や「政権党」ごときに包摂され得ない豊かさをもっているという範例を示すことができるなら、ボリビアとメキシコの経験は、確かに世界普遍的にも生かされる場をもつだろう。

ここでは触れる余裕のなかったキューバ、ベネズエラ、ブラジル、アルゼンチン、ウルグアイなどを付け加えてみても、ラテンアメリカ地域には、確かに「抗米枢軸」の形成が進んでいる。世界に先駆けてネオリベラリズムに痛めつけられてきた同地域で、いち早くそれへの抵抗が高まっていることは実に暗示的であり、世界にとっての希望の証しである。だが、これらの国々での試行錯誤は、政府・政権党あるいはポピュリスト型指導者によって主導されているという限界的な性格は見ておかなければならない。その意味で、本稿では、現在のところは新たな可能性を秘めていると思われるボリビアとメキシコに、とりわけ注目したのである。

『PEOPLE'S PLAN』(ピープルズ・プラン研究所)第三二号(二〇〇六年冬)掲載

(19) 多様化する上映会の形

先住民大統領誕生記念ロードショー

二〇〇六年四月には、大阪のシネ・ヌーヴォが、「エボ・モラレス　ボリビア先住民大統領誕生記念」と題して『最後の庭の息子たち』ロードショーを開いてくれた。シネ・ヌーヴォの代表・景山理とは、私たちが『第一の敵』の自主上映を開始した頃からの知り合いだ。彼は当時、大阪で「シネマ・ダール」という自主上映グループを主宰していた。倉本徹が主宰していた「名古屋シネアスト」もそうだが、各地に点在していた自主上映グループが『第一の敵』の情報と評判をキャッチし、率先してこれを上映してくれたことが、その後の展開に繋がったことを思えば、「点」の存在がいかに大事かがわかる。景山は一九八四年には『映画新聞』を編集・発行し始め、休刊する一九九九年までに一五六号を発行した。興行収入の少なさなどから一般公開されにくい映画の上映・宣伝に力を入れてきたひとたちだから、同紙でもウカマウ映画のことはよく取り上げてくれた。シネ・ヌーヴォの「ボリビア先住民大統領誕生記念」の上映会とは、ウカマウ映画に一貫して注目してくれたひとならではの企画だった。

八月には、京都で「ボリビア映画祭—ウカマウ集団特集」が二日間にわたって企画された。主催は「医療ゲリラ(朝鮮に暮らす人達に医療支援をする会)」を名乗るひとたちだった。ここにいう「朝鮮」とは朝鮮民主主義人民共和国のことを指している。受け入れ側の共和国当局との、おそらくは複雑怪奇・煩雑に違いない折衝がまとまれば、診療体制と医薬品の確保を行ない、現地へ行って一定期間、主要には子どもたちを相手に診療活動を行なうことを繰り返してきたひとたちだ。「地の塩」のような行為を続けてきたそのひとたちとは、二〇〇三年に私が『「拉致」異論』(太田出版)を出版して以降の付き合いだ。拉致問題についての講演を行なうよう、「ゲリラ」の本拠のある京都に招いてくれた。会場が、毎年、「哲学の道」に近く、河上肇の墓がある法然院だから、その点でも忘れようにも忘れることができない。そのひとたちが、ウカマウ上映に取り組んでくれたのだ。これは、また、「ボリビア・朝鮮・日本」がそれぞれ抱える課題を、私たちが自由に越境して考える方法にも繋がっていくとも思えて、主催者、会場、集まった人びとの雰囲気——どこから見ても、深く印象に残る講演会/上映会だった。

ところで、二〇〇六年末から翌〇七年一月初頭にかけて、私はボリビアへ行った。PARC(アジア太平洋資料センター)が、エボ・モラレス政権下のボリビアがいかなる変容を遂げつつあるかを観察するためのスタディ・ツアーを企画し、そのガイドを私に依頼してきたのだ。政権成立後一年弱しか経たぬのに、随分と気の早い企画とは思ったが、他ならぬボリビアへ行けるのだから、この機会を逃すわけにはいかない。二週間弱のボリビア行きが実現した。ラパスでは、一夜、アンデス映画学院でウカマウの映画を上映してもらい、ホルヘ・サンヒネスを囲んでツアー一行が討議する機会を得た。先に触れた、ニューヨークで映像の仕事をしている松下俊文もちょうどボリビアにいて、彼自身の映画を撮っている最中だったから、一行とは何度か同席した。

ベアトリス・パラシオスを失った喪失感は深かったであろうが、ホルヘはいくらかなりとも日常を回復したかに見えた。ホルヘは私を、長男のイバン・サンヒネスの事務所へ連れていってくれた。イバンとは、一九七六年にメキシコで会って以来だから、ちょうど三〇年ぶりの再会だ。イバンは、先住民族が自ら映画やテレビジョンの表現手段を駆使できるようになること、つまり、自らが表現者になることで、映像というコミュニケーション手段の制作過程を民主化し、脱植民地化することを目標にする活動に関わっていた。だから、本書第一部で触れたように、二〇一五年山形国際ドキュメンタリー映画祭に登場したコロンビアのマルタ・ロドリゲスとも、知り合いなのだ。さまざまな先住民言語でのラジオ番組、映像番組を制作するための機材を備えたスタジオでイバンと話しながら、父親・ホルヘの、もっと先へ向かおうとしているという意欲と気概を感じた。

翌二〇〇七年には、国内で今も印象に残る上映会があった。三月には、新潟で市民映画館を名乗るシネ・ウインドで、「アンデスへの誘い—ボリビアの映像集団「ウカマウ」の軌跡」が二週間にわたって開催された。私も講演のために行ったが、新潟は政令指定都市への移行直前の時機で、このような大都市に市民が出資し、支えるミニシアターが存在していることは得難いことだと感じた。私が講演したときには、ボリビアもウカマウもそっちのけで、拉致問題についての質問が出たのは、いかにも新潟らしいものだった。

二〇〇八年には、東京・市ヶ谷にあるセルバンテス文化センターを会場に、ボリビア映画上映会を企画した。同センターは、スペイン国営の施設として二〇〇七年九月に開館した、スペイン語文化の普及をめざす施設だ。スペインだけではなく、ラテンアメリカの各国大使館との共催事業も多い。私は現代企画室の編集者として、スペイン語文化圏の書物をすでに数多く出版していたし、進行中の企画も多く、開館と同時に付き合いが始まった。ボリビアにエボ・モラレス政権が成立したこともあり、駐日ボリビア大使館と同センターの共催で、ゲバラ死後四〇周年の記念講演会「チェ・ゲバラの贈り物」が開館直後の二〇〇七年一一月に開かれた。外交行事だから、スペイン語圏の各国駐日大使や大使館員が数多く列席していた。私が「チェ・ゲバラが遺したもの」と題して、講演した。そんな縁もあって、翌年に実現した上映会だった。この機会に、ニューヨーク在住の松下俊文がボリビアの広大な塩湖・ウユニ湖とその周辺で撮影した『パチャママの贈り物』も上映した。すでに記したように、松下が『アンデスで先住民の映画を撮る』という本に出会ったのがすべてのきっかけだったのだから、個人的な思いとしては、ウカマウ映画を起点とする繋がりが、思いがけない形で、四方八方に伸びてゆくというひとつの証しであった。

ベアトリスの遺稿集を出版

二〇〇八年には、もうひとつ重要なことをなし得た。ベアトリス・パラシオスはジャーナリストとしての一面ももっていた。支配層が職権乱用・人権蹂躙・虐殺を繰り広げている時機には、当然にも人びとはデモ行進・集会・道路封鎖などの形で抗議し、抵抗する。彼女もその場に参加し、居合わせた草の根の女性や男性たちと言葉を交わす。「ベアトリスは——と、ホルヘ・サンヒネスは言う——きわめて自然な形でインタビューすることになった人びととの対話の中身や相手方が言った言葉を、忠実に記憶に留め、それを再現する才能に恵まれていた。ひとたび親しくなると、人びとは彼女に全幅の信頼をおくから、すぐ自らの苦しみや経験を彼女に語るのだった」（後掲書の「序文」より）。

彼女の急逝を承けて、ホルヘは彼女が遺した社会的なルポルタージュを一書にまとめる作業を行なった。彼女はたくさん書いたのだが、「（ホルヘは続けて書く）——オリジナル原稿の入ったファイルは、警察の家宅捜査で行方不明になった。おそらく、内務省のどこかの薄暗い倉庫か軍隊の地下室にでもあるのだろう。」（同前）。そこで、ホルヘは、手元に残っていた一八篇の物語だけで一書をまとめた。“*Los Días Rabiosos*”（Fundación Grupo Ukamau, 2005）である。直訳すると『怒りの日々』となる。ホルヘがすぐ送ってくれたこの書は、ベアトリスと深く心を通わせていた唐澤秀子が翻訳し、『「悪なき大地」への途上にて』と題して刊行することができた（編集室インディアス、二〇〇八年）。日本語版の書名は、もちろん、彼女にとっては初めての単独監督作品となるはずだった映画が未完に終わったことへの無念と哀惜の気持ちを込めて、つけた。
海の彼方のウカマウ／ホルヘ・サンヒネスにとっては、ベアトリスの死を挟む二〇〇〇年代の一〇年有余は、やはり、厳しく、辛い時機でもあったろう。映画制作はしばらく途絶え、二〇一二年になってようやく新作が届いた。『叛乱者たち』だった（二〇一二年）。久しぶりの全作品上映に向けて、私たちはその年の暮れから準備に取り掛かった。

「革命の映画／映画の革命」の半世紀

ボリビア・ウカマウ集団制作／ホルヘ・サンヒネス監督全作品を紹介する「革命の映画／映画の革命の半世紀（１９６２〜２０１４）」を、二〇一四年五月三日から一六日までの二週間にわたって、東京・新宿の K's cinema で開催した。初めて『第一の敵』を上映して以来、三四年が経っていた。世代の移り変わりがあるのに、その間に抱え込むこととなった他のさまざまな課題との関係があって、私たちが定期的にウカマウ映画の上映会を開く条件は少なくなっていた。もちろん、スタンス・カンパニーとムヴィオラの協働を得た。ウカマウ作品の最初の上映から三〇年有余が経っているということは、若い頃その映画を観たひとたちの中には、現在は監督として、脚本家として、俳優として、その他の何らかの関わりをもって映画界に生きているひとがいるということを意味する。それらのひとたちから寄せられたメッセージは劇場の壁に貼られたり、情宣用のフェイスブックにアップされたりした。それを読むことで、このささやかな運動の中で、知らずして「精神のリレー」が行なわれていることを知った。そのことに、何ものにも代えがたい喜びを感じた。

「ぼくはゆるい漫画を描いていますが、ウカマウを応援しています」というメッセージを送ってくれたのは漫画家の東和広だ。『ユキポンのお仕事』（講談社、全一五巻、一九九九年〜二〇〇九年）の作者である。人間の言葉を喋る猫のユキポンが、だらしのない飼い主のあけみちゃんに代わって働く姿を描くこのギャグ漫画が講談社の『週刊ヤングマガジン』に連載されている時に、誰からだったのか今は思い出すこともできないが、ニュースが届いた。漫画週刊誌の、いわゆるはみ出し情報欄に「新聞や雑誌のコラムなどで、好きなものといえば？　太田昌国の「状況20〜21」（現代企画室HP）という東和広先生におたよりを。」と書いてある、というのだ。同誌の二〇〇五年二月二一日号だった。確かに私は、現代企画室のホームページに「状況20〜21」と題するコーナーを設けて、一九九七年以降、日ごろ書いている文章のほとんどをそこに掲載していた。「20〜21」の数字は、二〇世紀末から二一世紀初頭にかけての発言という意味合いで付けたのだが、結局、それを二〇一九年一二月まで続けた。この発言録は、いまも、下記のネット上に残っている。

https://www.jca.apc.org/gendai_blog/wordpress/（←二〇二五年三月八日最終アクセス）。

週刊誌での連載段階で読むほどではないが、単行本になった『ユキポンのお仕事』には以前から目を通していた。ホルヘ・サンヒネスが二〇〇〇年に来日した時には、大阪のミニシアター、シネ・ヌーヴォでも上映・討論の一夜をもったが、東和広はその場に来ており、そのとき観た『地下の民』のいくつかのシーンを『ユキポンのお仕事』で引用した。作者の了解を得て、そのシーンを次頁で紹介しておこう。ところで、漫画家は芸が細かい。登場人物の家の本棚や古書店の書棚が描かれるときには、並んでいる書物やビデオのタイトルに、私の本の書名やウカマウの作品名が目立つのだ。そんな「トリヴィア」にも惹かれて、単行本『ユキポンのお仕事』全一五巻は手放すことができない。

初めてウカマウ映画を観た若いひとが多かった。ロビーでは、主催者の私たちの声をかけてくるひとも目立った。繰り返し来場しては、すべての作品を観ると張り切るひともいた。一日四作品上映、一四日間、座席数九二席で、総数二六〇〇人が来場した。座席占有率は五〇％をいくらか超えた程度だが、悪くはなかった。

上映会の期間中に日々更新していたフェイスブックは、今なおネット上に残っている。http://www.facebook.com/ukamautokyo（←二〇二五年二月一〇日最終アクセス）。

この会場に日本ボリビア協会の方が見えた。「日本とボリビアとの間の経済、技術、文化等の協力提携の緊密化を図り、もって両国の友好親善関係の増進及び相互の繁栄に寄与することを目的とする」団体だ。仕事の関係でボリビアに一定期間住んだことがあり、帰国後も同国に関心を持ち続けているひとたちが集っているようだ。商社員、鉱山関係者、外交官、ＪＩＣＡ（国際協力機構）や青年海外協力隊ほかの援助団体、非政府組織、研究者、そして日系人の入国緩和措置が取られて以降は日系二世、三世、四世の姿も見られるようだ。異なる出自、立場、価値観を持つ多様な

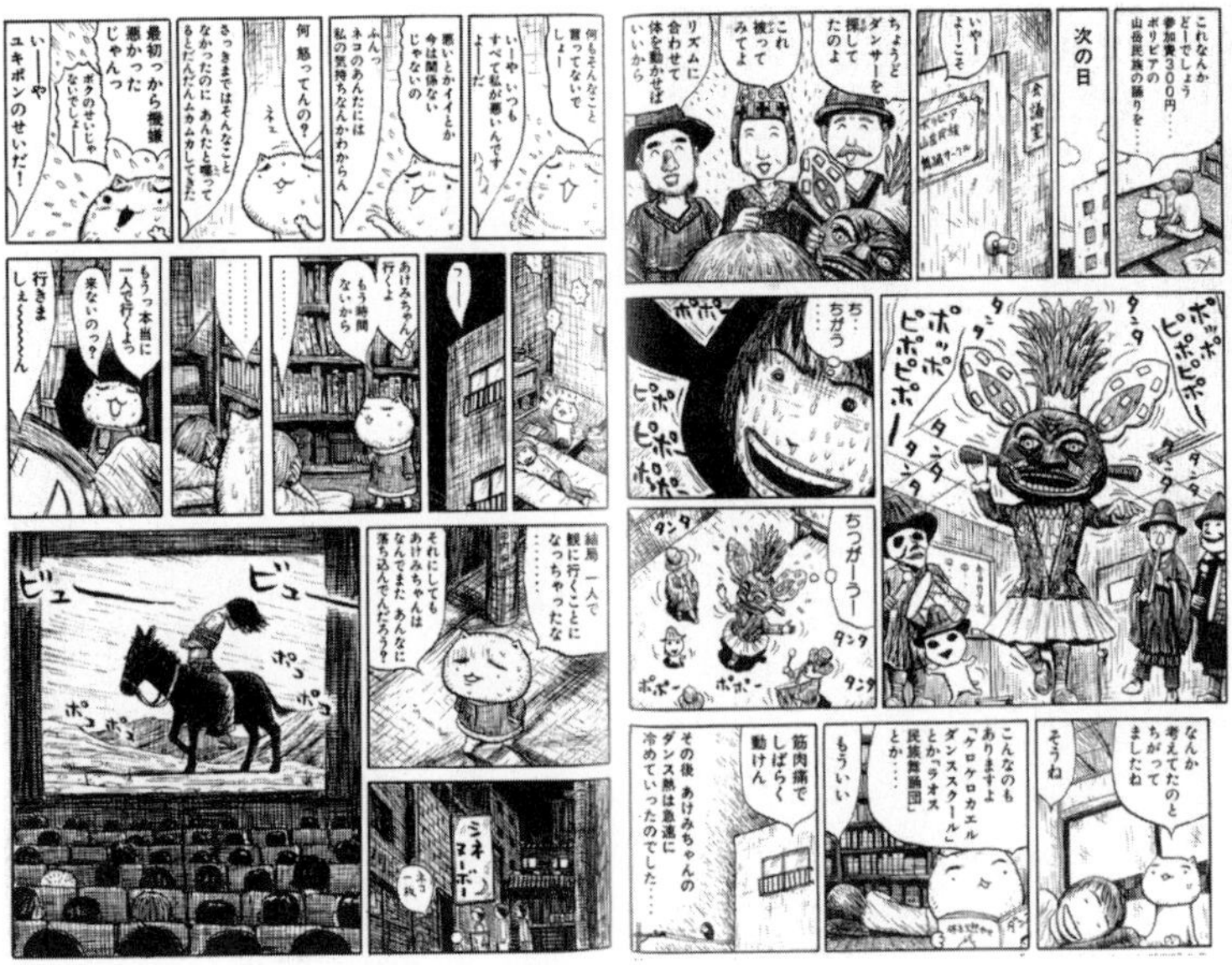

東　和広『ユキポンのお仕事』④（講談社、ヤンマガKC-971、2001年）

人びとが「親睦を旨として」集まっている団体だ。

当時、同協会の専務理事の役にあった杉浦篤とその後継者・大川裕司はとても熱心なひとたちで、何度も私の職場に来られては、協会員向けの上映会を開きたいとの相談を受けた。それは、二〇一〇年代後半から、コロナ禍がいくらか収まった時機までの間に、DVD化されている四作品を一本ずつ上映するという形で実現した。一般向けの上映会とは異なり、ボリビアをよく知る人びとの集まりだから、上映後の話し合いでは日頃はあまり聞けない意見が出た。数回に及ぶ私のボリビア滞在は合計しても半年間にも満たないから、その程度の経験ではとても及ばない知見が披瀝されたりすることもあった。その意味では、日頃とは違う意味での刺激的な機会だった。

花の谷クリニック外来ホールでの上映会

千葉県南房総市にある花の谷クリニックのことは、映画監督の土本典昭が最後の日々を過ごした緩和ケア診療所として知っていた(土本亜理子『ふつうの生、ふつうの死—緩和ケア病棟「花の谷」の人びと』、文春文庫、二〇〇七年)。土本亜理子の紹介で、院長の伊藤真美に会って、話したこともあった。その伊藤が、クリニックの外来ホールを会場にして「ウカマウ映画&講演会」を企画してくれたのは、二〇一八年一二月と翌一九年一月のことだった。詳しいチラシの中で、伊藤はこう述べている。「太田昌国さんの数々のご著書は、ちょうど私が社会人として働きはじめ、今日まで続く時代に重なって出版されている。私が医師として過ごしたこれまでの三五年間の時代は、二〇〇三年を境に大きく変わった。政治はうさんくさいものであり、私が政治のことに関わろうが関わらなかろうが、世界一安全で平和な日本社会は変わることがないので、医師としての仕事に没頭していればよしだと思っていた意識に、二〇〇三年の自衛隊のイラク派兵は大きな衝撃をもたらした。まさか私が生きている間に、日本が戦争加担国になるなどということは思いもよらないことであった。その戦争という現実が身近なものとして迫ってきて、もはやこの数年は、戦前どころか戦時であると私は感じている。命に関わることが仕事の医師として、安全で平和な社会を取り戻すために、戦前戦時に社会に向き合うことをせずしての医療などありえない。太田さんの本を読み、ウカマウ映画に触れて、植民地主義の時代はとうに終わりを告げ、今はグローバル社会で世界は繋がっているのだという底の浅い思い込みは、大きな間違いであることに気づかされた。これまでみえていた社会や世界の成り立ちの認識が、私の中で大きくがらがらと変わっていく。私が医師という仕事を通して問い続けたいと思ってきた「われわれはどこから来たのか　われわれは何者か　われわれはどこへ行くのか」という問いに向き合うために、太田さんの言論は、私にとって核となる道しるべである。太田さんをお招きし、皆さまとともに考え学ぶ時間としたい、そんな思いで、この連続企画を組ませていただいた。――スープのよろずや「花」代表　伊藤真美」

一回目は『地下の民』を上映した。与えられた講演のテーマは「拉致問題・領土問題・慰安婦問題」と「植民地主義と現代」だった。二回目は『第一の敵』を上映し、「死刑制度」および「政治と国家」

について話した。盛りだくさんのテーマだったが、時代状況に対する主催者の切実な思いが反映しているのだから、精一杯応答したつもりだ。地元の人びと、房総の他の地域から来た方々、はるばる東京から来たひとなど、外来ホールは二回ともけっこう埋まっていた。

コロナ禍での画期的な上映方法

二〇二〇年初頭から日本でも顕著になったコロナウイルス感染症の蔓延は、人間が生きていくうえでの必須の条件だと思われてきた人間的な行為を、一時期、ひとから奪った。外出する。電車やバスに乗る。ひとに会う。話をする。飲食を共にする。集まる。語り合う。顔を寄せ合い、腕を組む。映画館・コンサート会場・演劇空間・寄席で楽しむ――それらのことごとくが、やめるべきだ、しないほうがよい、とされた。携わっている仕事の性格上、それをやめるわけにはいかない人びとも大勢いたにはせよ。

本書のテーマでいえば、映画館は、とりわけミニシアターは「密を避けるべき」場所のひとつとされた。経済的基盤に乏しいミニシアターの存続を支えるために、市民社会において、自助・他助・共助・互助のさまざまな取り組みがなされた。これに押されたのか、文化庁は「ARTS for the future !」補助対象事業として、「連続講座　現代アートハウス入門　ネオクラシックをめぐる七夜」なる企画を経済的に支援した。コロナ禍二年めの二〇二一年一二月、ミニシアターと呼ばれてきた〈アートハウス〉を会場にして、「ネオクラシック（新しい古典）」と呼びうる映画作品を七夜連続日替わりで上映し、主として映画作家たちが講師として登壇する試みがなされた。画期的だったのは、全国二四館での同時開催だったことである。映像素材が二四館に渡されて上映され、その後東京・渋谷のユーロスペースで行なわれた講師の講演はオンラインで全館に流された。ウカマウの『鳥の歌』が選ばれ、その夜は映画作家の小田香と私が対談をした。小田がメキシコ・ユカタン半島に多く見られるセノーテ――それは、低平な石灰岩地帯に見られる陥没穴に地下水が溜まった天然の井戸や泉のことなのだが――に潜り、「水の中の光と闇」を撮ると同時に、周辺に暮らすマヤ民族の末裔たちの日常・精神・マヤ語を記録した映画『セノーテ』を以前に観て、不思議な感覚に魅了されていた。「水の中の光と闇」とは、この映画の公式ホームページで小田自身が語っている言葉だ。

この時の小田と私の対話は、https://arthousepress.jp/articles/arthouse-guide_3/　などで、簡潔ではあるが的確にまとめられている。

(20) 軍政下の韓国のドキュメンタリストとウカマウ

『狼をさがして』の公開

二〇二一年、韓国の映画人、キム・ミレ（金美禮）監督の映画『狼をさがして』が日本で公開された。韓国語の原題は『東アジア反日武装戦線』だった。キム監督は、建築現場での日雇い大工だったという父の足跡をたどる映画『ノガダ／土方』（二〇〇五年）を制作する過程で、大阪の寄せ場・釜ヶ崎を取材した。「ノガダ」は「土方」を意味する。韓国が日本の植民地支配を受けていた頃から、工事現場で肉体労働をする人びとを指して使われ始めた。日本の植民地政策の下で土地を奪われた韓国の農民たちは流浪の果てに、日本資本が建設する鉄道・道路・ダム工事現場などで、低賃金での過酷な「ノガダ」労働を強いられた。その源流というべき釜ヶ崎の現実を彼女は見にきたのだ。二〇〇六年のことだ。その時、一九七〇年代前半に活動していた「東アジア反日武装戦線」のことを知った。映画化の要望を受け、関心を持ち、同戦線の救援組織メンバーとの話し合いの場も設けた。私もその時がキム監督との初対面だった。彼女は、だが、その段階ではこのテーマをこなすには力量的に無理と考え、熟慮の期間は一〇年に及んだ。

キム・ミレ監督は二〇〇七年から〇八年にかけて、『外泊――結婚してから今日が初めて外泊した日』という映画を撮影した。二〇〇七年、ソウルの大きなスーパーマーケットが、「非正規職保護法」の施行を前に、女性労働者の大量解雇を行なった。これに怒った女性労働者たちはマーケットに毛布を敷き詰め、家を離れ、食料を持ち寄って調理し、外泊する（泊まり込む）という占拠型ストライキに立ち上がった。五一〇日間も続いたこの労働闘争は、最後には女性を家族内での「役割」からも解放するという重要な成果も獲得することとなった。このたたかいの経緯を追ったのがキム・ミレ監督の作品だった。キム監督が親しく交流していた日本のＦＡＶ（Feminist Active Documentary Video Festa）が制作・販売の主体となって、この映画の日本語版ＤＶＤが二〇〇九年につくられた。ＦＡＶはＤＶＤとともに『外泊外伝』というブックレットも制作し、その発売元を現代企画室に依頼してきた。ＤＶＤとブックレットの発売記念日に合わせて来日したキム監督と、私は再会した。

その間にも彼女は「反日」に関する資料を集め、検討を加えていたようだ。取材対象者の見当も次第についてきた。肝心の当事者は確定死刑囚であったり、服役中であったりして、日本では面会できない。韓国ではそのような場合でも面会が可能だから、主人公不在のままに撮影するという、想定外の厳しい条件があることがわかった。それでも二〇一六年、本格的な撮影を始めた。

それから五年間の時間をかけて完成させた映画『狼をさがして』の観客に向けて、彼女は以下のメッセージを伝えている――「七〇年代の日本、自らが生活している社会の正義のために、日本国家に搾取され殺された東アジアの人びとの『恨みと悲しみ』を心に、正しいと思ったことを行動に移し、最後までやり遂げようとした若者たちがいました。しかし、そのために八名の人が命を失い、数多くの負傷者が出ました。逮捕されたのちに、彼らは刑務所の内外で長い期間にわたって、自らのために犠牲になった人びとの死に向き合って生きねばなりませんでした。苦痛だったかもしれませんが、幸いにも『加害事実』に向き合う時間を持つことができたのです。八名の死と負傷者たち。それがこの作品の制作過程の間じゅう私の背にのしかかってきました。しかし、彼らと出会うことができて本当に良かったと思います。この作品は、私に多くのことを質問するようにしてくれたからです。どう生きれば良いのか、今も考えています。観客の皆さんにも問いが生まれることを期待しています。」(キム・ミレ「プロダクション・ノート」から引用。『狼をさがして』劇場用パンフレット所収。二〇二一年、太秦)。

韓国・朝鮮の人びと、広く東アジアの人びとへの熱い思いを抱えて、四五年前の日本に生きた若者たちの「詩と真実」に迫る作品が、韓国の映画人たちによってつくられた――メディアには多数の映画評が載り、上映するミニシアターには、当時を知らぬ若い人びとを含めて、予想以上に多くの人びとが詰めかけた。事件そのものが孕むさまざまな意味での「恐ろしさ」ゆえに、敬して遠ざけてきた事柄に、いきなり目を撃たれたということだったのかもしれぬ。時間の長い経過を経てこそ、あの「恐ろしい」事態に、冷静に向き合う気持ちが生まれたのかもしれぬ。各地で、この映画を観て、そののちに過去と現在を問う討議の場が設けられた。出演者のひとりである私自身も、何度もそのような場に呼ばれた。公開時がコロナ禍の時機に重なったために、韓国での公開初日に私がソウルへ行く計画は潰れたが、キム・ミレ監督とも、オンラインを含めて何度か討議の場を共有した。

久しぶりのウカマウ新作上映

二〇一四年の全作品上映から二年後の二〇一六年、ウカマウ集団は新作を発表した。原題を直訳すると、『大いなる祖国の女性ゲリラ　フアナ・アスルドゥイ』となる。フアナ（一七八〇～一八六二）についてホルヘ・サンヒネスはこう語る。彼女は、「私の中で常に何かをかき立ててくれた人物。一九世紀という時代の植民地主義者や宗教者の偏見と闘い、女性の、人間の、母親の権利獲得のためにゲリラ兵士となった。多くの女性たちに、とりわけ観てほしい」と。確かに、現地生まれの白人クリオージョを主体した一九世紀前半の、ラテンアメリカ各国の「独立」の本質を問うという意味では、重要な問題提起をしている作品だ。インディオの血を受け継いでいるメスティーサであるフアナ、男性優位の圧倒的な社会構造の中で子どもを五人も抱え、女性であるフアナ――視点は確かであり、他ならぬボリビアにおける歴史教育の観点からは重要な作品ではあろうが、即時に日本で新作上映を行なうにはためらいがあった。一九世紀前半の出来事を介しての現代との往還作業を欠いていることが、気になった。

公開を先延ばししているうちに、全世界がコロナウイルスの蔓延に襲われた。ウカマウからは、新作『古参兵たち』が完成間近とか、コロナ禍のために完成が遅れている、作業を再開し、いっときほぼ完成していたヴァージョンに若干の変更を加えた……などの情報がそのときどきに伝わってきた。二〇二四年、それは完成し、私たちのところへも送られてきた。観ると、それは、ホルへがかつて松田政男との対話の中で語っていた次回作『遥かなる鳥・コンドル』のイメージの延長上でつくられた作品だった。パラグアイとボリビアの間で一九三二年から三五年にかけて戦われたチャコ戦争を主題としつつ、それを現代にまで繋げる視点をもつ作品だ。他方、ホルへは『叛乱する映画の記憶』と題する大部の回顧録風の本も出版し、すぐ送ってきた。見開き二頁を使った「ポスター一覧――ウカマウ、世界を駆ける」の項目には世界各地の一二枚のポスターが掲げられているが、そのうちの五枚は日本上映時のものだ。日時は書いてないが、ホルへが私たちに宛てた直筆の手紙のコピーまでもが載っている。折角だから、紹介しておこう。

「親愛なる、忘れることのできない昌国、秀子。われわれの映画を日本で普及してくれていることに対して、心からの感謝を捧げる。この感謝の気持ちは、君たちのグループの他のメンバーにも及ぶものだ。かくも長きにわたって、君たちが送り続けてくれた基金は、われわれの創造的な仕事に大きく貢献してくれた。ウカマウ集団の同志たちの総意として、この言葉を伝えたい。ホルへへ」

知り合ってほぼ半世紀。八〇歳を超えたホルへは、いわば「総括」の時期に入っているのか。そ

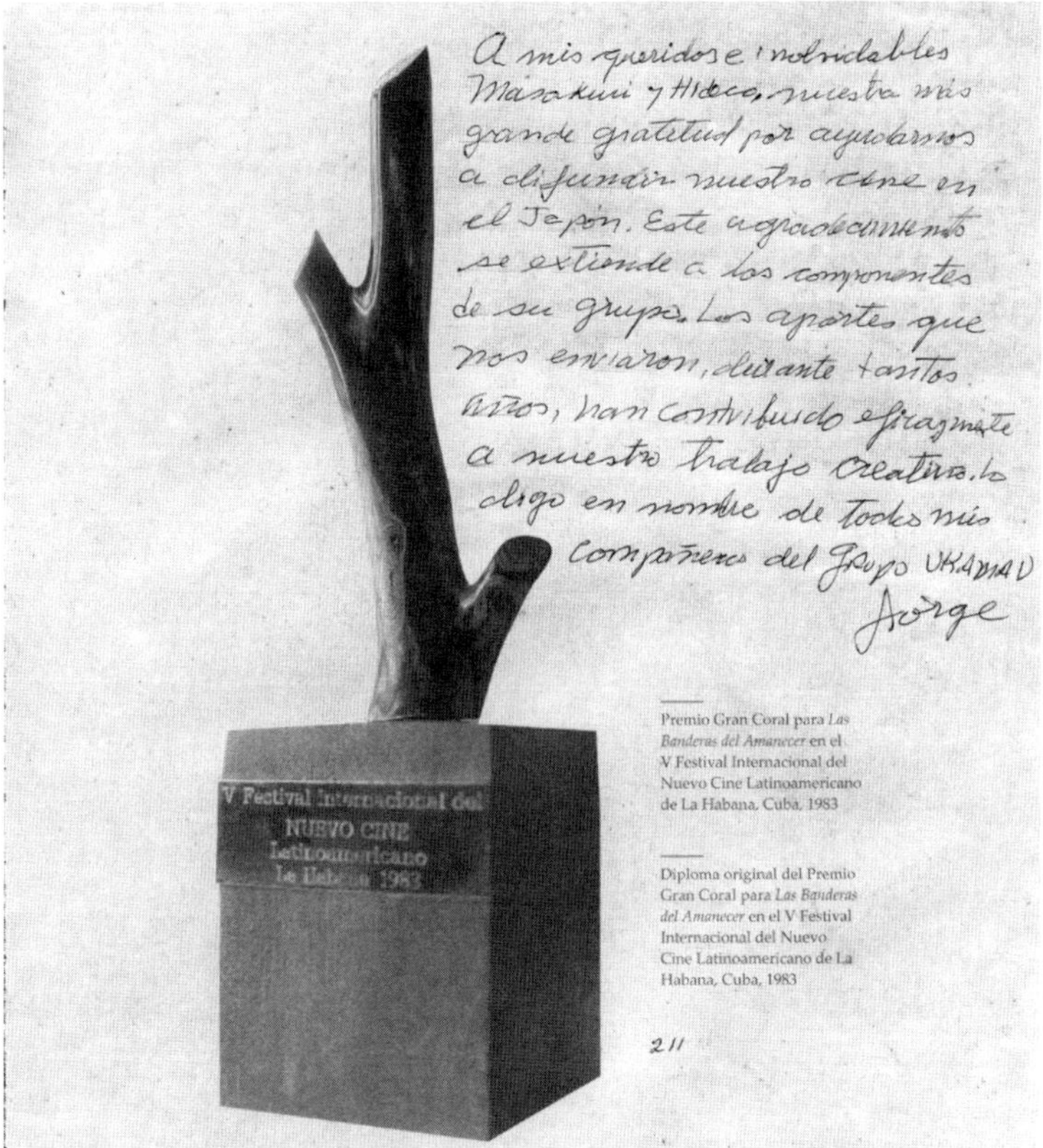
A mis queridos e inolvidables
Masakuni y Hideco, nuestra más
grande gratitud por ayudarnos
a difundir nuestro cine en
el Japón. Este agradecimiento
se extiende a los componentes
de su grupo. Los aportes que
nos enviaron, durante tantos
años, han contribuido
a nuestro trabajo creativo. Lo
digo en nombre de todos mis
compañeros del Grupo UKAMAU
Jorge
V Festival Internacional del
NUEVO CINE
Latinoamericano
La Habana 1983
Premio Gran Coral para *Las Banderas del Amanecer* en el V Festival Internacional del Nuevo Cine Latinoamericano de La Habana, Cuba, 1983
Diploma original del Premio Gran Coral para *Las Banderas del Amanecer* en el V Festival Internacional del Nuevo Cine Latinoamericano de La Habana, Cuba, 1983
211

ホルヘ・サンヒネスの回想録 “*Memorias de un cine sublevando*”, Fundación Pinves, 2022, La Paz. 211頁。右に翻訳したホルヘ・サンヒネスのメッセージのそばに置かれているのは、1983年ハバナで開かれた第５回「新ラテンアメリカ国際映画祭」で、ホルヘ・サンヒネス／ベアトリス・パラシオス共同監督作品『ただひとつの拳のごとく』がグランプリを獲得した際に授与されたトロフィー。

う思えた。私たちも、そろそろ、全作品上映の機会をつくらなければ、との思いが増してきた。スタンス・カンパニーの坂口、ムヴィオラの武井と相談し、二〇二五年に向けての企画を具体化し始めた。

字幕の検討を進め、ファアナ・アスロドゥイを主人公とする作品は『女性ゲリラ、ファアナの闘い―ボリビア独立秘史』とタイトルを付した。チャコ戦争の映画は『30年後―ふたりのボリビア兵』とした。

韓国語訳『革命映画の創造』が海賊出版されていた

そのキム・ミレ監督から次のようなメールが届いたのは、二〇二五年四月に予定していた「ウカマウ集団60年の全軌跡」をたどる上映企画の準備が本格化しつつあった同年一月中旬のことだった。「太田さんからボリビアのウカマウ集団の話を聞きたがっている後輩がいます。ウカマウ集団は一九九〇年代の韓国の独立ドキュメンタリー運動にも多くの影響を及ぼしました。私もその流れにあると思います」。

『狼をさがして』の撮影時はもとより、映画が完成し各地で上映が行なわれるようになって以降はいっそうキム監督と会う機会は増えていたが、ウカマウの話がこんなふうに出てきたのは初めてだった。キム監督から紹介された映画研究者、パク・ジニ(朴珍姫)からもメールが届いた。「私はソウルで韓国映画文化および韓国映画史を勉強している映画研究者のパク・ジニです。韓国中央大学で勉強し、現在博士号論文執筆準備段階にあります。私は韓国の一九八〇年代と一九九〇年代の映画文化に興味があり、その時代の韓国の映画集団創作に関する博士論文を準備中です。その一環として韓国の映画青年たちに多くの影響を与えた『革命映画の創造』の日本語版と韓国版の翻訳を比較し、それぞれの翻訳が行なわれた文脈を調べています。そのために日本語翻訳者であり、ボリビア・ウカマウ集団の映画を日本に紹介してくださった太田先生に直接会ってインタビューしようと思ったのですが、ちょうど映画の『東アジア反日武装戦線』で太田先生を見た記憶がありました。それで、キム・ミレ監督に太田先生についてお聞きしました」。

これまた、驚くような内容が書かれていた。「韓国の映画青年たちに多くの影響を与えた『革命映画の創造』の韓国語版」だって？　いったい、いつ、どこから出版されたのだろう？　まもなく来日するというパク・ジニに会う前に、私自身の、遠い記憶を整理してみた。

一九八〇年、『第一の敵』をもってウカマウ映画の自主上映を始めて以降、日本アジア・アフリカ作家会議との付き合いが深まったことはすでに触れた。同会議には在日朝鮮人作家・文学者が幾人か参加していた。そのなかには、文芸批評家・翻訳家の安宇植がいた。彼は現代韓国の作家・批評家との交流をよくしていたが、韓国は長期にわたって軍事政権の支配下にあり、当時もなお厳しい表現統制がなされていた。そんななかで、安宇植は深い交友関係を持つ信頼できる韓国の作家・批評家に日本で出版されたしかるべき書物を届けていた。それを知った私は、自ら選んだ書籍を安宇植に託し始めた。一九六五年、「日韓条約」反対闘争に私は参加したが、朝鮮に対する

『革命映画の創造』（三一書房、1981年）

韓国語版（ハンギョレ出版社、1988年）

日本の植民地支配を問い直す視点がなかったことに後日気づき、きわめて恥しい思いを抱えていた。だから、韓国／朝鮮の人びとにつながる道を自分なりにつくりたいと考えていた。手始めが、一九八一年に翻訳・出版したウカマウ集団＋ホルヘ・サンヒネスの『革命映画の創造』だった（三一書房）。八〇年代前半に現代企画室での出版活動に関わり始めて以降は、そこで出版した書物、特に第三世界関連書、思想、哲学、文学などのジャンルの書物を数多く送り届けていた。韓国からは、こちらから届けた文献を基にして誰かが、例えば「解放神学」について、また、当時は南アフリカの獄中に幽閉されていたネルソン・マンデラについての紹介文を書くと、それが掲載された雑誌がこちらに届けられたりした。韓国で民主化宣言が発せられることになるのは一九八七年六月二九日だが、長期にわたった軍事政権体制も八〇年代に入るといくらか綻びを見せ始めたのか、あるいは統制が緩められた側面もあったのか、思想誌には、けっこう刺激的な論考が掲載されるようになったようだった。

こんなふうに私が「過去」を整理し終えた二〇二五年二月、来日した映画研究者、パク・ジニに会った。四〇数年前に私が韓国の「見えない」友人たちに送り届けた『革命映画の創造』は、確かに、しかるべきひとの手に渡って活用されたようだ。彼女は若い研究者だからその体験者ではないが、彼女が調べたところによれば、先行する当時の映画人たちはそれを次々とコピーし、一九八〇年代の韓国のドキュメンタリストに決定的な影響を与えたらしい。だが、一九八六年当時、権力の座にあった全斗煥を中心とする軍部勢力は、自らの統治基盤の強化のために、言論統制の制度的な仕組みを整えると称して「言論基本法」を制定した。同法に基づけば、文化広報部が報道の仕方を示した「報道指針」を連日作成し、それによって言論機関を統制することができた。事実、その年、『革命映画の創造』日本語版を所持していたひとが「国家保安法」違反で裁判に掛けられ、有罪判決が出た。だが、民主化宣言が発せられた翌年の一九八八年には、日本語版から翻訳されて、『革命映画の創造』が刊行された。文公部も出版を許可した。パク・ジニは、韓国語版の『革命映画の創造』を私に見せてくれた。知らなかったのですか、日本語版からの重訳なのですよ。そうなら、それこそ海賊版ですね。ページを繰ると、日本語版通りにスチール写真もホルヘが描いた絵コンテも入っている。全体として丁寧な本づくりをしている。次回来日するときには一冊買ってきますね。

韓国語の翻訳版が出るまでは、ソウルの国会図書館の棚には日本語版のコピーが置かれていたというのも、なかなかに愉快なエピソードだ。

さらに、パク・ジニは語った。作家のファン・ソギョン(黄皙暎)が、ホン・ギソン(洪基善)監督とのあいだで、『革命映画の創造』の決定的な重要性を語りあった、と。それを聞いて蘇る記憶がある。一九八〇年代初頭、黄皙暎は来日している。彼が安宇植の案内で、日本アジア・アフリカ作家会議の事務所へ来た時に、私も会っている。『革命映画の創造』は、もしかしたら、その時わたしが直接に黄皙暎に手渡したのかもしれぬ。記憶は、もはや、確かなものではない。いずれにせよ、それがしかるべき人びとの手に渡り、海賊版まで出版されたのだから、いうことはない。黄皙暎との「因縁」はこのあとも続くのだが、彼との関係史のなかにまでウカマウが介在してくるのだから、この本で触れるべきエピソードとしては上出来だ。黄皙暎との「因縁」とは、彼が還暦を迎えた二〇〇三年に、韓国で還暦記念論集『黄皙暎　文学の世界』が公刊された。黄皙暎の文学に親しむ世界各地の研究者・文筆家が論考を寄せた。私も、『つぶやきの政治思想』(青土社、一九九八年。その後、岩波現代文庫)の著者・李静和の媒介を得て、同論集への寄稿を要請された。「ベトナム体験の大きな落差——黄皙暎を読む」と題する文章を、私は寄稿した。同稿を大幅に書き換え、加筆した論考は、私の『[極私的]60年代追憶——精神のリレーのために』(インパクト出版会、二〇一四年)に収録されている。

韓国での関係では、もうひとつ触れておくべきことがある。一九九〇年代末のことだったと思うが、ソウルで開催された「人権映画祭」で『コンドルの血』が上映されている。主催者のひとりが徐俊植だった。彼は在日朝鮮人で、一九七〇年代に留学先の韓国で「学園浸透スパイ団事件」容疑で逮捕・投獄された。一七年間の獄中生活を強いられたが、一九八八年に釈放され、その後はソウルに居住し、人権運動家として活動している。その活動の一環が「人権映画祭」の開催だったのだ。『コンドルの血』を上映したいという要望は、そのころ私が親しく付き合っていた弟の徐京植を通して寄せられた。朧げな記憶をたどると、ホルヘ・サンヒネスの了解を得て、日本語字幕が入った上映素材を提供し、「特別上映」という形で実現したのだと思う。その後来日した徐俊植とは一度会っているが、あまりにも話し合うべきことが多く、ウカマウ映画に関してどんな会話を交わしたのかの記憶は残っていない。上に記したように、四〇数年を経てわかってきた「民主化」直前の一九八〇年代初頭から中盤にかけての韓国での『革命映画の創造』の受容のされ方を思えば、人権活動家・徐俊植が『コンドルの血』に行き着いた道筋だけはくっきりと見えてくる。

書物でも映画でも、出会うべきひとにたどり着くと、事態は動くのだ。

ボリビア・ウカマウ映画に伴走してきた五〇年を振り返って、この言葉をもって本書を閉じたい。

あとがき

こんな本を書くとは思ってもみなかった。もっとも本書の第一部の原型は、二〇一四年に開催した「ボリビア・ウカマウ集団制作／ホルヘ・サンヒネス監督全作品　革命の映画／映画の革命の半世紀（１９６２～２０１４）」の際に刊行した同名の劇場販売用パンフレットに書いた。第二部の発端部分も、同企画の宣伝用に始めたフェイスブックで当時書いていた。でも、この上映企画が終わると、日々押し寄せる諸事に追われる日常性のなかに否応なく埋没した。その間に一〇年の歳月が経っていた。そこには、コロナ禍に席巻された三年間も含まれている。

そんな日々にも、ホルヘ・サンヒネスとのメールでの交流は続いていた。今回初公開の『女性ゲリラ、フアナの闘い―ボリビア独立秘史』を初見した二〇一七年には、「歴史教育映画として、ボリビアの人びとにとって重要なことは理解するが、これをいきなり日本で公開するには障壁が大きすぎる」などと、〈冷酷な〉メールを送ったりしたことも思い出す。その間にも細々としたものではあっても、ＤＶＤ化した作品の売上はあり、稀にはなったが上映収入もあったから、ウカマウの必要にどこまで応じることができていたかどうかは別としても、時に応じて送金はしてきた。ボリビアへ行くひとがいれば、お土産を託し、何らかの言付けを依頼した。ひと同士が直接に会っていれば、関係性は途絶えないと思っていた。

二〇二一年には、コロナ禍で完成が延び延びとなっていた『三〇年後―ふたりのボリビア兵』が届いた。初見の感想はかなり好意的なものを書いた。コロナ禍はなお続き、ボリビアの映画館は閉じたままで公開が先延ばしになっている間に、ホルヘはさらに若干の変更を加えた新バージョンを二〇二二年に送ってきた。

二〇二三年にボリビアへ行った友人は、米国の大学の研究者がサンヒネスに行なったインタビューの冊子を買ってきてくれた。二〇二四年ボリビアへ行った知人には彼に会う算段をしてもらったが、ホルヘはそのひとに自身の創作集二冊を託してくれた。さらに、本文でも触れた大部の回想記『叛乱する映画の記憶』がＤＨＬ便で送られてきた。ＤＨＬ便で何かを送る費用にも事欠くとは、ベアトリスからもホルヘからも何度か聞いた言い訳だから、胸が痛んだ。読むと、ウカマウの映画制作活動の全貌をできる限り明かす姿勢で書かれている。写真も豊富だ。ホルヘは、「総括」の時期を迎えているのかもしれない。そう思うと、しばらく大規模な上映企画を行なっていない私たちにも発破がかけられた思いがした。未公開作品が二本あるし、なんとかしなければと考え始めると、彼らと知り合って以来のことがいろいろと思い浮かぶ。個人的には、もちろん、そうなのだが、もしかしたら、この経験は書き残しておくことが客観的にも意味あることかもしれぬ。二〇二五年度に向けた上映企画が進行するうちに、その思いは深まった。

そこで、二〇二四年後半から二五年初頭にかけて、本書を書き進めた。

*　*　*

ウカマウの作品は、一九八三年制作の『ただひとつの拳のごとく』まではすべて16ミリフィルムで輸入してきた。『地下の民』と『鳥の歌』は35ミリフィルムもある。これらはすべて数年前に、貴重なフィルムを長期保存できる収蔵庫を持ち、定期的に必要な保管処理も行なっている福岡市総合図書館フィルムアーカイヴ(https://toshokan.city.fukuoka.lg.jp/theater_schedules/)に寄贈した。必要な手続きを行えば借り出しも可能だが、ということは今なおフィルムでの上映も可能だが、私たち自身も現在はデジタル素材での上映を行なってきている。

また、私が定期購読していたキューバの映画専門誌"Cine Cubano"の、一九八〇年代から九〇年代にかけての八〇冊程度のコレクションは、国立映画アーカイブ図書館に寄贈した(https://www.nfaj.go.jp)。そこでの閲覧が可能である。

一九八〇年の『第一の敵』自主上映から、二〇二五年の「ウカマウ集団60年の軌跡」にまで至るチラシ、パンフレット、メディア記事などのうち、経緯を展望できる主要な資料を収めたファイル一冊は、全国各地のミニシアターで、映画関連資料の収集・管理・閲覧を行なっているところへは寄贈するつもりで準備を進めている。手元にはまだ、主観的には重要だと思われる資料がいっぱいあり、これらをどうするかは今後の課題だ。主観的な思い込みは、客観的には無意味な場合が多いという人生訓は学んできているのだが、思い切ることはなかなかに難しい。

これらはすべて、私たちの後の時代を生きる若い人びとに対するバトン・リレーのつもりでの行為だ。本書の執筆・公刊もその延長上にある。

ウカマウ作品の上映活動を始めてまもなく働き始めた出版社・現代企画室で、私たちが関わったスペイン語文化圏の書物のリストを地図で表示した資料を添えた。もちろん、これらの企画が実現するためには、執筆者、翻訳者、デザイナー、ならびに歴代の現代企画室のスタッフの協働があってこそのことだったという事実には触れておきたい。また、この地図の原型を作ってくれた現代企画室の江口奈緒さんにはありがとうとお伝えしたい。

松田政男さんの遺稿を収録するに当たっては、松田さんの著作管理を行なっている大村智さん（航思社）と平沢剛さんのご了解を得た。本書を執筆しながら数多くの関連文献を読み返すうちに、来日したサンヒネスとの対話が生き生きと表現されたこの論考の力を借りたいとの思いが浮かんだ。他にも、ホルヘ・サンヒネス、ベアトリス・パラシオス、唐澤秀子の文章からも多くを引用した。感謝したい。なお、他の方の文章の場合でも私自身の過去の文章の場合でも、引用する際には上部を一字下げたうえで、書体を変えて、本文との区別を図った。

藤田印刷エクセレントブックスの皆さんにも感謝する。ここから出版する私の本は三冊目となる。アイヌ民族に関する重要な書物を軸に出版活動を展開して一〇年目の新興出版社であるばかりか、私にとっては一八歳までを過ごした郷里・釧路の出版社でもある。思いは、深い。いつもは社主の藤田卓也さんとのやり取りで終始してきたが、今回は急ぐ仕事でもあったので、現場で働く方々との、メールと電話での連絡も多かった。無理を言ったと思う。お詫びと感謝の気持ちを

＊　＊　＊

お伝えしたい。なお本文では、敬称は、引用する過去の文章で付されている以外は、基本的に省略したことをお断りしておきたい。

＊　　＊　　＊

ウカマウの映画作品を振り返ると、初期のエンディング・ロールは素っ気なかった。スタッフの名前も、これで終わりか、と思うほどに少なかった。演じる者も素人の起用が多かったからか、至極あっさりとしたものだった。その点から思うと、近作の二作は違う。ロケ地の村ごとに、エキストラの名前が延々と続く。学校のシーンに出演している子どもたちの名前も出る。あらゆる業務で下支えした人びとも名前も出る。最後には「この映画の撮影中に、動物虐待はいっさいしていない」との断り書きもある。時代による価値観の変化は、こんなところにも現れる。五〇年もの歳月が過ぎ去ったのだ。

本書に関しても、これ以上にも感謝すべき人びとはいるのだが、その名を書き連ね始めたら、終わりのないことになってしまう。縁あったすべての方々へのお礼の気持ちを、最後にお伝えしたい。

二〇二五年　春三月

太田昌国

太田　昌国（おおた　まさくに）

1943年釧路市生まれ。

1968年東京外国語大学ロシア語科卒。1973〜76年にかけてラテンアメリカ各地を旅する。帰国後「シネマテーク・インディアス」を主宰し、ボリビアの映画集団ウカマウの全作品上映や一部作品の共同制作を実現する。1980年代半ばから現代企画室の編集者として、第三世界の歴史・思想・文学、世界と日本の民族問題、フランス現代思想などに関連する書籍の企画・編集を多数手がける。また執筆・講演などを通じて幅広く意見を発表し続けている。著書、翻訳書多数。

主な著書

1987　『鏡としての異境』（記録社／影書房）
1991　『鏡のなかの帝国』（現代企画室）
1994　『千の日と夜の記憶』（現代企画室）
1996　『〈異世界・同時代〉乱反射』（現代企画室）
1997　『「ペルー人質事件」解読のための21章』（現代企画室）
2000　『ゲバラを脱神話化する』（現代企画室）
2000　『日本ナショナリズム解体新書』（現代企画室）
2003　『「拉致」異論』（太田出版）
2004　『「国家と戦争」異説』（現代企画室）
2007　『暴力批判論』（太田出版）
2008　『「拉致」異論』（河出文庫版）（河出書房新社）
2009　『拉致対論』（蓮池透との対談）（太田出版）
2009　『チェ★ゲバラ　プレイバック』（現代企画室）
2011　『新たなグローバリゼーションの時代を生きて』（河合文化教育研究所〈河合ブックレット〉）
2013　『テレビに映らない世界を知る方法』（現代書館）
2014　『〈極私的〉60年代追憶』（インパクト出版会）
2015　『〈脱・国家〉状況論』（現代企画室）
2018　『「拉致」異論（増補決定版）』（現代書館）
2019　『さらば！検索サイト』（現代書館）
2021　『現代日本イデオロギー評註』（藤田印刷エクセレントブックス）
2021　『〈万人〉から離れて立つ表現　貝原浩の戯画を読む』（藤田印刷エクセレントブックス）

主な訳書・編著・監修書

1981　ホルヘ・サンヒネス／〈ウカマウ集団〉『革命映画の創造』(三一書房)
1987　ボニーヤ『神の下僕か　インディオの主人か』(現代企画室)
1993　デグレゴリ『センデロ・ルミノソ——ペルーの〈輝ける道〉』(現代企画室、三浦清隆と共訳)
1994　カベサス『山は果てしなき緑の草原ではなく』(現代企画室、新川志保子と共訳)
1995　サパティスタ民族解放軍『もう、たくさんだ！』(現代企画室、小林致広と共編訳)
1998　コルダ写真集『エルネスト・チェ・ゲバラとその時代』(現代企画室、編著)
1999　タイボⅡほか『ゲバラ　コンゴ戦記1965』(現代企画室、神崎牧子と共訳)
2000　ホルヘ・サンヒネス『アンデスで先住民の映画を撮る』(現代企画室、編著)
2004　コルミエ『チェ・ゲバラ——革命を生きる』(創元社、監修)
2010　チェ・ゲバラ『マルクス＝エンゲルス素描』(現代企画室)

ボリビア・ウカマウ映画伴走50年

2025年4月26日　第1刷発行

著　者　太田 昌国　OTA Masakuni

発行人　藤田 卓也　FUJITA Takuya

発行所　藤田印刷エクセレントブックス

〒085-0042　北海道釧路市若草町3-1
TEL　0154-22-4165
FAX　0154-22-2546

印刷・製本　藤田印刷株式会社

ISBN 978-4-86538-177-1 C0076

ウカマウ集団フィルモグラフィー

女性ゲリラ、フアナの闘い―ボリビア独立秘史―

Guerrillera de la Patria Grande, Juana Azurduy
2016年｜カラー｜103分
製作：ウカマウ集団｜監督：ホルヘ・サンヒネス｜音楽：セルヒオ・プルデンシオ
メルセデス・ピティ・カンポス、クリスティアン・メルカード、フェルナンド・アルセ

スペイン植民地支配からの解放闘争を担った実在の女性、フアナ・アスルドゥイ（1780～1862)。映画は､ボリビアが独立を宣言した1825年､チュキサカ（現スクレ）にあるフアナの質素な住まいを、後に、ボリビアの国名の由来となるシモン・ボリーバルと、ボリビアの初代大統領となるアントニオ・ホセ・デ・スクレが訪ねるところから始まる。サンヒネス監督は「私の中で常に何かをかき立ててくれた人物。19世紀という時代の植民地主義者や宗教者の偏見と闘い、女性の、人間の、母親の権利獲得のためにゲリラ兵士となった。多くの女性たちに、とりわけ観てほしい」と語っている。

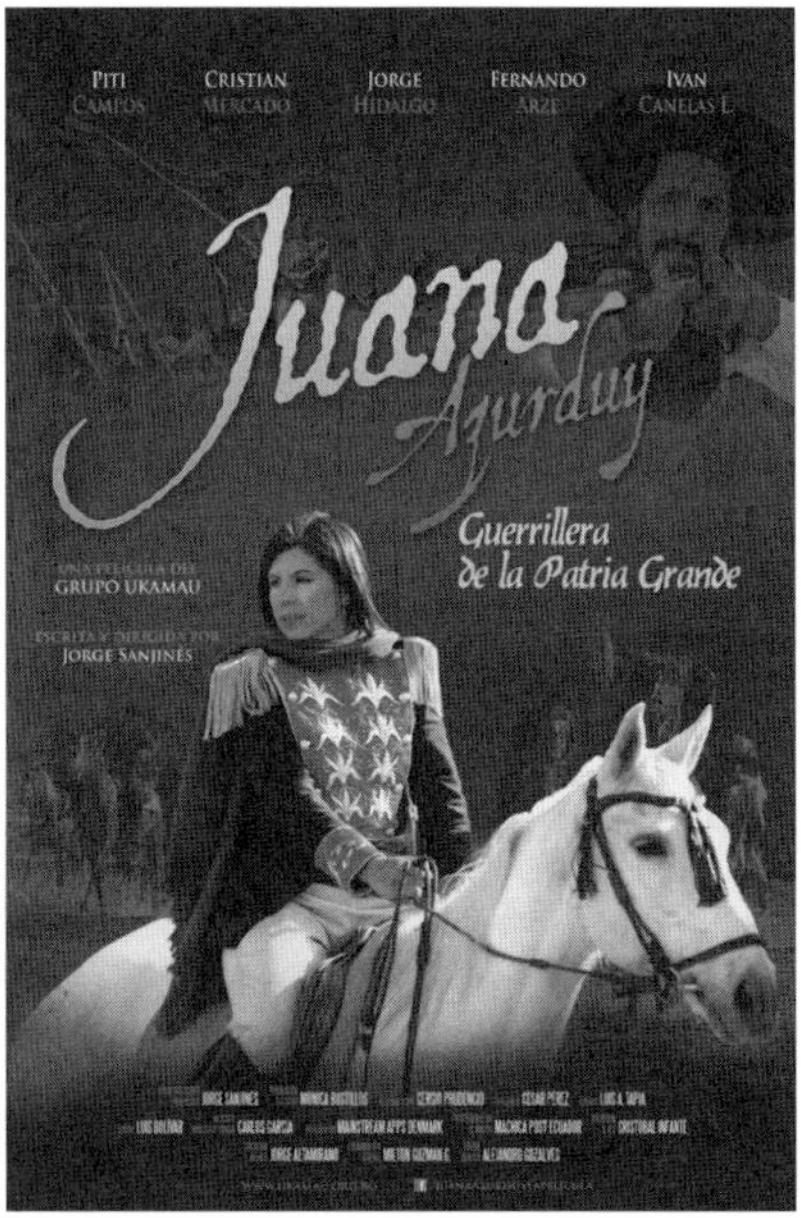

30年後—ふたりのボリビア兵—

Los Viejos Soldados

2022年｜カラー｜105分

製作：ウカマウ集団｜監督：ホルヘ・サンヒネス｜音楽：セルヒオ・プルデンシオ

クリスティアン・メルカード、ロベルト・チョケワンカ

ボリビア現代史の重要な事件・チャコ戦争（隣国パラグアイとの間で1932年から35年にかけて戦われた）で、同じボリビア軍に属していた白人で裕福な家庭出身のギレェルモとアイマラ人で貧農のセバスティアン。ギレェルモが、負傷したセバスティアンを救ったことから、ふたりの間には友情が育まれる。上官の人種差別的振る舞いに反抗し、軍事裁判で死刑判決を受けるギレェルモ。兵営から脱走を図り、セバスティアンも彼に同行するが、やがて二人は真逆の方向の道を辿ってゆく……。白人と先住民のステレオタイプなイメージを打ち壊し、融和の道を探す最新作。

革命 Revolución

64年ライプチッヒ映画祭ヨリス・イヴェンス賞 ほか
1962年｜白黒｜ 10分

ありのままの画像・音楽・音を用いて、ボリビア民衆の貧窮の実態を示す第1作短篇。

落盤 Derrumbamiento

¡Aysa!（ケチュア語原題）
1965年｜白黒｜ 20分

掘り尽くしたと見做して鉱山企業が見捨てた危険な場所で採石する鉱夫たちを描く。

ウカマウ Así es

Ukamau（アイマラ語原題）
'66年カンヌ映画祭青年監督賞
1966年｜白黒｜ 75分

ティティカカ湖上の太陽の島に住むインディオ農民の妻が、メスティーソの仲買人に暴行され、殺された。長い時間をかけての復讐を誓った青年の前途は？ この初の長篇映画が大きな評判を得て、タイトルが集団名として採用された。

コンドルの血 Sangre de Cóndor

Yawar Mallku（ケチュア語原題）
'70年仏ジョルジュ・サドゥール賞 ほか
1969年｜白黒｜ 75分｜

アンデスの一寒村に医療チームを名乗ってやってきた北米人たちは、診療所で何をしていたのか？ 現実の出来事を題材に、先住民女性に対する強制的な不妊化手術の実態を描く。北米「平和部隊」の国外追放を実現した話題作。

人民の勇気 El Coraje del Pueblo

'71年ベルリン映画祭 OCIC（国際カトリック教会）賞
'71 ペサロ映画祭最優秀映画賞
1971年｜白黒｜ 93分

1967年6月24日、チェ・ゲバラ指揮下のゲリラとの連帯を計画していた鉱山労働者の住宅区を政府軍が攻撃、多数が殺された。現場に居合わせた人びとの証言を通して再構成される歴史的事実。「史上もっとも力強い映画」と評価された。

第一の敵 El Enemigo Principal

Jatun Auk'a（ケチュア語原題）
'75年カルロヴィヴァリ映画祭グランプリ ほか
1974年｜白黒｜ 98分

都市からやってきたゲリラと貧農の出会いから、反地主・反帝国主義の共同闘争の過程を描く。1980年日本で最初に紹介されたウカマウ集団の作品で、この映画が高い評価を得て、その後45年続く自主上映・共同製作の基盤をつくった。

ここから出ていけ！ Fuera de Aquí!

Lloksy Kaymanta（ケチュア語原題）
'77 年カンヌ映画祭監督週間正式出品 ほか
1977 年｜白黒｜ 102 分

アンデスの先住民村に現れた北米人宣教師の、真の意図は？ 村人の間に生じた精神的な亀裂につけ込んで、鉱物資源開発を目指して入り込む多国籍企業。先住民居住区にある資源は誰のものかを問う、先駆的な問題提起の映画。

ただひとつの拳のごとく Las Banderas del Amanecer

'83 年ハバナ新ラテンアメリカ映画祭ドキュメンタリー部門グランプリ
1983 年｜カラー｜ 92 分

1970 年代の 10 年間を支配した軍事政権は、80 年代初頭のどんな民衆運動によって打倒されたのか。今まさに胎動している民衆運動を内部から描いた、ウカマウ集団はじめてのドキュメンタリー作品は、群集シーンの力強さが印象的だ。

地下の民 La Nación Clandestina

'89 年サンセバスチャン映画祭グランプリ
'89 年ハバナ新ラテンアメリカ映画祭 外国紙グラウベル・ローシャ賞
1989 年｜カラー｜ 125 分

街に暮らしてきた先住民セバスチャンは、かつて追放された村に帰る決意を固めた。現実と虚構、過去と現在を交錯させた大胆な手法で、過去への償いの旅を続ける男を通して、民族的アイデンティティの喪失と再生を描いた力作。

鳥の歌 Para Recibir el Canto de los Pájaros

'95 年ロカルノ映画祭「質と刷新」賞
'95 年ボリビア映画祭 銀撫子賞
1995 年｜カラー｜ 100 分

16 世紀、アンデスを「征服」したスペイン人遠征隊の事業を批判的に捉える映画を作ろうとした映画スタッフが、ロケ地の先住民村で直面した現実とは？「ここから出ていけ」とまで迫られた映画人たちがたどる内省の過程を描く。ジェラルディン・チャプリン主演。

最後の庭の息子たち Los Hijos del Ultimo Jardín

2003 年｜カラー｜ 97 分

民衆が経済危機の中で苦難の生活をおくるなか、政府高官は汚職を繰り返している。それに怒りを燃やし、何かの行動を考える青年。他方、現代風な享楽的な日々をおくる青年たち。確たる展望も持たぬままにもがく青春群像を描く。

叛乱者たち Insurgentes

'13 国際政治映画祭第一位（ブエノスアイレス）ほか
2012 年｜カラー｜ 83 分

18 世紀末、スペインの支配からの解放を目指す先住民族の戦いに始まり、2005 年、ついに先住民出身のエボ・モラレス政権が誕生するまでのボリビア史を物語る。さらにグローバリゼーションという大波に抵抗する 21 世紀の革命の映画を模索した。